深圳学人文库

Dialogues with Shenzhen Scholars
（vol.2）

深圳学人访谈录
（第二期）

吴定海 ◎主编
夏和顺 魏沛娜 ◎采访并撰稿

社会科学文献出版社
SOCIAL SCIENCES ACADEMIC PRESS (CHINA)

《深圳学人访谈录》（第二期）
编委会

主　　　编　　吴定海

执 行 主 编　　蒋荣耀　　何文琦

编　　　委　　于　雪　王　昉　于　冰　　胡云涌

采访并撰稿　　夏和顺　魏沛娜

序

　　学术文化是一座城市的精神基座，是城市思想厚度的一种标尺。作为一种体现城市核心价值的文化形态，学术文化在众多城市文化资源中具有代表性、引领性的价值。一座充满创新活力、具有卓著影响力的城市，必然要有学术文化的支撑。可以说，学术文化的进步与繁荣是城市创新发展的内在推动力，是城市全方位可持续发展的重要源泉。

　　城市因学术而有内涵，学术因人才而有活力。学术文化的进步与繁荣，取决于学术人才。真正从事学术研究的学人，无不以学术为志业，自觉担当"立时代之潮头，发思想之先声"的学术追求，在切磋琢磨、交流碰撞中不断砥砺思想，以一流的研究能力产出一流的研究成果，从而为社会的繁荣发展做出贡献。

　　2019 年，对于深圳来说又是一个重大历史时刻，《粤港澳大湾区发展规划纲要》《中共中央国务院关于支持深圳建设中国特色社会主义先行示范区的意见》相继发布，党中央从国家发展战略高度，要求深圳大幅提高文化软实力，到 2025 年建成现代化国际化创新型城市；到 2035 年，建成具有全球影响力的创新创业创意之都，成为我国建设社会主义现代化强国的城市范例；到 21 世纪中叶，成为竞争力、创新力、影响力卓著的全球标杆城市。使命何其光荣，任务何其艰巨！站在新的历史起点上，深圳更需要发展高质量、高品质且有鲜明特色的学术文化，构筑城市文化高地，彰显城市的人文精神价值，提升城市的气质与品质。而学术人才对于发展繁荣深圳学术文化的重要性不言而喻，也将在全新的发展目标中承担着重要的基石作用。

近年来，深圳市社会科学院（社会科学联合会）着眼于深圳哲学社会科学学术发展的大局，坚持以"全球视野、民族立场、时代精神、深圳表达"为宗旨，对广大社科理论工作者反映比较集中的学术平台不足、学术投入不足、学术人才不足等问题持续进行"破题"。积极推出和实施《深圳学派建设推进方案》，致力于推动深圳学派建设，搭建学术平台，培养学术人才，支持聚人气、出成果、出人才，鼓励学术创新，推动学术观点、学科体系、科研方法创新，促进深圳学术繁荣，提升城市学术对话能力。

从 2013 年起，我院每年组织编撰出版《深圳学派建设丛书》《深圳改革创新丛书》，系统总结、梳理特区建立以来，尤其是近年来各方面的"深圳经验"，加以提炼、深化和理论提升，持续推出反映深圳学术思想、主张和深圳改革精神的理论精品和学术力作，至今已出版两套丛书共 71 部著作；拓展文化流动理论研究，我院申报的"新兴城市文化流动理论创新研究"被列为 2014 年国家社科基金重大项目；广泛开展"深圳学派"学术沙龙研讨活动、深圳学人宣传推广活动，编撰"深圳学人文库"资助本土原创学术著作出版，鼓励学术研讨和理论创新，推动深圳学术发展和社科前沿理论进步，取得了良好的学术影响；按高端化、前沿化标准每年举办"深圳学术年会"，打造"深圳学术的嘉年华"。由深圳社科院主办、2018 年创刊的《深圳社会科学》杂志，以开放性、时代性、前瞻性、创新性为办刊特色，努力反映新时代人文社会科学的新理念、新思想、新成果，成为深圳学术文化建设的新平台。

其中，深圳学术人才队伍建设是深圳学派建设的重要组成部分，深圳学派的发展成果与孜孜耕耘的深圳学人息息相关，正是在他们的共同努力下，深圳学术文化实现了越来越深入的涵养积淀。近年来，深圳学术人才在数量、质量和梯队结构上都有了进一步的提升，并通过从事各种教学研究和学术交流活动，努力支持本土学术文化建设向前迈进。鉴于此，深圳市社会科学院与《深圳商报》于 2017 年、2018 年在《深圳商报》品牌版面《文化广场》上连续成功合作推出两辑"深圳学人"系列访谈大型栏目。

这一系列访谈聚焦人文社科领域，有计划地逐步介绍在人文社科领域深具代表性的深圳学人，这些深圳学人聚焦深圳人文社科领域，涵盖老中青三个阶段的优秀人才，包括在各自学科和专业领域内具有高深学术造诣，或具有一定发展潜力的人才；治学严谨，具有创新性、前沿性、独立性、影响力的丰富著述成果；具有治学奉献精神，曾经或者正在积极参与促进深圳学术文化发展，推动"深圳学派"建设的专家学者。该系列访谈通过梳理其治学脉络，介绍其学术追求，展现其为推动深圳学术文化所做贡献。两辑系列访谈从广度和深度出发，体现出高质量、高水准，取得了良好的社会反响和学术效应。

为了进一步扩大深圳学人访谈专栏的学术影响力，我们将"深圳学人"系列访谈第一辑的成果整理收录，出版了《深圳学人访谈录（第一期）》（社会科学文献出版社，2018 年出版）。现在，我院与《深圳商报》社拟将"深圳学人"系列访谈第二辑的成果继续结集出版，向广大市民读者集中展现深圳学人一年来孜孜耕耘的最新硕果，为深圳学派建设工程添砖加瓦。

学术文化是城市文化的坚硬内核，是城市智慧的深层积淀，是文化创新的基础源泉。当前，深圳正在着力打造全球区域文化中心城市和国际文化创新创意先锋城市，奋力朝着建设中国特色社会主义先行示范区的方向前行，强化学术文化建设势在必行。深圳学人要植根于中华文明深厚沃土、立足于特区改革开放伟大实践，要勇立时代潮头，用一流的学术研究成果做出积极的回应，努力开创新时代深圳学术文化繁荣发展新局面。

吴定海

深圳市社会科学院（深圳市社会科学联合会）

党组书记、院长（主席）

2019 年 10 月 20 日

目 录

contents

解析"三千年未有之大变局"

——近代史专家刘申宁访谈录

受访者：刘申宁

采访者：夏和顺

时　间：2018 年 9 月 18 日

地　点：深圳商报大厦 17 楼会议室

　　同治十一年（1872），李鸿章在《复议制造轮船未裁撤折》中提出"三千余年一大变局"的概念，光绪元年（1875）他在《因台湾事变筹划海防折》中又有"数千年未有之变局"之议。刘申宁认为，此说使李鸿章站到了近代无人能及的高度，而其所谓"大变局"，用今天的话来说就是近代化，就是社会转型，就是与国际接轨。

　　刘申宁，山东烟台人，毕业于复旦大学历史系，1994 年调入深圳工作，曾任中共深圳市委党校副校长。作为著名近代史研究者，刘申宁对李鸿章的研究尤为重视，曾主持编撰了 39 卷本《李鸿章全集》，并正在撰写《李鸿章年谱长编》和《李鸿章文电编年》。此外他对中国古代文化也有深入的研究，还涉猎近代文献和古代陶瓷的收藏。刘申宁接受笔者专访时，回顾了他的学术道路，畅谈了他在中国近代史，特别是李鸿章专题研究方面的体会。

从复旦开始历史研究

夏和顺：您是复旦大学历史系恢复高考后的第一届学生，复旦大学是中国近代史研究领域的重镇，汇聚了朱维铮、姜义华、沈渭滨等一批著名学者。复旦这四年时间对您的学术道路有何影响？

刘申宁：我是恢复高考后于 1977 年考入复旦大学历史系的，我们的老师包括周谷城、谭其骧、杨宽、汪熙等老一辈著名历史学家，年轻教师中优秀者则有朱维铮、姜义华、沈渭滨、樊树志等先生，现在只有姜先生和樊先生仍然健在。诸位老师中，跟我关系最近的还是朱维铮和沈渭滨先生。我从大学三年级开始主修中国近代史，朱先生、沈先生和姜先生都是我的指导老师。我开始研究中国近代军事史，但更注重近代思想史和政治史，我在这方面花了很多功夫，当然也得益于上述诸位先生的指导。我大学时期写了一些文章，现在看起来很粗糙。大学毕业后我曾想报考华东师大陈旭麓先生的研究生，陈先生看了我的论文后说，你可以不必读研究生了，从而无缘陈门，但我后来跟潘振平、茅海建、杨国强等陈门弟子一直关系很好。

夏和顺：复旦大学严格的学术训练对您的影响是显而易见的，您毕业后走上学术研究道路，而且很快取得了丰硕的成果，请您介绍一下基本情况。

刘申宁：我是在部队上大学的，上大学之前我已经在部队工作了十年，毕业后又重新回到部队，被分配到南京陆军高级步校（不久更名南京陆军指挥学院），从事军事史的教学与研究。1983 年，我担任中国近代军事史学会理事，是史学会最年轻的理事之一，我最先参与撰写的书是《中国近代反侵略战争史》，承担了四分之一的撰稿任务，这部书 1988 年由解放军出版社出版，获得第一届中国图书奖荣誉奖。我同时担任《中国大百科全书·军事》的撰稿人和审稿人，撰写冷兵器篇，《中国大百科全书》工程巨大，其中军事门类两卷，出版后受到学术界和广大读者的推许，1992 年，《中国大百科全书·军事》被评为全军军事科研成果总编辑一等奖。

我因参与《中国大百科全书·军事》的编写和审稿，后来也出版了小册子《中国古代兵器》。同时我已经开始独自编撰《中国兵书总目》，花十年时间搜集了全国各地 220 家图书馆 4221 种古代兵书，并且著录了不同版本的馆藏。此书是一部联合目录，近百万字，1990 年由国防大学出版社出版，获得山东省社会科学成果三等奖。此书出版时我已经转业到山东社会科学院历史研究所工作，我与一位同事共同编撰了 24 卷本《孙子集成》，收录了历代研究孙子的名著，齐鲁书社出版，此书获得中国古籍整理优秀图书一等奖。

夏和顺：您于 1993 年从山东社会科学院历史研究所调到深圳市委党校工作，担任过文史教研部主任、教务处长和副校长。这可能是您学术道路的一个转折点。

刘申宁：我在山东社科院历史研究所从事中国近代史研究，1991 年就已经评定副高职称。当时全院 300 多名科研人员，有 7 个国家级课题，我一个人拿下两个。1992 年邓小平南方谈话发表后，我于 1993 年就直奔这个改革开放的前沿城市而来，来了以后才发现，深圳大学没有历史系，不要我，深圳市社会科学院也正在筹备，但没有指标。当时我主编的《孙子集成》已经出版，24 卷本，满满一大箱，这套书引起当时深圳市委党校领导的重视，特别是时任党校常务副校长姜忠，在她的帮助下我后来调进市委党校。即使如此，我在调入过程中还是遇到了一些波折。

夏和顺：山东是文化大省，山东社科院的学术水平在全国都有一定地位，加上您已经打下了坚实的基础，当时深圳的学术氛围不如济南等北方城市浓厚，20 多年以后您怎么看这个问题？如果不来深圳会不会取得更大的学术成果？

刘申宁：当年如果不来深圳，我也有可能去了北京，或者回到复旦大学从事专业研究。但来到深圳，这座年轻城市的发展变化开阔了我的视野，也拓展了我的思路，而这些也是一个学者所需要的，所以从这个角度来说，来深圳我的学术研究还是有所受益的。

"发现"李鸿章之旅

夏和顺：您在晚清特别是李鸿章研究方面做出了杰出贡献，您是《李鸿章全集》编委会的执行编委，研究李鸿章可能用了近半生时间，您是怎样走上这条道路的呢？

刘申宁：研究李鸿章还得从我研究古代军事史，编撰《孙子集成》说起。1991 年，我为编撰《孙子集成》去上海图书馆查阅资料，发现了特藏室两个大红木柜中，存放了一批李鸿章档案，当时感到非常震惊。这是 1948 年上海解放前夕，李鸿章的孙子李国超逃离上海时，把李家的所有文献资料都留下了，包括李鸿章幕僚草函稿的底簿、吴汝纶和廉泉编撰《李文忠公全书》时批改奏稿的底簿，以及大量李鸿章本人函札。吴汝纶等编撰的《李文忠公全书》共 165 卷近 700 万字，于光绪三十一年（1905）印行，但其底簿有 1700 万字，没有印行。这批资料都被顾廷龙先生收集到了合众图书馆，后来辗转收藏在上海图书馆。当我看到它们时，它们已经封存了半个世纪。

夏和顺：从发现这批档案资料到《李鸿章全集》的出版，肯定还有漫长的过程和曲折的经历。

刘申宁：我当时找到上海图书馆馆长顾廷龙先生，提出整理研究这批资料，顾先生居然同意了，但又提出需要筹备一笔经费。我知道这批资料的价值，心情十分激动，辗转找到安徽教育出版社，该社很爽快地答应投入 200 万元出版经费。我的复旦同学翁飞在安徽省社会科学院历史研究所工作，我俩商量后决定，共同筹建淮系集团研究中心，然后与安徽教育出版社和上海图书馆联合成立《李鸿章全集》编辑部。我们请顾老出面当主编，顾老答应了，但他已是 91 岁高龄，他提出请罗尔纲先生当助手，罗老是著名的太平天国史研究专家，当时也已 88 岁了，最后我提议改请戴逸先生，戴先生是清史专家，顾老同意了。

这样，经过一年多的筹备，我们成立了由京、津、沪、苏、鲁、皖和深圳等地 30 多位专家学者组成的阵容庞大的编委会，我担任执行编委。1993 年 4 月，编委会首次会议在北京举行，规模很大，顾廷龙和戴逸都出席了会议。可谓好事多磨，这部全集原计划用 5 年时间编撰完成，没想到结果耗时 15 年，这样经过大批专家长期紧张有序的编撰工作，《李鸿章全集》于 2007 年由安徽教育出版社隆重推出，全书共 39 卷 2800 万字，而上海图书馆所藏的这批李鸿章文档占了全书内容 70% 以上。

夏和顺：《李鸿章全集》出版后您又计划编撰《李鸿章年谱长编》，这是一件很辛苦需要长期坐冷板凳的工作。全集出版迄今已逾 10 年，年谱长编的进展如何？

刘申宁：我编撰《李鸿章年谱长编》至今也有 20 多年了，书稿接近 300 万字，尚未完稿，因为还有大量考订工作要做。我正在编撰的与李鸿章有关的著作还有两部，一部是《李鸿章文电编年》，计划 300 万字，已完成 270 万字；另一部是《李鸿章集团成员名录》，著录淮系及与李鸿章集团相关人员 4000 多人，全书 75 万字，已经完成初稿，目前尚无出版计划。我在想一个问题：今天还有多少人关心历史，关心我们曾经走过的这百多年的曲折路程？如果不能进行思考，就不可能产生真正的学术。在一个学术文化不能产生价值的时代，这些书即使出版了，又能有多少读者呢？

李鸿章是中国近代最有影响的外交家

夏和顺：李鸿章是晚清重臣，是中国近代史上一位非常有争议的人物，又是我们谈论和研究近代史绕不过的一个人物。有人说他是卖国贼，有人说他是治国能手。我们应该怎么看这个人物？

刘申宁：李鸿章是中国近代史上争议最大的人物，负谤最多。但是我认为他是 19 世纪中国最有政治才能的人，他眼界高，解决疑难问题的能力强，无人匹敌。李鸿章是近代中国影响最大的外交家，他参加了 20 多场重要的外交谈判，包括《马关条约》和《辛丑条约》的签订，这些外交难题在当时，除了他几乎没有人能解决。由于当时中国国力太弱，他所能够处理的外交问题结局不尽如人意。但是当时谁人还能比他更强呢？我看不出。

夏和顺：甲午战败证明仅从技术层面学习西洋的政策彻底破产，梁启超曾在《李鸿章传》中说"日本非与中国战，实与李鸿章一人战耳"，所以李鸿章签订《马关条约》还是受到有识之士的肯定的。他在外交上最受人诟病的还是所谓《中俄密约》的签订。

刘申宁：《马关条约》签订后，三国干涉还辽，就是俄国联合德国、法国，迫使日本放弃占领辽东。1896 年（光绪二十二年）5 月 18 日，沙皇尼古拉二世举行加冕典礼，已经离职赋闲的李鸿章被清廷派往俄国祝贺，其间尼古拉二世特命财政大臣维特和外交大臣洛巴诺夫与李鸿章谈判签订条约。这就有了李鸿章"卖国"之说。这个问题的关键是李鸿章有没有受贿。维特后来在回忆录中说，他当时答应给李鸿章 50 万卢布，苏联学者鲍里斯·罗曼诺夫则说是 60 多万卢布，目的是诱使李鸿章答应"借地筑路"。

这是一个孤证，并不能说明李鸿章拿到了这笔款。相反，我有两个间接的事例可以说明一些情况。第一个是李鸿章被撤掉直隶总督、北洋大臣职务，接任者王文韶给朝廷的奏折中，说李鸿章的番库还留有 300 万两银子，他建议皇帝将部分银两奖励李鸿章。这足以说明李鸿章在当时公私分明，没有将公款纳入私囊。第二个是李鸿章身后，他儿子李经述请吴汝伦编定《李文忠公全书》，印费需 5 万两银子，李经述除变卖家产外，还到处借贷，最后因还不上借款而与朋友闹翻，以至颜面扫地。你想想，如果有那 60 多万卢布又何至如此？我知道的情况是，合肥李氏兄弟利用李鸿章的权势确实赚了大钱，发了大财，比如他的四弟李鹤章在合肥、芜湖等地有大量地产，但这与李鸿章本人没有直接关系，他死后连编印文集的钱都难以筹措。

夏和顺：李鸿章在戊戌政变中的态度，以及他与康梁之间的关系也颇值得玩味。慈禧一直让他追查康梁铲除康党，他是怎么做的呢？

刘申宁：我研究了半辈子李鸿章，算是读懂了这个人，我认为他是一个硬骨头、一条汉子，值得敬佩。戊戌政变失败后，慈禧召见李鸿章，告诉他："有人参尔康党！"意思是有人说你是康党，那可是要杀头的。李鸿章回答："康有为所行之事，乃臣十数年来欲做而未成之事。如此说来，臣实是康党。……六部诚可废，若旧法能富强，中国之强久矣，何待今日。主张变法者即指为康党，臣无可逃，实是康党。"

当时的北京城已经一片白色恐怖，全国追查康党。李鸿章一个被国人唾骂的 75 岁的老头，所有职务均已被免，随时可能被慈禧推出斩首，尚能出此言。设使今人易其位，能有出其右者乎？可以看出，李鸿章的勇气和魄力举朝文武官员无一人能及。我们还可以拿翁同龢的态度来对照，康梁事发后，翁同龢说："设使老臣在位，决不让尔等如此猖狂。"他忘了，康梁等人正是由他引荐给光绪的。现在，他要划清界限了。在政治面前，更能看出一个人骨头的软硬。

李鸿章与洋务运动

夏和顺：还有李鸿章与曾国藩的关系问题，这涉及李鸿章的发迹史。他们是师徒，是同僚，恐怕也是竞争对手。曾李在洋务运动上又是一种怎样的承续关系？我们应该怎样看李鸿章在洋务运动中的作用和地位？

刘申宁：李鸿章的父亲李文安是曾国藩的同年，道光十八年（1838）进士，但李文安比曾国藩大了10岁。因此，李文安将李鸿章以年家子的身份投帖拜在曾国藩门下，"朝夕过从，讲求义理之学"，这样李鸿章就与曾国藩成了师徒关系。那是道光二十四年（1844）的事，曾国藩比李鸿章大11岁。

安徽"剿苗捻"失败后，李鸿章投靠了曾国藩，成为他的幕僚，受到曾国藩的重视。李鸿章在幕中更是受益多多，他曾说："我从师多矣，毋若此老翁之善教者，其随时、随地、随事，均有所指示。"后来曾国藩提拔他为江苏巡抚，这样他们又成为同僚关系。

他们两人对待洋务运动的态度不尽相同，曾国藩在奏稿中有一段话："真美人不甚争珠翠，真书家不甚争笔墨，然则将士真善战者，岂必力争洋枪洋药乎？"这说明曾国藩思想保守，不愿接受新式武器，更缺乏近代化意识。李鸿章则公开主张要充分利用洋枪洋炮。1873年（同治十二年）曾国藩去世后，李鸿章把洋务运动推向极致，如果曾氏去世晚十年，那么洋务运动可能会是另外一种局面。

夏和顺：上海江南机器制造局是洋务运动的最大成果之一，曾李二人在其中扮演了什么角色呢？还有之后的公派留美幼童事件，李鸿章参与得更多。

刘申宁：上海江南机器制造局成立于 1865 年（同治四年），由曾国藩规划，李鸿章实际负责，也是当时规模最大的洋务企业。江南机器局与广东人有很大的关系，它最早是由丁日昌奏请设立，后来还有一个关键人物就是容闳。容闳是中国第一个正式取得西方正规大学文凭的中国人，他毕业于美国耶鲁大学。容闳受委托前往纽约购买了 100 多台机器。李鸿章还是公派留学教育的倡导和支持者，他直接促成了留美幼童运动，为中国培养了第一批真正的西学人才，而其执行者也是广东人容闳。在 120 名留美幼童中，广东人占了一大半。

夏和顺：话题又回到"三千年未有之大变局"，李鸿章当年提出这个概念，应该是基于他对世界局势的理解与把握。

刘申宁：是的，我认为李鸿章提出的"三千年未有之大变局"，要远远高于魏源的"师夷长技以制夷"的观点。同治十一年（1872），李鸿章在给朝廷的《复议制造轮船未裁撤折》中写道："臣窃惟欧洲诸国，百十年来，由印度而南洋，由南洋而中国，闯入边界腹地，凡前史所未载，亘古所未通，无不款关而求互市。我皇上如天之度，概与立约通商，以牢笼之，合地球东西南朔九万里之遥，胥聚于中国，此三千余年一大变局也。"所谓三千年是指西周开国到晚清，所谓变局用今天的话来说就是近代化，就是社会转型，就是与国际接轨。李鸿章"三千年变局"之说，也使他站到了中国近代无人能及的政治高度。

夏和顺：庚子年（1900）有一个东南互保运动，当时李鸿章正在两广总督的任上，清室向十一国宣战，他与两江总督刘坤一、湖广总督张之洞等却与参战各国达成东南互保协议，几乎提前结束了清王朝的统治。而此前孙中山曾上书李鸿章，提出了关于政治、经济、教育等方面的改革建议，但李鸿章似乎未加重视，后来有人开玩笑说，如果当时李采纳孙的建议或者给这位年轻人以礼遇，那么近代史上就不会有孙中山这样一位革命家了。我想问的是，这两件事中的李鸿章是否有矛盾之处？

刘申宁：1894 年（光绪二十年），孙中山通过盛宣怀找到李鸿章，提出了自己的改良主义设想，劝其开民智、兴实业。当时甲午战争一触即发，李鸿章正为朝鲜的事情搞得焦头烂额，因此无暇顾及孙中山的上书，也没有接见他。所以后来孙中山就去了日本成了革命派。那个玩笑可能有一定道理，但历史是没有假设的。

东南互保之前，李鸿章的权势达到顶峰，就有人劝他扯起大旗与清廷分庭抗礼，但李鸿章说自己老了，几个儿子也没有一个成器的，不愿意多事，他的观念中还有一个对朝廷的"忠"字。庚子风云突变，开始是朝廷支持义和团灭洋，随后八国联军进京，一万人的部队一直打到山西。在这种情况下由盛宣怀牵线，李鸿章与袁世凯、刘坤一、张之洞等人与洋人签订互不侵犯协议，也不执行朝廷的灭洋政策。这就是长江以南的东南互保，在某种程度上这是一种地方自治。后来庆亲王奕劻无力解决北京谈判问题，慈禧连续数次上谕命令李鸿章尽快进京，李鸿章不得不回到北京参与谈判，最后死在北京。

关于道统与政统

夏和顺：您的主要学术领域在中国近代史，但对中国传统文化的研究由近代而追溯到古代。在中国古代社会，士人所代表的是道统，君王所代表的是政统，我们应该怎样理解道统与政统之间的关系？

刘申宁：我曾经研究过中国传统文化中的道统与政统的关系。唐朝的韩愈曾被流放潮州，他认为，士人代表的道统要比君王代表的政统更尊贵，因为道统是儒家"内圣之学"，而政统则为"外王之学"，先有"内圣"，方能"外王"。社会发展也应该循着理想的道德和天理来运行，因为"道之大原出于天，天不变，道亦不变"。这是董仲舒的话，道是不可改变的，而政权则是可以世代更替的。

自古以来，道统与政统之间始终存在着一种张力，二者相互作用构成了皇权、官僚和士人之间复杂的互动关系。士人不断遭到来自政统的压制和迫害，被迫在"从道"还是"从君"之间选择。屈于压迫而背叛操守落入名利场的士人固然不乏其人，但有风骨的士人都竭力维护道统尊严，使道统的精神力量超越世俗政权，并构成对政统的制约和监督。如东汉太学生贬斥浊流而前仆后继，明朝东林党人抗议恶政而视死如归，都表现了读书人对独立精神和自由思想的追求。

夏和顺： 最近几年随着国学热的兴起，儒学似有重回道统的趋势，有一批学者认为应该复兴儒学，用传统道德来拯救日趋没落的世风。蒋庆先生曾是您的同事，他就一直在提倡儒学复兴，这个问题您怎么看？

刘申宁： 1994年，我从山东社会科学院调来深圳市委党校，最初在社会发展研究所工作，蒋庆也在该所，他对中国传统儒学极有研究，他主张复兴儒学，用儒学的价值理念去填充当代社会人们苍白空洞的心灵。蒋庆毕业于西南政法大学，原本可以做法官或律师，但是对文化的执着，使他开始追求人类终极关怀。他按照自己的体认来研读"六经"，对先秦诸子和宋明理学极为熟谙，谈到其中任何一人，均如数家珍，其中最让他折服的，除了孔子就是王阳明。我和蒋庆讨论过很多与儒学有关的中国文化问题，包括康有为的《新学伪经考》和熊十力先生的《新唯识论》。话又说回来，所有这些问题，我认为离今天的中国社会有点远，我们可以从学理上来讨论，但如果从政治的角度来看就显得有些迂阔。

夏和顺： 政治与文化是分不开的，您通过研究李鸿章，应该对近代中国政治有所领悟。

刘申宁： 我研究李鸿章以后，曾经想写一本书叫《李鸿章集团与近代中国政治》，传统中国的政治分为皇权、官僚和民间社会三层结构，湘军兴起以后没有军饷，朝廷便给了它"便宜行事"的政策，曾国藩就开始在自己的领域里收厘金，有了钱后又去买军火，湘军强大后他又开始招收幕僚，然后再通过国家将这批幕僚任命为各级官员。这样曾国藩便建立起庞大的湘军集团，从中央集权中剥离出军权、财政和人权，这样地方权力逐渐坐大。

湘系集团出了27位督抚。湘军的组织架构与清廷，甚至与中国传统的社会结构完全不同，清朝的组织是层级式的，湘军的组织则是蒜瓣结构，一个领袖周围围绕了一大帮亲信，这就是白莲教式的组织形态。后来李鸿章的淮系集团继承了湘系衣钵，出了 25 位督抚，控制了东南各省。甲午战争结束后，袁世凯的北洋军阀系又从淮系脱胎而出，发展成北洋六镇和全国三十六镇，从军权、财权和人权三方面架空了清廷的中央集权，清廷反而成为傀儡。武昌起义打响后，子弹飞不到北京，起义部队也没有开到北京，皇帝凭什么退位？袁世凯轻车简从进北京与载沣谈判：要么起义部队会杀进北京，要么每年给 24 万两银子你们守在紫禁城。清帝就是这样被逼迫退位的。

历史研究与文物收藏

夏和顺：王国维先生提倡"二重证据法"，他说，"吾辈生于今日，幸于纸上之材料外，更得地下之新材料"。学术研究有时是与实物、与公私收藏分不开的，许多著名学者同时也是收藏大家。听说您在从事李鸿章与中国近代史研究时也收藏了大量文物，并向甲午战争博物馆和李鸿章故居博物馆捐出了部分文物，请您谈谈有关情况。

刘申宁：甲午战争博物馆设在威海刘公岛，因为当年我是山东省甲午战争研究会的秘书长，我给他们捐献了 15 件文物，包括当年作战所用的刀、枪等武器，以及李鸿章墨迹等。李鸿章故居博物馆在安徽省合肥市，我捐献了 600 多件李鸿章的文物，包括 500 多件文献和 100 多件信札。

还有一件文物我觉得值得一提，那是一面北洋海军的军旗，是国内发现的唯一的一面晚清军旗，我把它捐给了李鸿章故居博物馆，因为当年北洋水师全部被日军俘虏，军舰上的物品都在日本靖国神社。日军敬仰自杀身亡的丁汝昌，把他的尸体还给清军，让康济舰运送回烟台。康济舰是一艘练习舰，舰长萨镇冰，也是甲午海战中唯一幸存的北洋水师军舰，光绪二十二年（1896）清廷重建北洋水师时，该舰改名"复济"。康济舰上的旗帜，可能被舰上水手当纪念品带走了。我是在莱州一个农民的家中找到了这面旗帜，他可能是水手后人，旗帜被当作被面。这面军旗也是唯一的大清国旗，是用麻料作底，刺绣出龙形，这是一件国宝级文物。

另外，我已经捐献 80 箱文献资料给复旦大学图书馆，这是一批十分珍贵的当代文献，用于建设一个当代历史研究中心。我还准备将大部分藏书（约 14000 册）捐献给我工作了半生的中共深圳市委党校图书馆，只留存艺术类藏书供自己使用。

夏和顺： 学术研究十分辛苦，或许适当的文物收藏可以起到怡情养性的作用。听说于近代文献之外，您还收藏了大量古代陶瓷，请您谈谈有关情况。

刘申宁： 我的收藏不限于甲午战争以及有关李鸿章的文献和物品，我从 1976 年开始收藏研究中国瓷器，至今已 40 多年，1990 年加入中国古陶瓷研究会至今已近 30 年。收藏陶瓷是我主要的业余爱好。我现在正在写一部《洪武到成化——14 至 15 世纪的官窑瓷器》，全书计划 100 万字，现在已经完成过半。明朝早期的 120 年是中国瓷器最辉煌的时期。

夏和顺： 随着经济的高速发展，深圳的教育、文化等各项事业也取得了长足进步。目前深圳市委、市政府正在全力推进深圳学派建设，您认为深圳学派建设存在哪些有利条件，其不利因素又是什么，学者们在其中能做何种程度的努力？

刘申宁： 深圳在前 30 多年的文化建设中做了很多普及性的工作，比如娱乐文化、打工文学，包括提倡全民阅读的读书月等，这些都很重要。我认为深圳市委、市政府必须在这个基础上，向高层次的学术领域更进一步。深圳虽然是一座年轻的城市，但它又是一座有 2000 多万人口，同时正向国际化和现代化全力推进的城市，需要培养与这座城市相匹配的一流人才，特别是社会科学人文学科方面的人才。深圳学派的提出是学术建设的一个重要的新起点，但相关的工作也要同时推进，比如深圳有多少学人？还需要多少学人？这些问题需要研究解决。我在深圳图书馆看过一个深圳学派的展览，只有胡经之和彭立勋两人。可能是一个局部性的展览，这太可怜了，深圳出了许多知名学者，比如刘小枫、蒋庆、景海峰、阮炜、章必功等。深圳要引进一流社会科学人才，要用得上、留得住，要加强组织团结协作，发挥智囊作用，这样深圳学派的建设才能有用武之地，深圳的经济发展和社会建设才能更上一个台阶。

刘申宁简介

刘申宁 山东烟台人，1977年考入复旦大学历史系，1982年任解放军南京高级陆军学校营职教员，1989年任山东社会科学院历史研究所副研究员，1994年任中共深圳市委党校文史教研部主任、教务处长，2002年任中共深圳市委党校副校长。

研究领域：中国军事思想史、中国近代史等。在中国近代史史料学、版本目录学、古器物学等方面有一定造诣。

参与撰写《中国近代反侵略战争史》《中国大百科全书·军事》，编撰24卷本《孙子集成》，主持编撰39卷本《李鸿章全集》，正在撰写《李鸿章年谱长编》和《李鸿章文电编年》。

以书为赢　利在千秋

——尹昌龙博士访谈录

受访者：尹昌龙

采访者：夏和顺

时　　间：2017 年 12 月 28 日

地　　点：罗湖区金山大厦深圳出版发行集团办公室

　　大概十多年前，尹昌龙博士提出一个概念——"以书为赢"。他认为不读书无以自立，不读书无以自强，读书才能真正赢得未来，对个人而言如此，对一座城市而言也是如此。尹昌龙现任深圳市出版发行集团总经理、深圳读书月组委会办公室主任，兼任深圳市青联委员、深圳市宣传文化基金艺术评审委员会委员、深圳市城市规划委员会委员等职。他由一名学者转型为城市文化的管理者，也是"以书为赢"的践行者。2017 年底，尹昌龙接受笔者专访，回顾自己在北京大学求学和治学的经历时，他认为自己从谢冕教授身上学到了宽容和勇于担当的精神。回顾深圳读书月 18 年来走过的道路时，他认为这是一种高贵的坚持！他说，读书月给深圳注入了一种文化基因，使它有了延续发展的动力，深圳的前景会越来越美好，未来会越来越强大！

导师谢冕的影响，在文学及学问之外

　　夏和顺：您在北京大学攻读博士学位时，受到谢冕教授的熏陶和影响。

20 世纪 80 年代初开始，由朦胧诗等引发的文学潮流席卷整个中国，文学成为社会主流，成为社会活动中心，谢先生的大名对我们这一代人来说如雷贯耳，他是诗歌评论和文学批评的一面旗帜。谢先生对您的人生道路和学术研究有何具体影响？

尹昌龙：我想谢冕老师对我的影响不仅仅是在知识和学问上，他教我的最主要的是道路和方法。一个好的老师对学生的影响主要是在精神上，包括态度和价值。

谢老师为人特别宽容，能容忍各种不同观点。我记得当时我们重读文学经典，包括路翎的《洼地上的战役》，大家在讨论的时候，对作品中班长王顺这个形象颇有微词。整个讨论过程都是开放的，而且轻松愉快，只是在结束的时候，谢老师开了一句玩笑："你们不要看不起班长哦，我就是班长转业的。"他不告诉你结论，而是开放了一种通往结论的可能性，对一个学生来说，通往结论的方法和道路比结论本身更重要。

谢老师就是这样，他创造了各种意见成长的空间。我们当时在北大有一个著名的"批评家周末"活动，以谢老师的学生为主，有在读的，也有已经毕业的，也包括其他同专业和有共同爱好的，大家每个周末聚集在一起，围绕一个话题进行讨论。谢老师开宗明义："我老了，我做不了什么了，我能做的就是让大家互相讨论，把自己的观点亮出来。"他认为对新的文学思潮不要急着一棍子打死，要耐心等待，静观其变。正因为谢老师有包容精神，他的学生一个比一个有个性，有特色，包括韩毓海、张颐武、李书磊、程文超等，都成为学界或政界精英。

我曾对谢老师说过："我现在也成了一个管理者，我对您最为佩服的不是您的学问和学术成果，而是您的管理能力，您这个队伍太难带了，因为每个人都个性张扬。"谢老师听了哈哈大笑，说："我的管理经验就是不管。"我理解，所谓不管就是宽容，就是无为而治。他在管理过程中鼓励各种思想自由发挥，只要你能自圆其说、自成一体，这种思想自由也是建立在相互尊重的基础上，在那浓郁的学术氛围中，师生之间、同学之间从来没有出现过相互告密、相互倾轧等现象。

夏和顺：我记得，早在深圳举办第一届读书月时，谢冕先生就被聘为顾问，他为深圳的文化建设献计献策，也是他在大学教书育人、解惑释疑行为的延伸，这与您本人由学术研究走向社会文化似乎也有一种契合。

尹昌龙：谢老师永远有一颗年轻的心，他交的都是年轻的朋友，谢老师今年已经 85 岁高龄，但身体仍然非常棒，坚持每天晨跑，洗冷水澡。我认为主要还是跟他的心态有关，他为人处世不拘谨，有激情，能把心中的积郁全部释放出来。黄子平有一篇写谢老师的文章，很有意思，题目叫《通往不成熟的道路》，那是他为谢老师一部评论集写的序言，这就是"老顽童""萌爷爷"的形象。

谢老师喜欢深圳，也是因为深圳是一座年轻的城市，充满青春活力。我做谢老师的学生 25 年了，至今仍然保持联系，可以说是亦师亦友。他来深圳我们一起喝酒聊天，无话不谈。有一年深圳读书月，我记得一个细节很有意思，谢老师有午休的习惯，深圳年轻诗人王远洋是谢老师的崇拜者，他那天中午缠着谢老师问个不停，谢老师边打盹边回答他的问题。谢老师待人厚道如此，他在身体如此疲惫的时候仍然不愿扫年轻人的兴。

我在谢老师身上能感受到浓郁的家国情怀。他认为文学于时于世要有所补，同样，人生一世也要有所贡献，有所担当。我觉得，他的这种责任感是与生俱来的，这是他们那一代人的共性，也是中国知识分子的共性。西方知识分子强调个性和个体，而中国知识分子既是个体的，也是社会的，他们是民族、国家和时代的代言人。我从谢老师身上所学到的，今天看来，在文学和学问之外的东西更重要。

关于《1985：延伸与转折》

夏和顺：因为您的专业是当代文学批评，因此采访您绕不开当代文学这个话题，绕不开您的大著《1985：延伸与转折》。这部著作是"百年中国文学总系"之一种，请您谈谈这套书出版的背景。

尹昌龙：当年谢老师组织撰写"百年中国文学总系"，是基于重写文学史这样一个宏大的构想，参加者包括程文超、孔庆东、旷新年、李书磊、钱理群、洪子诚、孟繁华等人，当然还有我。谢老师撰写了这套"总系"的第一本——《1898：百年忧患》。他希望这套书在文风上灵活多变，不要像教科书那样呆板。当时这套书借鉴的典范是丹麦文学批评家勃兰兑斯的《十九世纪文学主流》和黄仁宇的《万历十五年》。谢老师说，他喜欢"手风琴式"的历史叙事结构。什么叫"手风琴"结构呢？选取相对长的一个时间段，将其压缩到一个点上就是一年，拉开了就是横贯的历史长河。他是受到勃兰兑斯和黄仁宇的启示。

我为什么选1985年呢？因为20世纪80年代是我们这一代人的成长故事，就像青春小说一样。中国经历了近百年的积贫积弱，到80年代才真正进入改革开放的节奏，中国的强大和崛起，中国进入20世纪下半叶的所有巨大转变都是从80年代开始的，可以说，80年代开启了五千年未有之变局。我书中的第一章叫"从《人生》开始的人生——眺望城市的灯火"。路遥的《人生》发表于80年代初，获全国优秀中篇小说奖，在当时引起巨大反响，我借着这一话题，谈农村城市化的进程。其实，中国最早的农村城市化是高考带来的变化，大量农村学子进入城市，他们的人生命运得以逆转，当然我还想表述他们的情感、他们的亢奋和困惑。

夏和顺：1985年确实是很有意思的历史切面，它在当时是新时期一个很精彩的时段。我记得当时朦胧诗已经非常火热，同时又出现了寻根文学等潮流，美术上则有"85新潮"。今天看来，概括或者反思这种精彩到有些纷乱的文学或文化现象，究竟有何意义？

尹昌龙：这个过程十分艰难，又充满喜悦。社会经济的改革带来了思想文化上的转变，而文学艺术特别是诗歌又是文化转变最敏感的神经，按照谢老师的说法，"朦胧诗是新时期文学的第一只春燕"。中国当时思想文化上的变化也表现在美术上，从"85新潮"到1989年中国美术馆的艺术实验，可谓各领风骚三五天，令人眼花缭乱。但是我这本书的主要目的还不是反思，而是把文学放在时代大背景下，看它怎么随着天下的改变而改变，以此来解读中国文化，来回想、观察和思考，我认为这本身就是一件激动人心的事。

书名叫"延伸与转折"，虽然是五千年未有之变局，虽然思想文化发生剧烈振荡，但民族的根性很难改变，民族情怀仍然在延伸。我们现在说中国社会的发展与变化并不是直线运动，有时也有迂回穿插，也有自我矛盾、自我对抗、自我削减。20世纪80年代也是如此，当你讲到现代性时，已经有人提出后现代，当你提出文学应当关心社会时，又有人提出文学应该回到自身。各种思想都如岩浆似地剧烈运动，寻求自我突破。这是一个时代的特征，也是一个时代的文学特征，延伸与转折恰恰构成这个时代复杂的潮流。

关于《重返自身的文学》

夏和顺：20世纪的最后10年，随着改革开放的深入，中国社会进入物质化、多元化的发展时期，曾经众星捧月一般的文学渐渐回归到它本来的地位，作家们自己感叹被边缘化了。尊著《重返自身的文学——当代中国文学思潮中的话语类型考察》是不是在这个背景下写作的？文学是在重返自身，但您这部著作是不是暂别文学的一个宣言？

尹昌龙：这本书是我的毕业论文，而我原来准备写的题目是《中国当代文学后现代话语实践》。20世纪90年代初，当代文学研究中出现后现代主义思潮，我想对此进行反思和考察。但谢老师认为后现代主义潮流有很多问题说不清楚，博士论文选题还是稳妥为好，观点过激很难通过。于是我选择了《重返自身的文学——当代中国文学思潮中的话语类型考察》，似乎走向了另一个极端。《重返自身的文学》1999年由广东人民出版社出版。今天回头来看，本书深度还不够，如果重写，我会剖析得更深入。因为学位论文有一定规范，要顾及学术史的背景，要引用大量理论资料，这样反而把自己淹没了。开句玩笑，这让我想起钱锺书先生引用过的一句话：为结婚而恋爱，为学位而写论文。

文学重返自身是一个很有意义的话题。以前我们习惯对文学作品做两极判断，或是或非，或好或坏，或优或劣，我认为应该改变对文学史的这种思考方式，任何对文学的需求，或者说文学的表述方式都是各种力量作用的综合结果，文学随时代变化而变化，反过来又触动时代的变化。我想考察文学话语出现的意识形态背景和其目的。

20世纪80年代有人批评文学被政治利用，他们要求文学独立，回到自身。文学的自身或者说文本是什么呢？罗兰·巴特曾有一个形象的比喻，追寻文本就是剥洋葱，一层层剥下去，最后发现是空的。追求文学表达的自由，言说的权利比言说本身更重要，谁在说比说什么更重要，到最后你会发现其实是如何言说的问题，是语言本身的内容。所以文学重返自身是两种完全不同的东西：一种是让文学回到社会，表达对社会的见解和对人生的看法；另一种则是让文学回到语言特质和叙事特质。不同的语境、权力和意志所带出来的文学，可能是文学政治学，也有可能是文学审美学。我关注这个话题，其实是关注文学重返语言的实验，因为原来通过语言的工具化将文学工具化了，我主张打碎套在文学身上的锁链，让文学重新亲近母语，恢复文学语言的魅力，恢复生机勃勃的文学生态。

特区文化和"介入的旁观者"

夏和顺：深圳市特区文化研究中心是一家综合性研究机构，是政府文化决策的智囊，我记得当时有一句口号是要把它打造成"中国的兰德公司"。您是文化研究中心承上启下的关键角色，怎么看当年的这一定位？

尹昌龙：我记得大概是1995年底，王京生作为文化局副局长分管特区文化研究中心，他在年终总结时提出要将它打造成"中国的兰德公司"。深圳市文化局原来有一个调研处，在机构改革时被裁撤了，后来深圳市政府跟文化部合作成立了特区文化研究中心，使原来调研处的功能得到保留，又增加了新的研究功能。特区文化研究中心不同于纯粹的学术机构，它是政府部门主管的一个研究机构，对体制运作方式非常熟悉，同时又有相对独立性，用雷蒙·阿隆的话来表述，它是介入的旁观者。它的优势在于利用体制和观察体制，一方面是介入者，它的观点和成果可以成为政府或文化部门的文件，可以进入政策层面；但同时它又是一个旁观者，不直接进行文化管理。

当时大家关注"特区文化"这个新概念，深圳特区随着经济改革和社会发展所产生的新的文化现象，也可能是中国未来社会发展中的新内容，这种研究具有前瞻性和启示意义。当时从中央到各省市的文化研究部门都叫艺术研究所或研究院，而我们深圳叫特区文化研究中心，因为我们的研究是跨领域的，不局限于文化和艺术，这种文化不同于博物馆式的静态文化，而是随着市场经济而起的鲜活文化。

夏和顺： 深圳市特区文化研究中心成立至今已经26年，事实证明，它对深圳文化产业政策的制定和文化市场的发展起到了重要的决策和参考作用，对此您如何评价？

尹昌龙： 我认为深圳市特区文化研究中心的重要意义和贡献至少包括以下几个方面：（1）它最早关注伴随着市场经济产生的新的文化，也就是我们今天耳熟能详，国家又非常重视的文化市场和文化产业；（2）在政府和市场边界比较清晰的情况下，研究如何对文化资源进行管理和合理调节，形成成熟的分类管理的公共文化政策；（3）一座年轻的城市，文化发展需要战略决策，特区文化研究中心成立以来一直将战略置于研究视野中，使文化成为动词，让文化运营城市、改变城市，让文化成为城市的意志；（4）关注移民文化生态，保持文化的共生共荣，多样发展，同时关注创新型文化，从传统文化过渡到跨界文化，比如文化与科技、与金融、与旅游相结合，从而触摸到并开始解读文化创新的密码。

如果说它存在不足的话，我觉得它对国外公共文化政策的关注还不够，因为我们是开放型文化，应该多借鉴发达国家的文化经验。另外，它还可以对一些个案多做发掘、研究和分析。

深圳读书月是高贵的坚持

夏和顺： 深圳读书月至今已经走过了18个年头，它如今已经成为深圳的一个文化品牌，甚至可以说是深圳文化的一个代名词。您在深圳市特区文化研究中心和市文化局任职期间，对这个品牌的打造立下了汗马功劳，对此您有何感想？

尹昌龙：回顾深圳读书月这18年来走过的道路，我还是想用一句话来评价：这是一种高贵的坚持！在市场经济时代，当许多地区仍停留在抓经济层次而且以经济为政绩的时候，我们却没有急功近利，在缓慢地培养读书的种子。十年树木，百年树人，一代人的读书习惯需要十年二十年的培养。好事即使寂寞也要坚持，这就显示出这个城市的价值追求，功在当代利在千秋，争千秋而不争一刻。

读书月给深圳这座城市带来了令人可喜的变化。我刚来深圳时，感觉不到它的书香氛围，现在深圳读书人口剧增，深圳书城每到周末人头攒动。我有一次陪同一位大学校长参观莲花山，下午5点回到中心书城，看到有那么多读者，他非常感慨地说："中国任何一座城市都很难看到这种场面，由此可见这个城市的竞争力和希望。"确实，读书月给深圳带来的是一种生活方式的改变，使这座城市令人尊重，同时也给它注入了一种文化基因，使它有了延续发展的动力。深圳这座城市如此年轻，深圳人又如此热爱学习，它的前景会越来越美好，它的未来会越来越强大！

夏和顺：这确实是一种高贵的坚持，作为读书月组织团队的重要成员，您认为是什么力量使这一活动长期坚持下来的？

尹昌龙：读书是个相对寂寞的活动，只有不断形成高潮，形成热点，才能成为城市的主流话题。我想读书月活动能够长期坚持下来，至少有以下几个关键因素：（1）深圳的当家人都是明白人，都是读书人出身的官员，都有书生本色，所以他们把深圳最好的地拨给了书城，而且每到读书月开幕，书记、市长都来给你站台；（2）它是由一批志同道合者具体操作的，因缘际会，这期间如果发生重大变动，都有可能使其难以延续；（3）与这座城市本身有关，这座年轻的城市竞争太激烈，不读书就有可能被淘汰，读书是逼出来的爱好和动力；（4）出版发行集团的作为，参与组织读书月是一项公益活动，而图书发行则是它的主业，一项公益事业除其自身价值外，还必须与利益挂钩才能持久。

夏和顺：我记得您很久以前提过一个口号：以书为赢！当时您好像还没有到出版发行集团。深圳的人均购书量一直被宣传为全国第一，最近几年我没有关注，如果按常住人口来算，应该还是稳居全国第一。但应该清醒地看到，中国人的纸质书阅读量在降低，深圳也不例外。现在回过头来反思"以书为赢"这个口号，您有什么感想？

尹昌龙："书"与"输"同音，做生意的人以为不吉利，你看罗湖书城这座楼被改名金山大厦，其出处大概是"书中自有黄金屋"。所以我提出"以书为赢"，不读书无以自立，不读书无以自强，读书才能真正赢得未来，对个人而言如此，对一座城市而言也是如此。深圳人均购书量一直高居全国第一，应是不争的事实。深圳一般图书（除教材教辅外）的销量超过很多内地的省份；全国十大书店销量排名，深圳至少有两座书城稳居其中，到高峰时甚至有三座；中心书城、罗湖书城和南山书城的销售总额超过全国任何一家书城；深圳读者买书都是一捆捆、一筐筐地买，这在内地城市甚至在香港都难见到。

夏和顺：《深圳全民阅读发展报告》已经连续出版多年，作为这一年度报告的主编，您有何感想？

尹昌龙：《深圳全民阅读发展报告》是一部以城市为单元的年度阅读蓝皮书。我们每年以全民阅读活动为主线，邀请全国特别是深圳阅读界的专家、学者、阅读团体撰稿，其内容包括当前城市阅读涉及的备受关注的一些问题，如数字阅读、亲子阅读、文化艺术创新、图书馆平台建设等。出版这一报告，旨在对全民阅读展开多角度、多思维、多领域的探讨与研究，旨在展示深圳全民阅读近期新成果，成为本市各区各系统及各民间阅读组织，以及兄弟省市同行学习交流的纽带和桥梁。

夏和顺：学术文化的繁荣是城市经济和社会发展的最根本和最持久的动力。深圳社会和经济的高速发展给文化建设和学术研究提供了广阔的平台，您觉得应该怎么理解纯粹的学术研究与社会实践之间的关系？

尹昌龙：深圳经济特区成立以来，深圳的学术文化经历了数十年的发展，已经形成了一定的优长学科和领域，我认为今后要使优长学科更加优长，优势群体更具优势。著名学者李欧梵引用葛兰西的话，提出了"有机知识分子"这个概念。有一次我跟他吃饭聊天，他也将我归为这一类。所谓"有机知识分子"，我想就是指进入社会机体，参与更多公共文化活动的知识分子，他不是外在于这个社会，不是单纯地认识世界，也不是盲目地改造世界，而是在两者之间很好地融合、互动。

中国改革开放 40 年来，实际上遇到了很多问题，因为发展太快了，路怎么走？心中的迷惑怎么解决？我们的学者应该自问：学术研究对当下和未来有何作用和意义？我认为学术界、知识界没有迅速地跟进、及时地指引，包括研究发达国家的先例和未来发展的路径，目前两者之间脱钩比较严重。做学问就是解惑答疑，当社会需要你、时代需要你时，研究者应该沉下身子进入实践中去，否则无法指导社会实践。

尹昌龙简介

尹昌龙 安徽和县人。1983～1990年就读于山东大学中文系，获学士、硕士学位；1992～1995年就读于北京大学中文系，获文学博士学位。1995年后进入深圳市文化系统工作，曾任深圳市文化局机关党委专职副书记兼纪委书记，深圳市特区文化研究中心主任，深圳市文化局副局长、党组成员，现任深圳出版发行集团党委书记、总经理。

著有《百年中国文学总系——1985：延伸与转折》《重返自身的文学》《全球化的烟花》等，主编有《深圳全民阅读发展报告》《以书筑城以城筑梦》等。

科技管理应成为深圳的名片

——陈少兵访谈录

受访者：陈少兵

采访者：夏和顺

时　　间：2018 年 4 月 19 日

地　　点：深圳市社科院办公室

陈少兵，1997 年华中理工大学工商管理学院博士研究生毕业，获工学博士学位，他的专业是科技管理。他的博士学位论文《汽车工业技术创新的规律、特点及其经济性分析》当时已在业界产生很大反响，其中的若干学术观点被学术界广泛征引。博士研究生毕业分配到深圳市科技局工作，从此陈少兵就与高新技术产业领域的研究结下不解之缘，发表过大量相关学术论文，对科技创新、科技管理、科技政策、产业技术和产业结构更有着独到的研究，著有《深圳产业结构演化与发展研究》《汽车工业技术创新规律研究》，他还参与了深圳有关科技发展政策的制定和重大举措的调研，包括闻名全国的"深圳科改 22 条"、中国国际高新技术成果交易会申办与实施方案设计、深圳高新技术产业带发展决定、深港高新技术产业合作等重要工作，曾在《南方日报》等报刊发表系列关于科技产业发展的政论文章，为广东省科技事业和高科技产业发展献计献策，受到省委主要领导的肯定。

陈少兵现任深圳市社科院副院长。他近日接受笔者专访，回顾自己的学术经历，纵论深圳高新技术产业，展望粤港澳大湾区科技产业未来，他指出，深圳的学术建设离不开其本土特质及文化特质，深圳在全国最响的名片就是科技和科技产业，因此科技管理应该成为深圳学派建设中的特色学科。

经历科技管理专业黄金时期

夏和顺：科技管理是一门新兴学科，它应该偏重于应用领域，是否类似于工商管理专业？您在这一专业学术领域做出了突出贡献，请您谈谈有关情况和体会。

陈少兵：科技管理属于技术经济学领域，是一门综合性学科，技术经济（现在通称技术经济学）是中国特有的一门学科，最接近西方的工程经济学，是指通过对管理科学的运用，对技术、人力、物力、财力资源进行优化整合的管理行为，即寻找实现技术上的先进性、经济上的合理性的有效途径。它起源于20世纪60年代的绿色革命。当时印度、菲律宾等亚洲国家和非洲、南美洲等发展中国家粮食生产严重不足，某些西方发达国家将高产谷物品种和农业技术推广到这些地区，促使其粮食增产，解决了世界上大部分人口的吃饭问题。这给人们以很大的启发——相当一部分先进的科学技术在现实中实用性不强，社会效益不高；相反，另一些不是最先进、最前沿的科学技术却有着很强的实用性和很高的社会效益。具体到中国，1977年恢复高考后，恢复招收的第一届研究生，就有技术经济这个专业，比如清华大学和华中工学院（即现在的华中理工大学）就招收技术经济专业的硕士研究生，属于完全的工科专业，目前演变成了技术经济学，而科技管理就是其中的一个分支，也有学校开设科学学专业，两者非常相近，仅存在文科和工科的差异。

这门学科是对科技发展中的具体技术进行研究和评估，评估标准有两个：技术上的先进性和经济上的合理性。所谓技术经济，技术的含量多，经济的成分少，是偏重理论研究的应用领域，是一门新兴的学科，因此也比较偏门，从事研究者也很少，我评职称时就遇到过两不管的麻烦，工程类的认可但经济学类不认可，所以我的副高和正高职称评定很麻烦很吃亏，参加了不是自己专业的专业评审（我现在是经济学的研究员）。

夏和顺：科技管理是一门新兴学科，在中国经济腾飞的当下有着十分广泛的实际应用。您是怎样进入华中理工大学就读这个专业并获得博士学位的？您的导师蔡希贤教授是这一领域的先驱，请您谈谈有关情况。

陈少兵：我 1983 年入读武汉地质学院地球化学专业，后转入经济管理工程系管理工程专业，1987 年毕业后留校任经济管理教研室助教，其时学校更名中国地质大学（武汉）。1989 年我攻读本校技术经济专业硕士学位，这个专业在中国地质大学属于理学专业，所以当年我参加全国硕士研究生统一考试时参加的是理学专业的数学科目统考，这个数学科目与文科类数学考试难度差异巨大。1994 年我参加华中理工大学（现华中科技大学）博士生入学考试，又不得不参加概率论与随机过程科目考试，这是一门统考课，需要非常好的数学基础，其他几位参加考试的同学都是学数学专业的，没想到我幸运过关，而其他人被淘汰，我获得了攻读博士学位的机会。所以说，我从本科到硕士、博士读的都是技术经济这个专业，列举要参加数学科目统考意味着这个专业的特殊性，也正是因为这个专业属于初创阶段，我也有幸赶上黄金时期，得到了良好的学术训练。我是国内第三位获得该专业博士学位的人，导师蔡希贤是华中理工大学经济管理学院院长，是这个专业的先驱者之一。蔡老师早年毕业于华中工学院机械系，20 世纪 50 年代末在哈尔滨工业大学进修工程经济研究班，曾任华中工学院工程经济教研室主任。1979 年学校建立管理工程系后，蔡老师任副系主任，1985 年华中理工大学成立经济管理学院后，蔡老师先后任副院长、院长。我的硕士论文和博士论文当时影响很大，被重要学术论文广泛征引。

夏和顺：您的博士学位论文是《汽车工业技术创新的规律、特点及其经济性分析》，由此可见，您在学校接受过严格的学术训练，有着丰富的学术实践和学术成果，请谈谈这方面的具体情况。

陈少兵：华中理工大学是进入国家 211、985 的一所工科院校，校风严谨，甚至可以说呆板，攻读博士学位是件辛苦活，当然不少同学因此而站到了国际学术舞台的最前沿。第一，攻读博士学位期间，我发表了许多有价值的学术论文，攻读博士学位的第一年就合作发表了《对我国技术创新成败因素的分析》（《科技管理研究》1995 年第 4 期），这是国内第一篇高科技风险投资方面的学术论文。第二，我参加完成了"中国中心城市中小企业技术创新跟踪研究"，是国内第一个中小企业（民营企业）技术创新的国家自然科学基金项目。第三，我参加完成国家自然科学基金项目"当代典型工业技术发展规律、特点及其创新过程研究"，并被评为优秀项目，我的博士学位论文《汽车工业技术创新的规律、特点及其经济性分析》，就是以此研究为基础的。第四，作为国内最早研究企业 R&D 国际化的学者，我在权威刊物发表的《企业 R&D 国际化：技术创新的新趋势》，是国内第一篇此类学术论文。第五，也最值得一提的是，我作为第一作者发表的《汽车工业技术创新的一般规律与发展趋势》一文，被评为湖北省自然科学优秀论文一等奖（1998 年），是华中理工大学（现华中科技大学）工商管理学院到现在为止唯一的自然科学一等奖，也是少有的全日制在校博士生以第一作者署名的成果获此殊荣的。

见证深圳高新产业的腾飞

夏和顺：深圳是中国改革开放的排头兵、试验田，其结果之一是造就了深圳闻名全球的高科技产业。现在高新技术产业已经成为深圳的支柱产业，其占深圳经济总量的比重已经相当大，而深圳高科技产业真正起飞的阶段，正是 20 世纪 90 年代，您是这一腾飞的见证者及有关政策的参与起草者，请谈谈您的经历和感想。

陈少兵：我是在总结深圳经验、进行理论提升的过程中慕名而来到深圳的。1997 年下半年，我到深圳市科技局办公室工作，任科长、副研究员，当时人事关系在市知识产权事务中心。我在科技局时就发表过一系列文章，从理论上、从科技政策的角度来解释深圳的科技产业奇迹。首先，我曾参与制定闻名全国的"深圳科改 22 条"。深圳经济特区成立伊始就十分重视科学技术的发展，先后制定了一系列相关政策和法规，其中最著名的就是"深圳科改 22 条"，但现在的读者可能不知道了。1998 年 2 月，深圳市政府发布《关于进一步扶持高新技术产业发展的若干规定》（称为"旧 22 条"），全面完善和规范了政府推动高新技术产业发展的政策措施，这是国内地方政府首个系统的科技产业政策，在全国引发一波激烈的政策竞赛。在中国高新技术产业发展历史上，这个"22 条"是一个重要的节点事件。作为对全国政策竞赛的回应，从财政投入、创业投资、税收优惠、分配激励、知识产权、土地使用、人才引进、投融资体系、吸引外资和归国留学生、政府奖励等方面全方位地促进高新技术产业发展。1999 年 9 月，深圳市委市政府发布《中共深圳市委深圳市人民政府关于推进高新技术产业发展的决定》，更是奠定了深圳高新技术产业发展的基石，才有了今天的"中国硅谷"之称。

正是在 1999 年 10 月，深圳举办首届中国国际高新技术成果交易会，时任国务院总理朱镕基亲自出席，并宣布这一国家级展会永久驻在深圳，这也是中国高科技产业史上的一件大事，而中国国际高新技术成果交易会的申办文件也是我参与起草并制定了实施方案。我当年独自承担了前往科技部、信息产业部等部委落实联合举办高交会的文件会签等事宜，我记得我的草案中高交会的名字中国与深圳之间本来有一个间隔点，报上去后被朱镕基同志划掉了，我的书房里还保存了最初的草案。

另外，我还主笔完成了《深圳市科技发展"十五"计划》的起草，以及包括电子信息产业、新材料与新能源和生物技术在内的六个子规划。

夏和顺：您调入深圳市委政策研究室工作，任务和职责也是与高新技术产业政策制定有关，请您谈谈这段经历和工作情况。

陈少兵：我于 2000 年 10 月被调到中共深圳市委政策研究室经济处，任助理调研员，人事关系在深圳市委政策研究室年鉴编辑部，次年 12 月，我任政策研究室决策资讯服务中心副主任，主持工作，2002 年 6 月任中心主任。

在市委政策研究室，我参与起草了《深圳市委深圳市人民政府关于加快高新技术产业发展的决定》；先后参加完成市委全会报告以及《人民日报》《求是》等署名文章文稿的写作。这期间作为一名学者，最先提出了"深圳高科技产业是深圳产业中唯一与香港没有产业关联度的、具有独特发展规律的产业"的见解，并在不同学术活动中大力推介自己的这一学术观点。

夏和顺：作为一名专家，您认为深圳在科技管理理论研究方面的现状如何？它是否与深圳的高科技产业相匹配？

陈少兵：深圳科技产业在实践上创造了中国经济发展的奇迹，但在理论研究方面又是非常欠缺的，理论远远落后于实践，大家的认识都停留在面上，没有进行深入的探索和认真的总结。深圳的科技发展值得从理论体系、科技规律和体系架构上进行深层次研究。我对深圳科技发展理论研究起步早，也站得比较前沿，从来没有中断过，我曾经给省部级干部班、香港议员、深圳各级干部讲授全球科技发展趋势和深圳科技发展的课程，我希望以后能在这方面投入更多的精力。

夏和顺：您还有一段在广东广播电视大学工作的经历，这段经历与您的专业与学术研究有何关系？

陈少兵：我于2003年初参加广东省副厅级干部公选，因此于2003年8月至2009年11月任广东广播电视大学副校长、党委委员。在广东广播电视大学期间，我的视野更开阔，施展专业能力的舞台更大。首先，我为广东省的科技事业和高科技产业发展献计献策，撰述了《关于我省科技工作的思考建议》，受到中共中央政治局委员、广东省委书记汪洋的批示和重视。其次，我主持了一项大规模的调研活动，直到2009年才完成，那就是"走中等技术产品之路，再塑东莞制造新优势——关于东莞产业升级的调研"，也受到汪洋书记等领导的重视，当时的东莞市委主要领导多次邀请我前往指导。另外，我在广播电视大学工作期间，曾被省委办公厅借调半年多，被省委组织部借调9个月，曾参与起草有关文件及制定有关人才工作政策。

夏和顺：您后来调回深圳，任深圳市委党校副校长，您在党校的工作是否跟您的专业有关呢？

陈少兵：我于 2009 年 11 月调任中共深圳市委党校副校长、校委委员，又兼市社会科技工作者联谊会理事。我在市委党校所做行政事务性工作比较多，比如带领大家完成"深圳干部在线"的建设工作；比如大力推进党校教学改革创新，使党校的教学工作有了长足进步，2013 年分别获得全国和全省党校教学管理优秀奖。但正是在党校期间，我在省内外，特别是在局级干部班中讲授"世界科技创新领域发展趋势"，使我的专业优长得到发挥，使科技课成了自己的"名片"。

高新技术是深圳的优势产业

夏和顺：您曾对深圳的产业结构做过深入的研究，著有《深圳产业结构演化与发展研究》，那么在深圳崛起的 30 多年历史中，您认为它的产业结构有何演化规律？其内在的动力是什么？

陈少兵：我一直关注深圳高新技术产业的发展，最近出版的《深圳产业结构演化与发展研究》是一个阶段的总结。到目前为止，对深圳高新技术产业的研究大多是从产业谈产业，而我把产业归口到科技发展的脉络中，从科技发展规律查找深圳科技的演化及发展规律，我拎起深圳产业发展的一条线就是科技。

通过研究我得出了很多重要结论，比如，我认为科技资源的聚集是极为不均衡的，只能在极少数地区聚集和生长，它与人类文明的发展是紧密相关的，比如语言和城市是文明的重要标志，也是科技依附的载体，深圳恰恰有这个特点。所有的资源都可以均衡分配，科技资源却不能。深圳这么多年的发展的动力系统是科技推动的，这一点脉络清晰，传统产业也是靠科技产业推动的，包括金融业也是，除了市场和政府外，科技就是内在动力。深圳的创新首先表现在科技领域，有一条看不见的线在带动产业发展，这就是它的内在动力。

夏和顺：深圳的高科技产业发展到今天非常不容易，但目前也步入困难期，比如随着要素成本的提高（房地产价格仍然居高不下，仅次于北京、上海），高新技术产业反而受到挤压，很可能削弱其产业结构优势，政府相关部门应该采取何种应对方式，才能使高科技产业与要素成本之间维持平衡？

陈少兵：深圳的高新技术与金融、物流和文化并称四大支柱产业，其中金融和高新技术更像深圳的两张名片。但在高房价带来的要素成本上升的背景下，深圳的产业结构正在进入调整通道，其中高新技术产业与金融中心建设或将互相消长。

早在1999年，我就提出要提高高新技术产业的竞争力及处理好制造业的发展问题。2015年，我们曾深入探讨过科技道路怎么走，我感觉到高房价带来的要素成本的增高对科技产业发展的破坏性影响。我在《21世纪经济报道》的一篇访谈引起巨大反响，香港、台湾地区和旧金山的华文报纸都曾转载。

世界经济发展历程告诉我们，高服务、高发展适合于金融、贸易、专业服务等高端服务业集聚的地区，要素成本以及生活成本都很高；而高新技术产业往往始自"车库企业"，需要高素质、低成本的要素市场相配合，创业门槛一定要很低。美国硅谷、128公路地区、日本筑波科学城、以色列海法、印度的班加罗尔软件园，以及中国台湾新竹科技园等科技产业发达的地区，其要素成本都比较低，而香港、伦敦、纽约、东京等金融中心都是跟科技中心隔离的。现在很多人所说的旧金山湾区是个错误概念，硅谷离旧金山车程近一个小时，房价只有三分之一。大家往往混淆这两个地方，这两年大量的科技企业迁往德克萨斯的休斯顿，休斯顿和洛杉矶科技产业崛起，就是因为硅谷的要素成本上升，对技术创新有巨大的削弱作用，两者事实上是互相排斥和挤压的。另外像日本东京，曾经聚集了全国75%甚至80%的高科技人才，以及大量的一流大学，但没能形成真正的高科技产业，后来在距离东京约50公里开外的地方兴建了筑波科学城，成效显著。

我在很多场合说过，科技产业就是车库产业，家庭车库都可以办公，苹果等公司就是这样起家的。有人认为在深圳两者是可以相融的，但我认为深圳也不例外，高房价会对人才和创新造成挤压，滞后效应慢慢在显现。高新技术产业也有一个可持续发展的问题，持续发展力包括要素成本和人才培养。

夏和顺：但在目前来看，深圳的金融产业和科技产业仍在并行不悖地发展，长期来看它们是否也能较好地并行发展？

陈少兵：深圳最初发展高科技企业，受惠于全球化之下的国际产业分工和转移，由于技术代差的存在和"改革开放窗口"的示范效应，深圳早期发展高新技术产业成效显著，20世纪90年代后期以来，深圳的确是一片科研成果产业化的沃土，华为、中兴、科兴等企业早期都大量采用了来自国内著名高校和科研院所的研究成果。而中国的金融业20世纪90年代之后才真正发展起来，在国民经济中所占比重也并不大，深圳也是这么一个状况，应该说这给了高新技术产业一个成长的机遇。但现在技术代差已经基本被抹平，发达国家的再工业化政策对新兴国家产能的挤出，意味着国际分工产能转移的结束，也意味着追赶型发展阶段的结束。另外，深圳已经建立起全国乃至全球领先的科技产业化优势，眼下提升自主创新能力是必然选择，要保证能够吸引人才，需要有综合配套。高社会成本尤其是高生活成本会抑制科技创新，这已被全球证明，我们不可能走出一个不符合科技发展规律的新路径，历史将证明违反科技发展规律必将受到惩罚。

夏和顺：前一个时期深圳房价上涨，要素成本上升，出现过一些企业外迁的现象，但它们很多可能仅仅是将生产基地外迁，而核心研发部门仍会留在深圳，所以对深圳高新技术产业不会有太大影响？

陈少兵：深圳高新技术产业的某些环节，特别是生产环节，向周边城市扩展后形成新型的"前店后厂"模式，实现了规模经济和范围经济，是很好的发展趋势。但我认为，久而久之容易导致分离。世界上很少有仅靠研究立足的企业或城市，美国高通是一个孤例。研发和生产应该是有机整体，不能做过多地理上的分离，远离了环境的支撑作用，研究人员对各个环节难以有系统的理解（纯生产环节除外），长远来看会产生问题。这一点深圳要吸取台湾新竹科技园的教训。2000 年以前，新竹科技园是全球除硅谷外科技产业发展最好的地方，曾经在 3 平方公里的土地面积上，创造了超过当时整个深圳高新技术产品产值乃至整个深圳的 GDP。但现在不管是科技创新，还是产业化，我们几乎已经不再提及新竹。它的一个很大问题是产业空心化，大量核心生产环节外迁，看似占领了市场，扩大了规模，但自身弱化了，最终没能维持持续创新的过程。所以我要强调一个地区的实体产业不能过度弱化。再进一步说，失去了实体产业的支撑，你的金融业为谁服务？

深港一体化与粤港澳大湾区

夏和顺：《粤港澳大湾区发展规划纲要》刚刚获得中共中央、国务院批准通过，作为国家战略，粤港澳大湾区的建设与发展是"一带一路"的重要支撑点，深圳在大湾区中处于什么样的地位，重点应该做哪些方面的工作？

陈少兵：《粤港澳大湾区发展规划纲要》发布以后，国家发展改革委正在组织编制粤港澳大湾区打造国际科技创新中心的实施方案，广东将联手港澳共同建设粤港澳大湾区国际科技创新中心，深圳更是责无旁贷。另外，我们还要与香港紧密协作，推动畅通要素便捷流动、基础设施互联互通，除合作打造全球创新发展高地外，还要共建金融核心圈和优质生活圈，把深港两地建成绿色、宜居、宜业、宜游的世界都市。作为一名长期关注科技管理和高新技术产业的学者，我关注的主要还是深圳在未来大湾区建设中在高新技术产业方面的发展优势，以及深圳与香港等城市在高新技术产业方面的合作问题。

夏和顺：1997 年，香港回归的当年，时任深圳市长李子彬在香港媒体发表了《从战略高度推进深港科技合作》一文，表明深圳与香港科技合作的意愿，深圳在这方面也做了很多工作，那么双方科技合作状况如何呢？

陈少兵：我认为，香港的科技发展跟香港本地现存产业之间没有关联，深圳的科技产业从起步到发展壮大跟香港也没有任何关联。深圳在全球科技产业领域走出了自己的道路，形成了自己的特色。本来，深圳与香港之间的科技发展可以说是互补大于竞争，可是遗憾的是，香港发展科技产业路径不对，最先搞数码港，实际上没有任何作用，因为它的科研与产业没有扎下根，当年选择去香港创业板上市的深圳企业都没有发展起来。

早在 2000 年我与香港学者交流时，就建议香港要进行调整，深港科技产业发展要走在一条道路上才能合作，走两条路就会错开。香港高校科研人员要关注本地产业的发展。比如新加坡，举全国之力发展生命科学产业，目前已经有了一定基础。但是香港到底发展什么科技类产业？我们没有看到，深圳跟香港之间在技术来源、市场选择、科学研究、产业发展等方面都没有交集，是两张皮。

我认为，深港之间目前存在严重的技术代差，香港跟深圳之间的技术档次拉得越来越大，在互联网方面也是如此。比如，香港最先搞八达通，但并没有扩展到互联网，到现在为止还只有那么一个功能。深圳相关的产业当时起步落后于八达通，但是很快扩张到各个领域，技术提升完全超过了香港。

夏和顺：既然深圳与香港的科技产业之间没有关联性，而深港本来就存在一体化趋势，在未来粤港澳大湾区中两个城市又具有同样重要地位，那么两地应该如何开展科技合作呢？

陈少兵：我觉得这么多年所谓的"深港科技合作"，仍然还是在原地踏步，这应该引起双方高度重视。目前香港发展科技产业缺乏基础条件，必须依靠深圳，所以深港在经济、科技一体化方面有许多事情可做，深圳要带动香港的科技产业的发展。前不久我应邀去香港做过一次演讲，我曾经提过三个建议：第一，共筑合作基础，两地科研机构、产业部门要坐下来探讨问题所在；第二，科技基础设施相互开放，深圳的超算中心以及很多的企业工程技术中心对香港开放，双方完全可以共享，因为本来就是一家人；第三，我们经常讲到橡胶轮胎产业就会想到阿克隆大学，讲到硅谷就会讲到斯坦福大学，深圳大学、香港大学、香港科技大学等应该尽应有的职责和义务，把两地科技资源整合起来，深港一定能够变成全球科技中心。未来湾区科技产业的发展我个人认为不管怎么提，产业体系的发展非深圳和广州莫属，香港要设法融入这个体系中去，从研究开发到科技产业，到配套服务，形成体系，从某一个点发展很难。当然香港也有它的优势，在体制机制上深圳要学习借鉴香港。

深圳的汽车工业有可能实现弯道超车

夏和顺：汽车工业是衡量一个国家和地区工业化水平、经济实力和科技创新能力的重要标志，在全球经济发展中占据着重要的位置。您在这一领域有深入研究，中国的汽车工业起步较晚，但发展势头迅猛，特别是轿车的销量已占世界第一。那么中国的汽车工业在世界格局中占什么样的地位，深圳的状况又如何？

陈少兵：从 2012 年起中国成为世界第一大汽车产销国，但我们在传统汽车工业方面是落后的，到目前为止都是如此，民族汽车工业没有站立起来，特别是发动机，只能依赖别人。现在有一个好消息，电动汽车的发展给了我们弯道超车的机会。深圳在这方面起步比较早。

电动汽车不是新概念，最早的汽车就是由电池驱动的，诞生地是法国，早在 19 世纪 60 年代西方赛车中电动汽车时速就能达到十几公里。后来有了内燃机，动力问题解决了，而电动汽车在可操控性方面比较差，所以逐渐被淘汰。但是，对电动汽车的研究从二战后期至今没有中断过，以美国通用、日本丰田等公司为主，而丰田要早于特斯拉。20 世纪 90 年代以后，电池技术、电池容量的研究突飞猛进，能源密度更高，电动汽车迎来了又一个春天。中国的电机技术已经非常成熟，深圳比亚迪目前是世界上规模最大的电动汽车厂商，而电池技术最先进的还是日本，锂离子电池是美国人实验成功的，由日本人真正产业化，日本掌握着最高端的电池技术，到今天仍然如此。比亚迪虽然与世界先进水平还有差距，但已不如传统产业差距那么大，所以现在有可能实现弯道超车。电动汽车与自动驾驶相结合，仍然会形成世界上最大的产业，非常值得研究。

夏和顺：您的专著《汽车工业技术创新规律研究》更多的还是关注这一领域的技术创新问题，您进入这一研究领域还是在华中理工大学攻读博士阶段。通过研究，您是否找到了汽车工业技术发展的轨道与技术变革的途径？

陈少兵：20 世纪 90 年代初，国家自然科学基金委员会对工业革命以来的典型工业的发展和创新规律进行研究，作为国家自然科学基金课题面向全国征集。所谓典型工业，包括汽车、石油、电子信息、航空航天。汽车工业基本上能体现一个国家的工业水平，大部分科技创新的产品都能在汽车上找到身影，在全球工业中，它规模最大，就业人数最多，创造的价值也最大。刚才我已经简单提到过这件事，就是我获得湖北省自然科学论文一等奖的那个课题。当时我正在读博士，我与导师团队承担了汽车工业的研究课题，1998 年发表了《汽车工业技术创新的一般规律与发展趋势》一文，该文被评为湖北省自然科学优秀学术论文一等奖，也是唯一一篇在校博士生获得一等奖的。我当初研究时没有想到深圳会发展汽车产业，甚至没有想到我会到深圳工作，没有想到比亚迪会发展到今天这个规模。

夏和顺：您到深圳工作后，曾换过多个岗位，担任不同职别的领导。到深圳市社会科学院（社会科学联合会）工作以后，可能会更加接近您的学术专业，这对您的研究是否会有积极影响？

陈少兵：近 20 年来，我发表过近百篇学术论文，独立出版了《深圳产业结构演化与发展研究》《汽车工业技术创新规律研究》等专著。不管是做什么行政工作，不管在哪个领域，我的学术研究从来没有停止过，它对我来说不仅仅意味着责任感和使命感，也带来了很多快乐。我想不管以后怎么样，都会围绕着深圳的科技产业，围绕着习总书记新时期科技创新思想做一系列的研究，也希望把科技管理研究打造成深圳社科院的一张名片。

夏和顺：能否谈谈您目前的研究课题？您认为在深圳学派建设中，科技管理应该占有什么样的地位？

陈少兵：我最近带了一个团队，做粤港澳大湾区科技产业协同发展的综合研究。刚才我们谈到过，科技产业在未来大湾区建设中的作用非常独特，但到目前为止没有人从产业的角度进行研究，更没有人从科技产业的角度来研究。深圳是高科技城市，是国家创新示范城市，我长期对香港与深圳进行对比研究，最近所写论文也都有涉及。

深圳在经济飞速发展的同时，学术文化的实力和水平也大幅提升，这在城市未来的发展中至关重要。我认为，在深圳学派建设中，科技管理可以形成一个特色学科。深圳的学术建设离不开其本土特质及文化特质，深圳在全国最响的名片就是科技和科技产业，恰恰这一块我们要在学术上放在一个比较重要的位置。

陈少兵简介

陈少兵　湖北天门人，武汉地质学院（中国地质大学）学士、硕士，曾任中国地质大学讲师，1997年毕业于华中理工大学工商管理学院，获工学博士学位。1997年任深圳市科技局办公室科长，2000年任中共深圳市委政策研究室经济处助理调研员，2002年任市委政策研究室决策资讯服务中心主任，2003年任广东广播电视大学副校长，2009任中共深圳市委党校副校长兼深圳市政协文化文史与学习委员会副主任，2014年任深圳市社科院、市社科联副院长、副主席。

研究领域为科技管理。博士学位论文题为《汽车工业技术创新的规律、特点及其经济性分析》。著有《深圳产业结构演化与发展研究》《汽车工业技术创新规律研究》等。

深圳已成为"一线文化城市"

——黄士芳访谈录

受访者：黄士芳

采访者：夏和顺

时　　间：2017 年 6 月 20 日

地　　点：深圳市特区文化研究中心办公室

黄士芳，1966 年出生于江西全南县，先后就读于江西师范大学、复旦大学，1996 年获得复旦大学法学（新闻学）博士学位，随后进入深圳市文化局工作，迄今已经 20 多年。黄士芳著有《特区文化建设与思考》，主编和参与主编《深圳文化研究 2015》《四城市文化交流会议纪念文集》《30 年深圳企业报刊发展与文化构建》《国家对外文化贸易研究》《完备的公共文化服务体系研究》《深圳全民阅读发展报告 2016》等。

黄士芳现任深圳市特区文化研究中心主任、国家对外文化贸易理论研究南方基地主任、广东省特区文化特色研究基地主任，兼任国家对外文化贸易专家委员会委员、广东省公共文化服务体系建设专家委员会专家、深圳市决策咨询委员会专家委员。他是深圳文化建设的参与者、见证者和研究者。在接受笔者专访时，他回顾了参与深圳文化建设 20 多年的历程。作为一位学人，能为深圳的文化建设添砖加瓦，他感到非常幸运！在粤港澳大湾区的国家战略中，黄士芳认为深圳的文化建设迎来了更好的机遇，也面临着严峻的挑战，为此他提出了"一线文化城市"说。他还就"非地非遗"——非物质文化遗产的深圳模式、公共文化服务体系建设等问题发表了自己的看法。

见证深圳文化事业的腾飞

夏和顺：您是复旦大学的硕士、博士，复旦大学是中国学术重镇，名师如云，那么在复旦的学术训练对您产生了什么影响？

黄士芳：我1990年进入复旦大学历史系深造，攻读硕士学位。我的导师杨立强先生是著名中国近代史学者，在中国近代史研究领域成就尤为显著，他治学有一个方法，就是利用前人很少或没有使用过的报刊、档案、方志、文集等资料进行考辨，独辟蹊径，对我的学术研究影响很大。历史系还有朱维铮、沈渭滨、姜义华、黄美真、陈绛、陈匡时等著名教授，我都选修过他们的专业课。

硕士毕业后我转到新闻学院继续攻读博士学位，师从中国新闻史研究大家丁淦林教授。丁淦林教授专门从事中国近现代新闻史研究，他和另一位大家宁树藩教授都是中国新闻史研究的名家，我当时和几个博士生和研究生一起上两位先生的专业课，几乎每次课都要开展讨论，深受他们严谨治学的影响。1996年6月以论文《汪伪政府新闻宣传研究》（约25万字）获得法学（新闻学）博士学位，其实我的专业是新闻学，但研究重点还是与历史有关。在博士研究生期间，我已经发表了为数不少的论文，如《汪康年与〈时务报〉》（《新闻与传播研究》1994年第2期）、《"抚局"辩》（《近代史研究》1994年第5期）、《晚清军事留学教育述论》（《军事历史研究》1994年第3期）、《向世界传播中国抗战的实况——记英文〈保卫中国同盟新闻通讯〉》（《新闻大学》1995年第4期）、《从"中体西用"到"中西合用"——晚清统治阶级学习西方思想的变迁》（《学习与探索》1996年第5期）等。

夏和顺：您于1996年到深圳市文化局工作，加入深圳文化工作者的队伍中，当时深圳的文化事业在经济腾飞的基础上有了迅猛发展，对此您有何感觉？

黄士芳：1996 年 7 月，我从复旦大学新闻学院博士毕业，我的导师和新闻学院都希望我能留下来担任教学工作。因为当时全国只有复旦大学和中国人民大学两所大学有新闻学博士点，当年毕业的博士仅有 5 个，所以我的去向和机会很多，北京和广州也可以去，上海和复旦大学都可以留。我是江西全南人，深圳离老家比较近，所以最后选择了深圳。当然，选择深圳还有另一个原因，也是最主要原因，就是深圳收入比较高。最后我进入文化局做文化行政管理工作。所以说，我与深圳文化的接触起因是职业选择和管理需要，这也是我与深圳文化的缘分。

夏和顺：转眼 20 多年过去，深圳的城市建设和文化事业真可谓日新月异，您对此有何感触？您对深圳文化发展的各个阶段有何看法？

黄士芳：2009 年，我在《改革开放 30 年深圳文化发展的回顾与特点》一文中，总结提出深圳文化发展经历了三个阶段：从 1979 年深圳建市至 1994 年深圳市文化工作会议召开前为深圳文化建设的初创阶段；从 1995 年至 2002 年为深圳建设现代文化名城阶段；从 2003 年至 2008 年则为实施文化立市战略阶段。各个阶段的文化发展也因城市建设和文化建设本身的需求而呈现各自不同的特点。我来深圳的时间段正是深圳文化进入第二阶段发展时期，最大特点是深圳的文化建设开始建构自己的战略定位，正式提出建设现代文化名城的目标。现在深圳文化发展已进入第四阶段，即文化强市阶段。深圳文化发展的历程确实令人感慨，正是因为当时的城市建设者和管理者有明确的战略目标定位，然后据此进行制度设计，深圳文化发展才能达到今天的高度和影响力。

关于"一线文化城市"

夏和顺：放弃原先所学专业，选择深圳，转而从事文化工作对您可能是一种损失，但从另一方面看，专业素养可能也成就了您对深圳文化的研究，您对此有何体会？

黄士芳：首先我要说的是，博士毕业后我没有去传媒单位做编辑记者，并不是放弃专业。我读博士期间研究的是新闻史，博士论文做的是抗战时期的新闻宣传研究。文化研究应该是一个综合学科，涉及很多方面的内容，我个人所学专业非常切合文化研究。我本科学的是历史学，硕士还是历史学，研究中国近现代史，博士则研究新闻学史。新闻和历史实际上是相通的，只不过研究方法和思路有所差别和侧重：历史学研究注重史料、文献和考据；新闻学研究注重传播、载体和信息，在这方面我受老师的影响尤其明显。今天的新闻就是明天的历史，所以两者是相通的。这两个专业的方法可以互通借鉴，为我关注深圳文化发展，研究深圳文化提供了很多方便。比如，我喜欢收集资料，只要看到可能对研究有价值的资料，我都会保存；又如，我现在特别关注新媒体传播，关注新媒体作为文化的载体对传播推进深圳文化的影响，就是与专业背景有关。

夏和顺：我拜读您的一些论文，是早期在文化局工作时撰写的，实际上，您的那批论文大多还是与新闻有关。

黄士芳：我从 1998 年 6 月起参与《深圳市志》编撰工作，负责的就是新闻出版志。此外我还发表过一系列论文：《发展与繁荣：深圳新闻出版事业 20 年》（《特区理论与实践》2000 年第 10 期，与曹宇、吴定海合作）、《深圳市新闻事业发展概揽——纪念深圳经济特区成立 20 周年》（《新闻知识》2000 年第 8 期，与曹宇、吴定海合作）、《深圳新闻出版业的开拓创新之路：深圳经济特区成立 20 周年回眸》（《当代传播》2000 年第 5 期）、《坚持"窗口"示范　促进改革开放——祝〈特区经济〉杂志创刊 15 周年》（《特区经济》2000 年第 7 期）。以上论文实际上研究的是深圳的新闻出版发展历史。

夏和顺：作为一名长期从事文化工作和文化研究的学者，您认为深圳城市文化或特区文化有什么特质，它与内地或与其他城市文化有什么不同？我注意到您在第 93 期酷茶会上有一个发言，专门解释深圳文化的含义，现在您是否仍持同样看法？

黄士芳：酷茶会是由深圳市规划国土委和城市设计促进中心联合组织

的，我在第 93 期酷茶会上做了一个分享发言，题目是《深圳文化：改革开放背景下的文化新常态》，提出了几个观点。第一个观点是对深圳文化的概念定位。从历史来讲，深圳以前叫宝安县，总共 30 多万人，它突然之间变成一个副省级城市。为什么很多人说深圳没有文化呢？我认为首先是定位、定性错误。深圳是一个新生的城市，你如果说深圳没有文化，可能是从传统的文化观念来讲。因为从传统文化观念来讲，新的东西肯定没有老东西那么好那么多。另外，从历史的沉淀看，比如西安有很多文物，地下地上很多，北京有很多文化名人、很多教育机构，当然还有开封、南京等，都是历史文化名城，深圳跟它们没法比。所以我认为，深圳不是没有文化，而是作为新建城市，文化存量不多。第二个观点是我概括了深圳文化的四个特点，即包容性、创新性、民间性、大众性。

夏和顺： 我注意到您提出的"一线文化城市"的概念。"一线城市"本来是基于经济和社会发展的指标，最早的"一线城市"是指北京、上海和广州，后来深圳也加入一线城市行列，所谓"北上广深"，其文化的落差很大，深圳的文化存量无法与上述历史文化名城比较，那么您的"一线文化城市"概念，具体以什么标准来评判呢？

黄士芳： 我的这个观点是基于深圳文化目前在全国影响力的判断，我认为深圳已经成为中国"一线文化城市"，这个概念和提法是我的发明，已发表在《中国文化报》上。当然这个概念和提法可能还不能得到广泛认同。"一线城市"有很多说法，包括经济的、地产的，还有 GDP 的，但是没有人或者机构提出"一线文化城市"的观点和概念。现在我提出这个概念，也算是我的一大发明和创造吧。具体以什么标准来评判，各有各的理由，但我认为深圳作为"中国一线文化城市"的地位和影响力是无法动摇的。

我是在自己的日常工作与学术研究中感受到深圳文化快速"裂变"的，我认为，深圳已经从一个文化存量比较少的城市，变成了文化存量大幅增加，在公共文化服务、文化品牌建设、文化产业发展等方面都靠前的城市，深圳今天无疑已成为一线文化城市，对现代文化的判断、引领，都有标志性作用。

公共文化服务体系与市民文化权利

夏和顺：深圳在全国率先建设公共文化服务体系，如今，"实现公民文化权利"已经成为深圳的十大观念之一，在全国产生了广泛的影响。请您谈谈公民文化权利和公共文化服务体系间的关系。

黄士芳：深圳率先在全国建设以实现市民文化权利为目的的公共文化服务体系，应归功于城市管理者的远见。1998年，深圳市委市政府出台了文化发展的远景规划和近期目标，在政策文件上首次提出建设现代文化名城，而现代文化名城的支撑之一就是文化事业的发展。2000年后，深圳的文化理论界，以特区文化研究中心为主要力量，开始着手研究文化权利问题和公共文化服务体系问题。实际上，中国早已加入联合国的经济、政治、文化权利的相关组织，文化权利早已被联合国认同为公民的法定权利。以联合国的文化权利规定为基础，结合我国的实际，当时的特区文化研究中心研究者提出文化权利的四大权利内涵，即公民享受文化、参与文化、创造文化与文化创造权益受到保护的权利四个方面的内容。以此为基础，将其融入公共文化服务体系的制度设计和具体实践中，从而强化了政府作为推进实现市民文化权利的主体责任和法定责任。

特别欣喜的是，党的十八届四中全会关于推进全面依法治国的决定中，第一次提出要实现公民的文化权利，2017年3月1日起实施的《中华人民共和国公共文化服务保障法》就是为实现公民的文化权利而制定的专门法，它是由全国人民代表大会常务委员会于2016年12月25日通过的，从时间上就可看出深圳的率先实践对它的影响。从此公共文化服务进入有法可依的阶段。

夏和顺：您认为深圳是一座设计出来的城市，当年深圳特区的创立就是一项国家战略，后来的"文化立市战略"，图书馆之城、钢琴之城、设计之都、动漫基地等，都是这项战略的内容。一座城市形象的提升需要文化品牌的拉动，而其持续发展和竞争力的提高则需要文化底蕴的长久支持，两者之间应该如何协调统一？

黄士芳：一座城市的文化建设必须打好坚实的基础，这是没错的。比如说我们要建设基础文化设施，包括图书馆、文化馆、博物馆、美术馆等；我们要保证基本的文化投入，确保市民的文化福利等。但一个城市的文化影响力需要一些品牌支撑。品牌文化活动的开展可以提高城市的知名度、影响力，但同时它也可以提高市民的知晓率和参与度，因为品牌活动是文化质量和保证品质的一种标志。从另一个方面来说，对品牌文化活动的持续投入和培育，实际上也是在积累城市文化的基础。品牌文化活动的持续打造会转化为城市的文化增量和文化优势。因此品牌文化活动的开展和城市文化基础的构建是相互促进的关系。比如说，深圳读书月的活动，长达17年的坚持，就已转化为城市文化增量的重要内容。以前别人说深圳缺乏文化，说的就是文化存量少，而现在靠我们的文化增量，每年的进步慢慢形成了深圳的优势。

夏和顺：社区是城市的基本细胞，社区文化也是城市文化的重要组成部分。深圳是一座移民城市，也是城市化转型的典范，因此深圳的社区文化有着独特的形态和发展趋势，对此您有深入的研究。民间文化与社区文化有重叠也有区别，民间文化更具自发性和自在性，社区文化则更有次生性和组织性，如果两者之间的关系能够处理好，则城市文化发展会更具活力，不知您是否同意这一看法？

黄士芳：这个问题与深圳文化的特点有关。深圳文化的特点之一是它具有民间活力。这个特点在社区建设和治理中成为很活跃的力量。尤其在互联网时代，通过正面引导和支持，这些民间力量能充分发挥促进作用。深圳是移民城市，不是一个熟人社会。你开始可能是投奔亲戚或最早的朋友，但是过几年你会逐步离开亲戚，发展成自己的小圈子，所以深圳民间的力量是非常活跃的，包括微信、公共平台也好，很多民间组织非常活跃。从文化方面来讲，很多民间的活跃组织，比如各种读书会很多。很多人生活水平到达一定程度以后，他追求什么？他可能追求一种精神境界、追求精神享受。深圳读书会就是一个很有说服力的个案，他们有很多人，经常聚在一起，自发地组织读书活动，每周聚会，策划一个主题，大家一起共同读一本书，共同评一本书，这是很有意思的事，形成了一种很好的力量。

"非地非遗"——非物质文化遗产的深圳模式

夏和顺：文化事业是公益性质的，文化产业则具有经营性和营利性。深圳是全国市场经济发展最早也最完美最发达的地区，深圳的文化产业在全国具有领先地位，您对此做过大量调查研究，这其中有哪些有趣味的个案？

黄士芳：文化产业的发展受市场规律影响。让市场在资源配置中发挥决定作用，这一点在深圳得到充分体现。人才、资金和创意的流动最终推进文化的流动和创新，深圳文化产业的崛起与市场体制的完善密切相关。我讲一个有意思的案例。我们知道深圳是一座年轻的城市，是没有瓷器产业基础的，虽然 7000 年前咸头岭遗址曾有陶器遗迹，但这个传统没有传承下来。在广东的陶瓷产业中，佛山、潮州是有基础的，而且有很多传统工艺包括国家级非物质文化遗产。但深圳近十年来涌现出几家陶瓷文化产业大企业，如永丰源、斯达高、通明等，生意做得红红火火，有的产品成为国家礼品，有的企业出口量进入全国前列。为什么会出现这种局面？其中的奥妙在于这些企业的传统工艺，也即非遗传承都是从外面流动过来的，传承人流动到深圳创业，也就把工艺带过来了，所以说市场的流动导致人才的流动，然后导致文化的流动，从而造就深圳文化企业的异军突起。

夏和顺：您曾经总结过非物质文化遗产的深圳模式——"非地非遗"，能给我们解释一下这个概念吗？

黄士芳：是的，"非地非遗"是我总结由人才流动导致非物质文化遗产流动的一个概念。2012 年文博会期间举办过一场论坛，讲的就是这种非物质文化遗产在异地实现产业化发展的情况，我有一个演讲，讲的就是这个题目。为什么这些传承人能够把传统工艺带到深圳发展，为什么不去其他城市，根本原因在于深圳为这些非遗的发展，特别是实现市场效益提供了良好的环境。非遗很好理解了，就是非物质文化遗产，所谓非地，是指非本地本土，是非物质文化遗产生产性保护的一种方式。深圳人是从四面八方迁徙而来的，人的流动引发了非遗资源的流动，但这些项目能够在故土之外发展繁荣，很大程度上得益于深圳开放的环境。深圳形成规模的从事非遗生产性保护集聚、交易、研发的园区，已经有深圳市非物质文化遗产产业园、中国丝绸文化创意产业园、文博宫、永丰源瓷谷、香云纱非遗产业研发基地等。深圳作为一个年轻的城市，对保护非物质文化遗产做了大量工作，非常难能可贵。我认为保护非遗要进行分类，通过多样化的方式来增强传统文化传承的理念，有选择地传承已有文化遗产，以创新的方式来演绎传统文化，逐渐扩展为"广州—深圳—东莞—香港"一体化模式。

夏和顺：您从 2009 年开始担任深圳市特区文化研究中心主任。特区文化研究中心成立于 1993 年，是由文化部和深圳市文化局联合创办的，其主要职能是承担文化部门委托的科研项目，开展特区文化的应用研究和对策研究，开发文化信息资源，促进国内外文化交流。作为一家政府智库，它有哪些成就，还有哪些不足和需要完善的地方？

黄士芳：1993 年，文化部和深圳市政府合作成立深圳市特区文化研究中心时还有一个目的，就是它不仅仅是为深圳设立的研究机构，还有面向全国的任务，即研究包括珠海、厦门、汕头、海南和上海浦东新区在内的特区文化。特区文化研究中心成立 25 年以来，做了大量研究工作，涉及面包括城市文化、公共文化服务、文化产业、城市历史研究等，形成了一定的品牌影响，2012 年被广东省授予首批特区文化特色研究基地，文化部外联局还在此建立了国家对外文化贸易理论研究南方基地。特区文化研究中心的未来目标是打造权威性的国内唯一的"特区文化研究智库"，助力深圳乃至全国的特区文化建设。

当然，特区文化研究中心的发展也有短板，我认为它最大的问题是机构编制不能与深圳文化的繁荣发展相适应。中心看起来名头不小，在国内文化研究界也有一定地位，但实际上它仍然是个微型研究机构，难以承担更多的研究任务。

关于粤港澳大湾区的人文建设

夏和顺： 前不久，您的文化研究专著《特区文化建设与思考》由花城出版社出版，这是您 20 年文化工作的一个小结，其中不少内容是为彭立勋和乌兰察夫教授主编的《深圳文化蓝皮书》撰写的论文和总报告，也有您担任深圳市决策咨询委员会专家委员的研究成果，请谈谈这方面的情况。

黄士芳：《特区文化建设与思考》是一部文集，可以视为我从事文化研究工作的小结。我从 2003 年接受彭立勋和乌兰察夫的邀请参与《深圳文化蓝皮书》的编撰工作，担任编委和总报告撰稿人，连续 8 年撰写《深圳文化发展回顾与特点》。因为有任务在身，所以我一直关注深圳文化的动态信息，关注深圳文化的大事，关注深圳文化发展的亮点。每年底，蓝皮书编辑工作启动，我也进入最忙碌的时期。最难的事情就是写总报告，压力非常大。因为既要总结回顾一年来的文化工作，分析存在的问题，还要结合国家的形势、文化发展的趋势，提出有见地的有前瞻性的对策建议。每年的蓝皮书还要提炼出一个主题，主题的提炼和概括也成为蓝皮书的亮点，让读者一看就知道深圳文化发展的鲜明特色。另外我们还每年推出重点课题，后来又推出《深圳市公共文化服务年度报告》《深圳市文化产业发展年度报告》，这些都成为蓝皮书的拳头产品。

2011 年我受聘为深圳市决策咨询委员会的专家委员后，每年向市委市政府提交委员建议和专家组建议，连续几年得到采纳而受到表彰。现在我仍然担任专家委员，我将继续关注深圳文化的发展，为市委市政府的决策提供文化建议。

夏和顺： 相信您的大部分研究成果还没有收入专著之中，请谈谈有关情况。您目前正在从事哪方面的研究？有何新的思路？

黄士芳：是的，《特区文化建设与思考》收入的只是我的部分研究成果，有一些没收入。目前我仍然关注和研究围绕城市文化发展的一些问题，比如说文化与体育、旅游的融合发展问题，健身休闲产业发展问题，传统文化在深圳的传承问题，粤港澳大湾区文化协同发展问题，海洋文化发展问题，等等。其中粤港澳大湾区文化协同发展问题，长期以来受到很多局限，下一步政府能否根据新的形势建立相应的协调机制，促进大湾区的资源优化组合，发挥各自的产业优势，都需要认真研究，值得期待。

夏和顺：粤港澳大湾区战略与文化产业协同发展，既存在珠三角城市群与港澳地区协同发展的问题，也存在深圳在大湾区的经济、科技和文化地位和角色的问题。您怎么看这些问题？

黄士芳：粤港澳大湾区，是指由香港、澳门两个特别行政区，以及广东省的广州、深圳、佛山、东莞、中山、珠海、惠州、江门、肇庆9市组成的城市群，即"9＋2"城市群。粤港澳大湾区作为国家战略，是在以纽约湾、旧金山湾、东京湾为代表的湾区经济成为带动全球经济发展的重要增长极的背景下提出的。全球60%的经济总量集中在港口海湾地带及其直接腹地，世界上75%的大城市、70%的工业资本和人口集中在距海岸100公里的海岸带地区。粤港澳大湾区作为中国综合实力最强、开放程度最高、经济最具活力的区域之一，土地面积达5.6万平方公里，常住人口约6800万，被视为全球未来的第四个经济增长极，有着良好的区位优势。深圳在粤港澳大湾区的文化产业合作交流中有挑战，也有机遇。大湾区具有政治、区域战略、对外开放三层战略意义，其目标是：（1）建设世界一流湾区；（2）构建21世纪海上丝绸之路；（3）为香港和澳门寻找发展新动力、开拓发展新空间。

夏和顺：《粤港澳大湾区发展规划纲要》中提出了共建人文湾区的目标，显示出在粤港澳大湾区发展建设中文化的地位和力量。深圳在这方面有何作为？

　　黄士芳：2002 年以来，粤港澳三地每年举办文化合作会议，推动非物质文化遗产以及文化创意产业等多领域的合作与融合发展。另外，深港城市建筑双城双年展、深港设计双城展，以及深港澳创意设计联盟等合作项目，成为华南甚至辐射东南亚的重要文化品牌。粤港澳大湾区无论历史上还是现在，都是中华文化发展繁荣的重要区域，所以推进人文湾区的建设将有力推动中华文化的复兴和中华文化的对外传播，意义重大。我们应该加强大湾区在文化资源和服务上的共享以及项目平台的共建，发挥粤港澳三地的创新优势，积极推动中华优秀传统文化"创造性转化、创新性发展"。

黄士芳简介

黄士芳 江西全南人，先后就读于江西师范大学、复旦大学，1996年获得复旦大学法学（新闻学）博士学位。随后进入深圳市文化局工作，现任深圳市特区文化研究中心主任、国家对外文化贸易理论研究南方基地主任、广东省特区文化特色研究基地主任，兼任国家对外文化贸易专家委员会委员、广东省公共文化服务体系建设专家委员会专家、深圳市决策咨询委员会专家委员。

著有《特区文化建设与思考》，主编和参与主编《深圳文化研究2015》《四城市文化交流会议纪念文集》《30年深圳企业报刊发展与文化构建》《国家对外文化贸易研究》《完备的公共文化服务体系研究》《深圳全民阅读发展报告2016》等。

从"发现"大鹏所城开始

——刘中国访谈录

受访者：刘中国
采访者：夏和顺
时　　间：2018 年 5 月 23 日
地　　点：深圳市特区文化研究中心办公室

　　600 年多前，大鹏半岛崛起了一座明代岭南军事卫所——大鹏守御千户所，成为南中国海岸地标性建筑，也为近 40 年间崛起的现代国际都市——深圳留下了一份难得的文化遗产。1997 年，香港回归前夕，刘中国撰述（与汪开国合作）的《大鹏所城——深港六百年》由海天出版社出版，作者因而完成了一次"发现"大鹏所城之旅。2018 年出版的《深圳十大文化名片》（李小甘主编，人民出版社 2018 年 4 月出版）一书中，大鹏所城作为唯一的文化古迹列名其中。著名文学评论家、岭南文化学者黄树森点评道："大鹏所城已经成为粤港澳大湾区之深圳重要文化名片；深圳，用历史来筑成，也要用历史来诗意地居住。"

　　刘中国 1979 年考入中山大学中文系，毕业后曾任教于中南财经学院（现中南财经政法大学），1994 年任职于深圳市、区宣传文化部门，现任深圳市特区文化研究中心副主任。刘中国大学时代开始诗歌创作，毕业任教后即开始学术研究生涯，调入深圳后从事深港历史文化研究 20 余年，成果丰硕。著有《大鹏所城——深港六百年》（合著）、《米修司，你在哪里》、《钱钟书：20 世纪的人文悲歌》、《打响世纪第一枪——三洲田庚子首义纪略》、《容闳传》（合著）、《白石龙大营救》、《刘铸伯传》、《最美好的岁月最早消逝》等；主编及参与编辑《明清两朝深圳档案文献演绎》《民国时期深圳档案文献演绎》《建国卅年深圳档案文献演绎》《深圳九章》《刘铸伯文集》《白石龙文钞》《白石龙诗钞》《百年萧殷》等。日前他接受笔者专访，畅谈"发现"大鹏所城及发掘深圳历史文化的历程及感受。

《大鹏所城》从散文到专著

夏和顺：您 1994 年调入深圳工作，当时这座年轻的城市正在热火朝天地进行基础设施建设，除极少数专业人士外，文化几乎无人问津。您是在什么样的情况下邂逅大鹏所城的，它当时给您以什么样的观感？

刘中国：1994 年秋天，我到龙岗区文化局工作不久，正在修缮的大鹏所城城门失火，正所谓"城门失火，殃及池鱼"，市文化部门派专员前往考察，我受区文体局委派随行。这是我第一次见到大鹏所城，虽然那里一直在陆续修缮，但显得破败荒芜，只有城墙还基本保持着原貌，依稀透露出往日的繁华。我在武汉工作时，也见识过武昌起义门和黄鹤楼的修复工作。起义门原名中和门，是武昌古城十大古城门之一，十大古城门另有汉阳门、文昌门、平湖门等，其他门早已不复存在，中和门因居辛亥革命首义之功而易名保存下来。黄鹤楼是武昌最著名的古迹，更是尽人皆知。但我总感觉起义门和黄鹤楼没有做到修旧如旧，两相比较而言，大鹏所城的情况还算差强人意。

夏和顺：有人曾戏言用照相机与推土机比速度，意思是文物古迹已经谈不上保护了，留下一点影像资料也好。

刘中国：相比较而言，龙岗的鹤湖新居算是幸运的。鹤湖新居是深圳著名的客家古村落，也是规模较大的客家民居建筑群，我写过一篇《鹤湖新居》，呼吁保护修葺，建一座农耕文化博物馆。记得是 1994 年发表的，比《大鹏所城》早。但我在龙岗工作时它曾面临被拆除的危险。当时有人嫌它破破烂烂，有碍观瞻，要拆掉改建工厂，听到这个消息，我当时也急忙找到老同学、时任龙岗镇镇长的黄晓东。黄晓东是我大学同学，也是诗友，慧眼识珠，急忙制止，鹤湖新居终于逃过一劫。20 世纪 90 年代初，龙岗区有很多规模大小不一的客家围龙屋，我亲眼见过类似鹤湖新居的古建筑葬身于推土机下。

夏和顺：作为一位作家，诗歌和散文写作是您的强项，出版过散文集《米修司，你在哪里》《最美好的岁月最早消逝》，此外，作为一位传记作家，你还出版过《钱钟书：20 世纪的人文悲歌》《容闳传》《刘铸伯传》等。据说《大鹏所城》最早是一篇散文，那么它是如何变成一部有深度有厚度又有可读性的学术著作的？这部书应该是您研究深港及岭南文化史的起点，其中有没有一些生动感人的故事？

刘中国：我不过是个"文学青年"罢了，读大学时是校园刊物《红豆》的骨干力量，也在《南方日报》《飞天》等报刊发表过诗歌、散文作品。刚才我谈到大鹏所城因城门失火，我奉命随同考察的事，大鹏所城虽然经过修缮已与原貌有所出入，但其难以掩映的历史感还是令我震撼。1995 年，我写了一篇 2000 字的散文，题为《大鹏所城》，首先在《深圳法制报》文艺副刊上刊发，然后又在《文艺报》上发表。文章发表后，当时有位单位领导批评我不务正业，发表文章事先也没有向他请示汇报。他的意思是：你的正业就是写材料，至于研究大鹏所城之类的东西，那是属于专家学者的事，你就不要狗抓老鼠多管闲事了。

我记得文章发表的当年冬天，赖房千、黄惠波、温波、虞霄、时宏伟、魏绮、陈少鹏、李彬、焦朝发诸君，发起成立了龙城文学社，黄树森、陈俊年、章以武等文学前辈应邀从广州来讲课，我交的作业也就是这篇《大鹏所城》。黄树森老师是中山大学中文系学长，他读后勉励我狠下功夫，写成一本为深圳"寻根"的学术专著。我花了两年时间，在明代以来的深港历史长河里爬梳钩沉，写成《大鹏所城——深港六百年》一书，于香港回归前夕由海天出版社出版，黄树森老师作了热情洋溢的序言，称《大鹏所城》"正是对深港地区历史的一种发现、一种理解和一种诠释"，"我们终于豁然开朗：深圳，不仅是个有经济魅力、有文化魅力的地方，也是一个有历史魅力的地方，只是需要'发现'罢了"。所以，我很感激黄树森老师，正是他把我"逼"到深港文化史研究这条道上来的，由"文学青年"成了个"文史爱好者"。

《大鹏所城》背后的故事

夏和顺：您30岁以前是"文学青年"，40岁以后变成了"文史爱好者"。这其中可能有文史不分家的因素，可能也有您本人学术生涯的内在演化轨迹。时光荏苒，令人感慨。

刘中国：李贺有诗曰："衰兰送客咸阳道，天若有情天亦老。"《大鹏所城》出版不久，我就离开龙岗调入深圳市文化局，临走前一段时间，或者说在调动的过程中，我给自己制订了一个深圳历史文化的系列选题，所以，我后来的很多研究课题，都可以追溯到龙岗工作的那几年。当然，我也经常被人说成是不务正业，比如有人在大会上说：钱锺书、容闳与深圳有什么关系？他们都不是深圳人嘛！你研究他们干什么？那是批评我写《钱钟书：20世纪的人文悲歌》和《容闳传》。

夏和顺：改革开放之初，深圳常常被称为由"小渔村"一夜崛起的现代都市，这一说法风靡一时至今不衰，但一直受到学界的质疑，甚至有考古学者和历史学者将深圳有人类居住的历史拉长到7000年前。而大鹏所城有600年以上历史，是我们今天仍然能看到的活的深圳古代历史。您对此有何看法？

刘中国：是的，有段时间，无论从媒体到领导讲话再到街谈巷议，都称深圳曾是"小渔村"，这当然有他们各自的"道理"。20世纪八九十年代，还有过一场关于深圳是不是"文化沙漠"的争论，《大鹏所城——深港六百年》一书出版时，有论者指出，有必要重新审视深圳（宝安）城市发展史。《文艺报》还以专版的形式推介这本书。一个名不见经传的"业余文化爱好者"出了本小册子，《文艺报》拿出一个版介绍，当时并不多见，也可见深圳"史前史"受社会重视的程度。

夏和顺：所城和卫城是明代的军事防御设施，今天的读者可能不太明白。请您简单介绍一下明代的卫所制度，大鹏所城在当时的边防和行政上处于一种什么样的地位？

刘中国：卫所制是明朝主要军事制度，自京师及各郡县皆设立卫、所，分属各省都指挥使司，都指挥使司又由中央五军都督府划片管辖。都指挥使司下辖若干卫，卫下辖若干千户所和百户所。元末明初，朱元璋派廖永忠南下平定广东，守将何真在潮州受降归附，岭南父老得免生灵涂炭。何真是东莞人，至今深圳笋岗仍有"元勋旧址"，就是何真后人为纪念先祖而建的，它是典型的广府围屋建筑，已经被定为广东省文物保护单位。今天的深圳、香港等地当时尚属东莞县，洪武二年（1369），朱元璋梦见东莞城隍、钵盂土地神捧表章朝奏，于是降旨岁增二祭，城隍嘉封伯爵。而大鹏所城正是缘于这个洪武之梦。广东沿海多海盗及倭寇，朱元璋下令开筑卫所，成立备倭军事机构，在东莞设置南海卫，下辖大鹏、东莞及香山守御千户所，其中东莞千户所设在今天深圳南头，大鹏千户所即今大鹏所城。

沉甸甸的深圳档案文献演绎

夏和顺：现在研究改革开放前的深圳的学者都绕不开《明清两朝深圳档案文献演绎》、《民国时期深圳档案文献演绎》和《建国卅年深圳档案文献演绎》，这三套文献资料皇皇 12 卷，洋洋 300 余万言，基本上涵盖了从明代到中华人民共和国成立 30 年宝安县的 600 年历史，作为这三套文献资料的主要编撰者，您最主要的收获是什么？

刘中国：我于 1997 年下半年调入深圳市文化局工作，文化局与隔壁的档案局（档案馆）共用一个食堂，我与档案局的领导、朋友经常晤谈，还常到档案局查阅资料，我便提议大家合作编辑一部历史档案文献演绎，这个建议有幸得到他们的支持，特别是时任市档案局局长的舒国雄对此工作尤其重视，他担任了这三套图书的主编。

档案馆里存放着部分原宝安县档案文献，但要编档案文献演绎，这些资料显然是不够的，除此之外，我还利用了《明史》《清史稿》以及国家档案馆、广东省档案馆的有关专业档案文献。这套书出版后，《深圳商报》"文化广场"曾经用几个版进行介绍，发表了时任深圳市委书记张高丽、国家档案局副局长刘国能等领导与专家学者写的推介文章，这当然是对我们的鼓励。这3套12本书总字数约300万字，是在几年内连续完成的，我个人觉得收获很大，我对从明代开始到新中国成立30年从新安到宝安县的史料做了一次全面清理，这其中有正史也有野史，可以说是一部深圳史前史。据说后来很多研究深圳历史的学者认为它很有价值，比如陈秉安研究逃港史，从中挖掘了很多材料。我有一个学生周华，从中南财经政法大学研究生毕业后到深圳市史志办工作，她说史志办领导要求，每一位新加入的人员都要读这三套档案文献演绎。档案文献的收集整理是基础性工作，比较重要，可能以前对这方面重视不够。

夏和顺：一般的文献资料体例都是将其按种类、地域或时间编排，这三套档案文献为什么要用演绎体例？

刘中国：所谓"演绎"体例，开始是想对每一份入选档案文献进行解读，但这一设想并没有贯穿始终，后来由于担心出版时卷帙太多，最后除每章进行导读外，只对具体文献注明出处，或做一些简单注释。所以严格地说，这三套书除导读之外还是类似于档案文献汇编。我记得《明清两朝深圳档案文献演绎》出版后曾进行过研讨活动，国家档案馆专家认为这种编撰是一种创举，该书因此还获得过国家档案总局科技创新奖。市里对这项工作也很重视，时任市委书记张高丽亲自撰写了序言，时任常务副市长李德成担任名誉主编。

三洲田起义与文化名人大营救

夏和顺：还有三洲田起义，这是深圳这个区域与辛亥革命的主要联结点，也是一段光荣的历史。您著有《打响世纪第一枪——三洲田庚子首义纪略》，此书问世也近20年了，这个专题现在研究者甚众。对三洲田起义与深圳的关系，您现在怎样看？

刘中国：三洲田起义史称惠州庚子首义，发生在 1900 年 10 月，所以我们说它"打响了世纪第一枪"。三洲田当时属于广东省惠州府归善县，归善始设于南陈时期，明清两朝均设归善县，辖区大概包括今惠阳县和深圳东部部分地区。民国时期归善改称惠阳，后来其部分地区划归宝安县，深圳经济特区成立后归罗湖区。1998 年深圳市盐田区成立，三洲田就属于盐田区。我们今天讲深圳史前史，三洲田起义确实是一个亮点，它是孙中山领导的十次武装起义中重要的一次，虽然当时孙中山本人并不在场。

郑士良等人受孙中山委托，集合三合会党 80 余人及民众数百人，由三洲田起事，向沙湾和深圳推进，原计划攻占新安县城（今南头）后，由虎门、东莞向广州进军，从而造成割据岭南的格局。但由于各种原因，起义并未按原计划进行，而是经龙岗、淡水一线准备往福建厦门方向推进。郑士良在外无援军、内乏弹药的情况下被迫解散队伍，起义以失败告终。我写《打响世纪第一枪——三洲田庚子首义纪略》一书，也与盐田区的成立和盐田区领导重视历史文化有关，盐田区对三洲田起义历史的发掘，以及对沙头角中英街的保护利用等，功在当代利在千秋，可圈可点。

夏和顺：现代历史上有两次居港文化人大规模内迁事件，都是由中共发起的：一次是 1941 年底太平洋战争爆发以后营救文化名人；一次是 1948 年中华人民共和国成立前夕民主人士内迁。尤以第一次更为著名，我们现在称之为"深港大营救"，您在这方面也是较早介入研究的学者，请谈谈有关情况。

刘中国：抗日战争爆发以后，内地大量文化人滞留香港。1941 年底，太平洋战争爆发，香港沦陷，我们现在说的"深港大营救"就是在此背景下发生的。根据中共南方局的指示，廖承志、张文彬、连贯、尹林平等人迅速成立"港九疏散委员会"，分头组织香港、九龙地区及交通线上各党组织和东江游击队，全力以赴投入秘密大营救。当时从香港、九龙各地渡过深圳河，经过梅林坳到达白石龙的爱国民主人士和文化界人士共有 800 多人，他们后来都安全转移到桂林、重庆等大后方城市。

宝安县白石龙村现在属于龙华区民治街道办事处，这里是文化名人和民主人士从香港脱险后在内地游击区停留的第一站。这些文化名人有的在白石龙只呆了十几天，有的则呆了一个多月，香港的迅速沦陷和惊心动魄的营救给他们留下了深刻印象，茅盾、夏衍、戈宝权、柳亚子、乔冠华等人在新中国成立后还多次撰写文章和诗歌，回忆并纪念这次营救以及在白石龙村的日子。关于这场大营救，我 2003 年就写过一本书《宝安香港大营救》，后来再版扩充成《白石龙大营救始末》，并在此基础上，编著有一套书系，除《白石龙大营救始末》外，尚有《宝安香港大营救》《白石龙大营救文献》《白石龙书影人影》《白石龙文钞》《白石龙诗钞》。

夏和顺：如果说三洲田起义是深圳近代史的荣光的话，那么文化名人大营救则是现代深圳的一张文化名片，请您谈谈深港大营救的意义。

刘中国：关于这次营救的意义，张友渔说过一句话："这次抢救工作，充分体现了战争年代，我党我军同革命知识分子患难与共、血肉相连的亲密关系。"深港大营救为战后中国文化的全面复兴保留了圣火，巩固发展了抗日民族统一战线和国际反法西斯联盟。话再说回来，这一批文化人辗转经过宝安（深圳），也给这方土地留下了一笔丰厚的精神财富。以群在这里写下了散文《梅林坳的歌声》，戈茅（徐光霄）写下诗歌《小河》，许幸之也有诗歌《祖国的摇篮》，邹韬奋给《东江民报》题词，茅盾、胡风、夏衍等人都有珍贵的回忆录。关于深港大营救，《曾生回忆录》的有关记述比较客观详尽。

刘铸伯与凌道扬

夏和顺：2017 年 5 月，您的新著《刘铸伯传》和《刘铸伯文集》在深圳中心书城举行首发式，引起广泛关注。您是如何发现刘铸伯其人的？编撰此传又有何因缘？

刘中国：1996 年，时任平湖镇委副书记的姚任邀我到平湖去调研，我们参观了包括松柏围在内的一些旧民居。姚任希望我到平湖工作，带我到凤凰山参观，看了"文革"期间毁坏的刘铸伯及其家人的墓园。姚任学的是历史专业，他当时就建议我好好写一写刘铸伯这位平湖乡贤，因为刘铸伯是深港文化交流史上首屈一指的人物。当时我也产生过调平湖工作的念头，但后来考虑到往返市内路途遥远，借阅书籍不便等原因，终于作罢。但那次从凤凰山下来的路上，我捡了一块粗陶片，一直摆在我的书桌上，它提醒我欠平湖一份人情。直到近 20 年后，我才完成《刘铸伯传》的写作。至于那块粗陶片，我将它的图案放在书籍封底，也算是一点儿无言的纪念。

夏和顺：刘铸伯是晚清民国时期香港著名人士，他祖籍新安（宝安）平湖，在香港出生、读书、长大成人。研究刘铸伯其人和这段历史对整个深港文化史的发掘有何重要意义？

刘中国：刘铸伯祖籍平湖，1866 年出生在香港，1922 年去世。他毕业于香港大书院（皇仁书院），曾任屈臣氏大药房总买办、东华医院总理、立法局议员、华商总会主席。刘铸伯是一位实业家、慈善家，也是一位学者，著有《自治须知》《西礼须知》《社会主义平议》等书籍。刘铸伯热爱家乡，关心家乡建设，先后创建平湖火车站、平湖新圩、纪劬劳学校和念妇贤医院等。关于刘铸伯和这段历史的意义，我想当时的广东省长朱庆澜在一篇演讲中说得很好，1916 年 12 月 31 日，刘伯铸捐赠的平湖纪劬劳学校举行开幕典礼，朱庆澜专程从广州赶来出席，他在演讲中说，"惟有交通处所与外人相接近者，则类能吸取世界文明以发扬其特性"，意思是说刘铸伯创建了与外界交流的平台，为吸收优秀文化促进社会发展创造了条件。从此可见，这对后来深圳经济特区的成立和深港文化交流具有启迪意义。

夏和顺：凌道扬是中国现代林业先驱，也是深圳本土历史上的一位重要人物，您的《凌道扬传》披露了这位林业先驱及其家族的历史，2008 年 10 月 27 日，您在《深圳特区报》发表长文《凌道扬：从深圳走出来的近代林业科学先驱——纪念凌道扬博士冥诞 12 周年》，呼吁保护凌道扬故居，最好建"凌道扬纪念馆"，至少挂块"凌道扬故居"的牌子，"为这位土生土长的历史文化名人留下令人想象的文化空间"。此外，您还有关于布吉李朗圣山的一系列著作和文献汇编。凌道扬和李朗似乎代表了深圳文化的另外一个方面？

刘中国： 在布吉有两座老建筑：一座在布吉老街，是凌道扬故居，得以幸存，现已对外开放；另一座是李朗存真神学院（又称存真书院），王治心《中国基督教史纲》考证其为中国最早的神学院，本已确定为文物保护单位，但仍在 2008 年被强行推平了。现在可能知道凌道扬（1888—1993）的人会多起来，因为他是中国最早的林学硕士，曾任中央大学农学院院长，也是香港中文大学的创始人之一。他是深圳布吉人，布吉为什么能出现这样一个人物呢？因为他出身于一个基督教家庭，他的祖父、父亲都是瑞士巴色会的牧师。李朗教堂也是中国最早的基督教福音堂，早在 1852 年，巴色会牧师韩山文即为凌道扬的曾祖父凌振高、祖父凌启莲洗礼，次年又为洪仁玕洗礼。洪仁玕是洪秀全族弟，韩山文根据他的口述写作了《洪秀全的梦魇与广西暴动的起源》一书，是记录太平天国运动的重要史料。凌道扬的祖父凌启莲、父亲凌善元以及几个叔叔都毕业于李朗神学院，毕业后被派往东江等客家聚集的地区传教，凌道扬这一辈人中有 19 人留学欧美，可谓人才辈出，这与凌氏家庭几代人累积的文化传统不无关系，当然也与那座被摧毁的神学院有密切关系。从凌道扬身上我们不难看出，19 世纪中期以来，深圳一带是中西文化碰撞的前沿地带，也可以称为西风东渐的登陆之处。

读书、藏书、写书

夏和顺： 大学时代对一个人来说意义重大，往往决定其人生走向。您后来从教、从事文学创作和文化研究，是否与大学时代的学习和专业训练有关？

刘中国： 我于 1979 年入中山大学中文系学习，赶上了所谓"新三届"的末班车。当时在学校，除了聆听黄天骥、张维耿、易新农、金钦俊等老师授课，课堂下面，则追随苏炜、马莉、陈平原、辛磊、陈小奇、吴少秋、朱子庆、李江南等一帮子年长几岁的 77、78 级同学，他们捣腾出了个"钟楼文学社",编辑出版学生刊物《红豆》,把我引上诗歌、散文写作之路。我的第一首"诗",就是发表在《红豆》上的。那个时候的文学书籍和杂志我一直珍藏着,它们跟我从广州到武汉,又从武汉来到深圳。有一年,陈小奇兄在我保存的《红豆》杂志上题写"旧物旧友旧书",苏炜兄则题写"如晤故友,如抚故土,如吻故情,如拥故梦——故主编苏炜为刘中国学弟题",令人感慨。这一帮学兄学姐后来都成了响当当的人物,他们都事业有成,有的甚至成为学林文坛翘楚。

夏和顺:由"文学青年"到"文史爱好者",肯定离不开书籍,那您搜书藏书是很早就开始了?后来读书的爱好有没有变化?

刘中国:钻故纸堆之余,我也有"旧病复发"的时候,比如,我居然买到了一本 1811 年出版的《彭斯诗集》。我对彭斯念念不忘,那是因为 1979 年中山大学中文系的迎新晚会上,朱子庆兄穿着喇叭裤、留着长头发,一上台就大声吆喝:"要求爱你就悄悄地来,狼(郎)吹口哨没就来……"去年黄树森老师"家访"看到这本书,于是摘录金钦俊老师《致彭斯》作为题跋:"二百年的尘烟 垒就了/浮沉的时间巨冢/你素足 跨越岁月/依然灿烂明媚 一如/苏格兰夏日玫瑰的铃记"。

夏和顺:从事历史文化研究需要披阅大量文献资料,有人称之皓首穷经事业,有时显得枯燥无味,但好之者又觉得乐在其中。当然,在充分利用各类档案文献馆、图书馆之外,私人收藏也是重要的文献资料来源,听说您在这方面的收藏极为丰富,对此您有何心得,您最得意的藏品是什么?

刘中国:相对于进图书馆,我更喜欢逛书店,淘旧书。图书馆的书往往如擦肩而过的路人,而旧书店淘得的佳品则如把酒言欢的老友,完全是两种感觉。现在旧书店越来越少,代之而起的是网购旧书,虽然少了一些情调,所幸也一样能淘到好书。

当然,"闲人"也有忙中自得其乐的时候。我淘书的目标大多与深港文化史有关。我研究凌道扬,就淘到一本商务印书馆 1918 年出版的凌道扬著《森林要览》,作者将中国与世界各国的森林状况做了对比,辅以图表,一目了然，对今天都有参考价值。该书扉页印有大总统黎元洪题词"十年之计树木"，可见政府对林业是十分重视的。凌道扬是耶鲁大学林学硕士，2011 年，旅美著名学者、任教耶鲁东亚系的苏炜师兄看见此书，兴奋地题词："我最喜欢树，曾经被友人称为'树痴'，我曾经的摄影、文字都常常离不开树，甚至曾经为树考虑放弃搬家，所以看到这本耶鲁老学长关于树的书，特别感到亲切。后学苏炜。"

夏和顺：还有师友之间的赠书，将书与人紧紧联系起来，很值得珍视，这方面您也有故事吧？

刘中国：是的，确实有很多故事。我有很多师友都是出版人，比如区进、吴少秋、詹秀敏、倪腊松，每次去他们办公室作客都会大有斩获，令人愉悦。师长辈知道我"好这一口"，高兴时也会赐书留念。有一件事特别值得一提，2013 年毕业 30 年回中大聚会，喜得易新农老师赐书，一一题字，这些珍贵的图书，是叶启芳先生传给易老师的，到我手上已经是师生之间的三代传承。我母亲不认字，打开书闻闻，一个劲地说："老书好，老书香，闻起来平和。书生书生，没个书，怎么活呀？"

刘中国简介

刘中国　河南信阳人，1983年毕业于中山大学中文系，后任教于中南财经学院（现中南财经政法大学），1994年任职于深圳市、区宣传文化部门，现任深圳市特区文化研究中心副主任。

大学时代开始诗歌创作，调入深圳后从事深港历史文化研究20余年，成果丰硕。著有《大鹏所城——深港六百年》（合著）、《米修司，你在哪里》、《钱锺书：20世纪的人文悲歌》、《打响世纪第一枪——三洲田庚子首义纪略》、《容闳传》（合著）、《白石龙大营救》、《刘铸伯传》、《最美好的岁月最早消逝》等；主编及参与编辑《明清两朝深圳档案文献演绎》《民国时期深圳档案文献演绎》《建国卅年深圳档案文献演绎》《深圳九章》《刘铸伯文集》《白石龙文钞》《白石龙诗钞》《百年萧殷》等。

学术探求与书法固守

——魏达志访谈录

受访者：魏达志
采访者：夏和顺
时　　间：2017 年 8 月 6 日
地　　点：电话采访

在深圳，魏达志是一个学术传奇，自 1984 年调入深圳以来，他以探索中国道路与特区探路的关系、探索中国崛起与特区担当的关系、探索中国梦想与特区模式的关系为使命，出版各类学术著作 26 部，涉猎甚广；主编大型丛书《深圳高科技与中国未来之路》共 20 部计 600 万字，其中 7 部著作获奖、3 部著作入选重要丛书。《达志文集》于 1993 年获全国第四届优秀青年图书二等奖；《深港国际大都会形成机理研究》于 2009 年获国家新闻出版总署第二届原创图书奖；《递进中的崛起》于 2011 年列入国家"十二五"重点出版规划，并获深圳市第六届哲学社会科学优秀著作一等奖；《特区企业集团跨国经营论》《体制选择与结构预期》《东盟十国经济发展史》分别获得深圳市第二、三、五届社科优秀著作奖；《制度变迁中的建构与创新》入选深圳改革开放 30 年丛书；《深圳电子信息产业的改革与创新》入选深圳大学特区建设 30 年丛书；《跨境合作论》入选深圳学派丛书；《中国书画艺术的经济学视野》于 2016 年获第五届"深圳版权金奖"作品奖。他在全国各地 CSSCI 期刊、核心期刊与媒体理论版发表学术论文 200 余篇，领衔各类产业规划与研究项目数十项，多次获得省市政府决策咨询奖。

与此同时，魏达志还是一个艺术传奇。他出身于书香之家，承继家学渊源，自幼临池学书，出版父亲遗墨《魏大愚书法篆刻集》后，又出版《魏达志楹联书法》；2013 年其书法作品义卖 130 余万元捐献社会公益项目，目前对社会公益捐款超过 150 万元；其作品曾被美国前总统克林顿、法国前总理拉法兰等多国政要收藏。

魏达志更是一个生命传奇。他自 1989 年双肾功能衰竭以来，天天都在危机中求生机，曾五年洗肾，两次换肾，两次心力衰竭，就这样拖着病体完成了 26 部近千万字的学术著作。他以常人难以想象的毅力，完成了一项又一项教学科研任务，给我们带来了一个又一个新的惊奇。

魏达志于 1977 年恢复高考后考入复旦大学，毕业后留校任教。然而不久，他选择南下深圳经济特区，使人生道路和治学经历均发生重大转变。魏达志现任广东省人民政府参事、深圳大学教授、深圳大学产业经济研究中心主任。郁龙余教授曾说，魏达志是深圳一份特别的荣光。近日，魏达志接受笔者专访，他认为人生价值只有在自身与社会的双向结合中才能得以实现，个人只有最大限度地追踪有利于社会发展和人类进步的方向，才有可能最大限度地实现其人生价值。魏达志谦逊地表示，对此他虽不能至，心向往之。

2019 年 4 月 4 日，魏达志接受笔者补充采访，他说从复旦大学来深圳工作 35 年，其中有 30 年是在与病魔搏斗，但令他感动欣慰的是他的著作与书画集已有 30 部，包括 2017 年以前出版的 26 种著作及最近出版的《深港共建全球文化创意中心研究》《粤港澳大湾区发展研究》《魏达志行书楹联集》《魏达志魏碑楹联集》四部学术及书法著作。

恢复高考四十周年的回忆和感慨

夏和顺：今年是恢复高考 40 周年，我记得您应该是恢复高考后的第一届大学生，您当年作为知识青年，作为"文革"后的一代新人考入复旦大学，有什么样的感慨，又有什么样的故事能够与大家分享？

魏达志：记得 1977 年的夏天，我被借到江西永修文工团乐队，到江西九江地区巡回演出。当我回到南昌时，才知道招生制度改革的消息，这时距离考试只有 3 个多月时间了。我对高考当然是无限向往，但当时心里不免打了一个大问号：我这个实际只有小学文化水平的人能够考上大学吗？1968年，我刚刚入读南昌二中初一时被整体下放到江西共产主义劳动大学，此后经历了 4 年的农场生活，1972 年，我回城调入江西中医学院红旗制药厂，此后又调入学院教务处，从事教学绘图工作，这就是我参加高考前的全部学历与经历。

由于回城后我在医学院工作，受工作环境的影响，我决定报考医学院。而报考医学院校需要考数学、物理、化学，而我从来没有学习过数理化，经过一个月的学习和辅导，仍然显得晕头转向而束手无策。于是在高考前一个月，我决定临阵磨枪报考文科。我从图书馆里借到政治、历史、地理等教材，同时在一个月内连续作了八篇作文。直至高考前一天，我仍然坚持上班，但每晚都挑灯夜战，直至凌晨一点以后才休息。

考试时间是 1977 年 12 月 4 日、5 日两天。我记得江西省作文题目是《难忘的时刻》，我写的是"文化大革命"结束迎来全新时代的心灵感受。由于事前有充分准备，没打草稿便逐字逐句、有条不紊地完成了。考试结果，我的政治、语文、数学、历史与地理四科平均为 70.3 分，我感到很沮丧，因为按照这个成绩我根本上不了重点大学。但天赐良机，这一年江西高考的数学题太难，教育部决定江西省文科考生取消数学分数，我的三门文科平均 90.7 分，这样才使得我有这个天降机缘进入重点大学复旦大学。

夏和顺：所谓恢复高考后的第一届 1977 级大学生实际上是 1978 年入学的，因为考试的时候已经是 1977 年底了，那么您是什么时候报到入学的呢？您对复旦大学的印象如何？

魏达志：我于 1978 年 2 月 26 日离开南昌前往上海，这个时间我记得很清楚。我曾在一篇回忆文章中写道："上海，就是我心目中的天堂，而复旦，则是这天堂中的圣殿。"这种感觉太强烈了，复旦的校园高楼深院、绿树成荫！我简直觉得我是这世界上最幸福的人！

我在复旦大学学习非常用功，成绩也很优秀。1982 年 1 月，我毕业后有幸留校任教，担任著名历史学家朱维铮先生的助教，同时也参加中国思想文化史硕士研究生课程学习。后来我又担任复旦大学校长顾问、著名中国思想文化史学家蔡尚思教授的学术助手。我在复旦7年时间，恩师们不仅哺育了我的成长，而且给了我登堂入室的机会，复旦老师们的境界、学养、方法与精神使我一辈子受益无穷，我的心灵深处永远铭记着我的复旦导师！

夏和顺：蔡尚思是著名思想家、哲学家和史学家，他著有《中国思想研究法》《中国历史新研究思想体系》《中国古代学术思想史论》《中国近现代学术思想史论》等，在中国思想史研究领域影响巨大，他被称为世纪学人，与钱锺书合称"北钱南蔡"。您离开复旦以后还一直跟蔡先生保持联系吗？

魏达志：蔡先生是我非常尊敬的老一辈学者，蔡先生一生三进复旦，在担任校长顾问之前曾任复旦大学历史系主任、副校长。他一生以"永不毕业、长葆青春"为座右铭，治学严谨，勤勉奋进，卓有成就，他共有论著20余部，论文300余篇，计400余万字。我离开复旦后每回母校，都要去拜访他并向他请益。蔡先生是福建德化县人，于2008年去世，享年104岁。

为纪念蔡老先生，德化县开设了蔡尚思励志馆，馆名是由我题写的。他们筹办了蔡尚思生平事迹展，展出了有关照片、实物和著作等，我与复旦其他校友也应邀前往参加了活动，当时感触特别深。

赛格时代不断强化的特区情怀

夏和顺：您在复旦大学读的是历史系，与您现在从事的专业并不相符。那么您是如何走上经济学研究道路的？当年复旦的学术训练对您后来的学术道路有何影响？

魏达志：确实，我在复旦大学读的是历史学而不是经济学，但也不能说与经济没有关系。由于对于时代变迁的敏感，我从大学三年级开始既选修本系的中国经济史课程，又跨系到经济系选修世界经济史课程。因此，我认为无论是历史学的学习，还是经济学的学习，在路径和方法上是有相通之处的，历史学的学习对我现在从事经济学研究也是有帮助的。

夏和顺： 深圳是中国的第一个经济特区，南下深圳之初，您曾经在赛格集团短暂工作过，而赛格是深圳最早成立的国有电子集团公司，也是当时深圳经济特区的一面旗帜。在企业工作也是具体的经济实践，在赛格的工作经历对您后来的学术研究有何影响？

魏达志： 开创未久的深圳经济特区吸引了我。1984年我的第一个调入单位是深圳市文化局，被安排参与筹建深圳博物馆，并担任特区部负责人。在频繁的调研中我越来越爱上了深圳这座年轻的特区城市。1986年底，由于特殊机缘我认识了深圳赛格集团董事长马福元，并调入该集团担任董事长秘书。有研究学者认为，深圳经历了三个产业时代，分别是赛格时代、华为时代与腾讯时代。而我最早受到特区历练与熏陶的就是在这个赛格时代。在赛格集团工作的几年时间是我一生的重要经历，是我接触特区经济实践继而研究特区经济理论之始，对我后来的学术研究也有重大影响。这里我要特别介绍一下马福元，他原来任职于电子工业部，1985年南下深圳，出任深圳电子集团公司董事长兼总经理、电子工业部深圳办事处主任。1988年1月，深圳电子集团公司更名为赛格电子集团，旗下一度拥有桑达、华强、康佳、宝华等117家电子企业。集团资产、产值、利润、创汇均成几倍至十几倍增长，成为我国工业企业中的佼佼者，马福元也成为深圳经济特区的风云人物。

我进入赛格集团的第一个任务，是撰写《深圳电子集团的发展模式与管理实践》，这是广东省电子工业局（1994年与机械工业厅合组电子机械工业厅）的命题文章。但我当时对什么是发展模式一头雾水，只有总结马福元总经理的思想与战略，根据集团公司的经济实践，完成了这篇稿件。这篇稿件得到马福元的赏识，当时有领导告诉我，马总口才一流，讲话从来不看稿，在会上却大段地念你的稿子，你要好好干。

1988年经过赛格集团和马福元总经理的同意，我到澳大利亚留学。我回国写的第一篇论文，是《对赛格企业文化及其精神的思考》，内容涉及赛格精神的独特个性、赛格文化的外观形象与内在气质、赛格的优秀传统和未来取向等，文章发表在《特区企业文化》1989 年创刊号上，获得深圳市第一届优秀企业管理成果优秀论文二等奖。获奖的事情不大，但对病中的我鼓励不小，似乎觉得残存的生命可能还有一些值得发掘的价值。

夏和顺：您不幸患病好像也是在赛格那段时间，而且是在澳大利亚留学期间。您曾被授予"特区模范青年知识分子"光荣称号，并在深圳会堂召开了表彰大会。时任市委书记李灏曾题字号召全市人民"学习魏达志的拼搏精神"，当时还有一部电视专题片介绍您的感人事迹，全国有数十家媒体做过报道，这些报道也提高了您的知名度。

魏达志：是的，那个时候我的拼命精神确实影响了一批青年朋友。我患病是从刚刚进入复旦大学时开始的，当时由急性肾炎转变为肾小球肾炎。我在澳大利亚留学期间，过重的学习与工作终于导致双肾功能衰竭。马福元总经理得知消息后，立即决定接我回国治疗，当时改革开放不久，尚未建立大病报销的社会保障机制，但他要求赛格集团财务部门拨款 5 万元给我治病，5 万元在 20 世纪 80 年代末是一笔不小的开支。后来我的病情惊动了深圳市的领导，得到了厉有为书记和杨广慧常委等时任市委市政府领导的关心，市里拨款 20 万元送我入住北京的中国人民解放军总医院（301 医院）进行换肾手术。1994 年 6 月 28 日，我顺利完成换肾手术，终于获得新生。

1992 年，我在病中出版了第一部著作——《达志文集》，我将数千册书无偿地送给了社会。我后来从事学术研究和社会工作，一直怀有对社会对特区感恩的心态。1994 年，我的第二部学术著作《特区企业集团跨国经营论》出版，这是我利用肾透析的间隙在病榻床头柜上完成的一部著作，也是我为赛格集团公司迈向世界市场进行的一次超前的探索。

夏和顺：您的学术成就是在与病魔的不断斗争中取得的，确实令人钦佩。您换肾之后的身体状况也确实令人担忧，是否在此前后您调入了深圳大学？

魏达志：1995 年，我当选为深圳市第二届政协委员，豁然间感到自己的天地大了许多。为了更好地发挥我的爱好和特长，1997 年，在市政协主席林祖基等领导的关怀下，我被调入深圳大学任教，深圳大学优美的环境和良好的学术氛围，使我如虎添翼。很快我就结集出版了第三部学术专著——《转型期社会与经济》，对深圳的社会经济发展提出了自己的若干见解和对策。我 1998 年被深圳大学聘为硕士生导师，1999 年晋升为经济学研究员。

我还应该特别感谢 301 解放军总医院。301 医院是国内治疗肾病的最权威医院，我的移植肾脏再一次衰竭后，该医院于 2007 年 5 月 5 日又一次为我植入新的肾脏，植入生命的新动力，当时我的《深港国际大都会形成机理研究》初稿刚刚完成。

以全部生命去探索特区的价值

夏和顺： 虽然您从事的是应用经济学研究，但您研究领域十分宽广，广泛关注特区经济、产业经济、科技经济、艺术经济、城市与区域经济等诸多领域，著述宏富，出版各类学术著作 26 部，发表了 200 多篇学术论文，另外还主编有关高科技方面的大型丛书。是否可以用宏观与微观结合、眼前与长远结合来概括您的学术研究方法呢？

魏达志： 是的，如何将经济学的应用理论与现实问题的实践解决相结合、如何在不同层次的参政议政中做出贡献，等等，是社会的热点，也是我的重点。有朋友归纳我的学术研究形散而神不散，学术研究主要的关注点有六个方面。

一是紧紧跟踪经济特区发展的历史性步伐，注重中国道路与特区探路的关系，坚信特区经济研究对于全国甚至整个世界发展都具有超前性与全局性的价值。

二是坚持宏观全局与微观局部相结合的学术路径。关注中国崛起的递进模式与区域局部发展的关系，关注转型期社会经济的宏观与微观变化，关注中国作为经济大国崛起中的转型与局部变革，还有涉及特区发展的国际问题以及相关的国别研究。

三是强调结构优化与持续提升的立论方法。比如探讨国家体制选择与结构预期，探索所有制结构优化与产业结构高度化的关键性作用，注重产业与制度变迁中的建构与创新。

四是强调城市发展与产业组织的关联视角。早在 20 世纪 80 年代末期，我就开始探索特区企业集团的跨国经营，以为城市的国际化探出一条新路，关注城市的国际化与跨国公司投资的关系，研究中心城市与总部经济的成长，同时注意研究城市创新体系与社会组织发展的不可或缺的关系。

五是投身战略产业与改革创新的前沿体察。比如我主编的《深圳高科技与中国未来之路》丛书，组织十多位中青年学者历时 3 年完成，共 20 部计 600 万字，丛书依托深圳发展高新技术产业特有的优势和实践，以高起点、大资讯、广视角、新信息为构架，就深圳发展高新技术产业对未来的思考，做了高层次、前瞻性、理论性、实践性及普及性相结合的探讨，向世人展示了深圳发展高新技术面临的挑战，以及全球新经济的发展动态、对未来的影响和趋势，是全面系统研究高新技术产业发展的成果。有关领导认为，这套丛书的研究课题是特区研究高科技产业迈不过去的坎。

六是将深港经济一体化作为学术研究重点。早在 2003 年，我就提出，"深圳需要香港就像香港需要深圳一样，以深港都市圈为龙头构建并带动大珠江三角洲而不仅是珠江三角洲区域经济发展的需要，也是我国设定和巩固若干重大经济增长极的需要"，我的有关深港国际大都会形成机理的研究在深港两地引起反响，并且对深港共建全球性文化创意中心进行了超前性研究，同时探讨把握世界性潮流与深圳的对外合作，并战略研判深港都市圈形成的发展趋势和内涵新构。这一构想与今天粤港澳大湾区的体系不谋而合。

夏和顺：我注意到 2016 年 7 月 19 日，您在前海中洲天睿论坛上发表了一个演说，被网文《魏达志："上海不是深圳对手，浦东也干不过前海"》推出来后，一时沸沸扬扬，社会反响强烈，后来您为了表述得更加准确，又发表署名文章《在科技强国目标下的反思与检讨——上海创新发展遭遇四大瓶颈》，这些观点既是为深圳感到骄傲和自豪，是不是也有为上海惋惜的意思？

魏达志：当然！面对科技强国的伟大目标，上海到底遭遇哪些重大的问题与症结，上海到底要经历什么样的结构性阵痛，才有可能走出当前的迷局，或许是我们必须面对、必须进行的更加深刻的反思与检讨。

我认为上海的第一大瓶颈是历史性盘根错节的所有制痼疾；第二大瓶颈是文明选择错位将导致行为错位；第三大瓶颈是上海在战略定位上的迷茫；第四大瓶颈是上海创新资源存在严重的错配。我认为上海与深圳，都是祖国崛起中的增长极核，我只是思考上海冀望国资创新会遇到很多深层次的制约，依赖外资又效用非常小、非常不可靠，而唯有走国民自主创新的路子，才是支撑科技强国梦想的坦途。应当说，中国任何一个城市能够成为顶尖的全球性金融中心、全球性的创新中心，都是国家崛起的需要，都是国家之幸、民族之幸。与此同时，上海需要以破釜沉舟与壮士断臂的勇气，去迎接结构调整的巨大阵痛，去迎接城市与国家美好的未来！我的观点仅仅是用来促进未来城市的良性竞争，我认为通过城市的强大来支撑我们国家的强大，是我们讨论问题的出发点和本质内涵，否则将偏离我们探索的正道。

书法艺术伴随着我的生命成长

夏和顺：除从事经济学研究与著述外，您还是知名书法家，您的作品得到了各界的广泛认可。那么您从事书法创作是否跟家庭的熏陶有关？请简单谈谈书法学习与创作的经历。

魏达志：我的父亲魏大愚字养拙，号石盦，毕生工书法篆刻艺术，成就卓著，是民国时期著名的书法篆刻家。他广涉博取，融汇贯通，凡篆、隶、楷、行、草均有佳构，他也精于篆刻，其作品篆法娴熟而精准，用刀苍朴而舒展。1957 年南昌横跨赣江的"八一大桥"桥名与碑文即为其所书，可惜他于 1959 年即去世，当时我只有 5 岁，我的哥哥魏来五道（遄志）当时 10 岁。

我们从小就熟悉父亲"立志须高、入门须正"的谆谆教诲。哥哥魏来学习书法，家中尽管还有父亲留下的藏书和碑帖，却没有钱买纸墨。怎么办？哥哥以木炭代墨，捡废报纸临习各代名家碑帖，为节省纸张，他一张报纸两回用，先写一遍浅色字，等纸干后再用深墨色写，先临小字后习大字，并学父亲手吊秤砣负重练功，在右手臂上缚一块铜尺悬腕习字。这种精诚也传染了我。

如果说我的经济学是立意追踪时代前沿问题进行探索的话，那么我的书法学习却恰恰是一心固守中国优秀的文化传统。我出身于艺术之家，自小耳濡目染父亲献身艺术的精诚，父亲教我们的绝招就是手绑铜尺，悬腕练字，这样练就了"童子功"。我哥哥魏来 1977 年考入江西大学，1987 年留学日本，东京学艺大学院书法美术教育硕士，曾任全国侨联中国华侨画院副院长、东京中国书画院院长，为现代水墨写意诗书画"哲理情境画派"创导人。早在 1976 年，他的书法作品即选入《中国现代书法选》并出国展出，当时江西仅选两人。

我本人自幼临池学书，从 1968 年起，就曾为江西展览馆、江西共大、江西中医学院等写过诸多展览书法。此后业余坚持习书一直没有辍笔。1984 年调入深圳后，我参与筹建深圳市青年书法篆刻协会并担任副会长。有朋友评价我的书法力守八面中锋、法度谨严的传统，崇尚刚柔相济、骨法洞达的融合，追求含蓄高雅、清秀俊逸的品味。这种书法具有浓郁的人文品味与书卷气，既恪守传统，又适应现代审美情趣，正在受到人们的广泛喜爱。

夏和顺：古人说"腹有诗书气自华"，说的就是书卷气，书卷气是一种人文精神之美，或者说通过文人精神的内蕴而折射、外发的美。读您的书法作品，能让人沉醉与享受一种书卷气之美。您怎样理解您书法作品中的这种书卷气，这种书卷气与我们欣赏传统书法有何关系？

魏达志：我认为评价中国书画艺术，第一层次在于考察其笔墨功夫与书画技巧，是否继承传统、是否讲究法度；第二层次在于评价其文化底蕴与文化传承，是否能够厚积薄发而推陈出新；而最高层次则在于领略书画家的思想、境界与情怀，从而体现其崇高的价值追求与社会贡献。你讲的书卷气大概就是这个意思，我希望能在这一方面做更大的努力。

夏和顺：2018 年 6 月 2 日，复旦大学中华古籍保护研究院和深圳大学产业经济研究中心共同主办了"复旦双子文脉传——魏达志、高智群教授书画展"，这是复兴中华优秀传统文化的举措，也是对您的书法艺术的赞赏和肯定。

魏达志：是的，这是深沪联袂的一次高端书画联展，当时场面非常热闹。复旦大学的王朝宾教授撰写了前言并致开幕词，他总结了我与高智群教授的艺术创作的特点：一是均出生于金石书画世家，少承庭训、登堂入室、耳濡目染；二是学业皆得大师名家指导，文脉纯正；三是坚守传统，笃志于学，不跟时尚标新立异，不媚世俗博取功利，扎实学风与清正品性浸润于书画艺术之中。高智群是我的复旦同学，他师从杨宽、王蘧常、裘锡圭等先生，精研史学、古文字学，一直任教于复旦大学，学术专精，书画创作也取得了喜人的成果。

夏和顺：听说在这次展览上您还被复旦大学中华古籍保护研究院聘为特聘教授，这也是回报母校的一种方式，可喜可贺。

魏达志：是的，复旦大学中华古籍保护研究院发来了贺信和聘书，令我感动。百年复旦人文积淀深厚，擅长翰墨丹青的大师名家不胜枚举，如今书画艺术也成为复旦历代传承的文脉，这对普及传承优秀传统文化、提升社会传统人文修养、加强校园创新文化建设具有重要意义。

夏和顺：幼年失怙，相信对您的成长是巨大的打击，而您能度过艰辛的童年，在逆境中成才，相信是与母爱的呵护分不开的。

魏达志：父亲辞世后，一家的生计重担就压在母亲的肩上。我母亲不识字，却是一位伟大的母亲，她贤良刻苦，勤俭持家，并具有强烈的自尊心。1960 年我刚上小学就遇上三年困难时期，母亲咬紧牙关，每天起早摸黑，靠帮人带小孩、洗衣服、织棉纱的微薄收入维持全家生计，她不仅包揽了全部儿女的衣食住行，还为我们的读书操碎了心，母亲常常因为力不从心而背着我们悄悄流泪。她省吃俭用，承受了最大的牺牲和辛劳，我们也就过着饥寒交迫、缺衣少食的生活，我们兄弟姊妹几乎都是饿着肚子上

学，我就曾经因为饥饿引起的贫血而晕倒在地。我还记得 1963 年加入少先
队时，由于买不起白衬衣，穿着姐姐的圆领衬衫参加入队宣誓引起了不少
人的嘲笑。童年留给我的，的确是许多难以回首的艰辛和委屈，但同时也
在磨练着我的意志。我的母亲晚年随我移居深圳，1993 年我 40 岁生日那天
她在深圳逝世。次年母亲节我写了《母爱伴我风雨行》，这篇含着眼泪写的
文章传播甚广。

夏和顺：您是深圳大学产业经济研究中心主任，曾经担任两届深圳市
政协常委与两届人大常委，前不久又被聘为广东省政府参事，当然还有许
多其他的社会兼职。这么多的兼职体现了您作为一个学者的社会担当，但
同时又会分散精力耽搁学术研究时间，您是如何处理这种关系的？

魏达志：由于青春年少就天降病痛，我常年与医院打交道，所以更加
觉得生命宝贵、时间珍贵，我能以积极乐观的心境追求生命的意义与价值，
将主要精力用于特区经济的研究与教学上，同时见缝插针，有空不忘写书
法，并且适度安排社会工作。这样做到底是为了什么？早在 1992 年，我的
第一部著作《达志文集》出版时，我在后记中有这么一段话："人生的价
值，只有获取社会的认同并在自身与社会的双向结合中才能得以实现，人
生追踪的目标越是有利于社会的发展与人类的进步，其体现的价值就越
大。"我想这一段话依然可作为我繁忙的学术、书法与社会活动的注释，并
且最大限度地使它们能够互动互利，相互促进。总之，我不能虚度任何一
天，每天都要做事，每天都要工作，这样生命才会有价值。

魏达志简介

魏达志 江西南昌人，1982年毕业于复旦大学历史系，后留校担任朱维铮先生助教及蔡尚思教授学术助手。1984年调入深圳，先后任职于赛格集团、任教于深圳大学，现任深圳大学产业经济研究中心主任、经济学院教授、中国经济特区研究中心教授。

研究方向为特区经济、产业经济、区域经济。出版各类学术著作26部，包括《达志文集》《深港国际大都会形成机理研究》《递进中的崛起》《特区企业集团跨国经营论》《体制选择与结构预期》《东盟十国经济发展史》《制度变迁中的建构与创新》《深圳电子信息产业的改革与创新》《跨境合作论》《中国书画艺术的经济学视野》《深港共建全球文化创意中心研究》《粤港澳大湾区发展研究》《魏达志行书楹联集》《魏达志魏碑楹联集》等。主编大型丛书《深圳高科技与中国未来之路》等。

发现先生　重塑先生

——邓康延访谈录

受访者：邓康延

采访者：夏和顺

时　　间：2017 年 10 月 26 日

地　　点：雕塑家园深圳市城市设计促进中心办公室

　　邓康延是媒体人，也是学者，他的文化之旅是一趟发现之旅，他一路走来，不停地寻找，不断地收获。从挖掘老照片到寻找少校，从发现老课本，再到追溯先生、名媛……他常常为自己的寻找和发现而感奋和忧伤，也常常用自己的寻找和发现感动着许多人。

　　据介绍，邓康延筹建的"先生博物馆"刚刚在成都大邑县安仁镇开馆，这座中国唯一的博物馆小镇又多了一家独具特色的博物馆，邓康延又多了一个头衔——"先生博物馆"馆长。从平面到影像，再从影像到真正的三维立体空间，邓康延要将先生定格重塑，使他们的背影成为民族的正面，使他们的精神成为民族的脊梁。近日，邓康延接受笔者专访，回顾和解读了自己发现先生、重塑先生之旅。

"持续做了想做又能做的一件事"

　　夏和顺：您大学读的是地质专业，曾任煤科院西安分院地质工程师，后来改行从事平面媒体工作已属不易，而由平面转向影视等立体文化更是传奇。那么您认为这一转变的起点在哪里？

邓康延：确实过奖。我只是持续做了我想做又能做的一件事而已。

我1992年南下深圳，前后发表过一些诗歌散文，次年受邀出任《深圳青年》编辑部主任，社长和总编辑王京生对我关爱信任，后来我又担任策划总监，统搞全刊编辑业务。1997年初，《读者》杂志出版了我的第一本散文集《常常感动》，那也是《读者》给个人出的第一本集子，8万册印量上了全国排行榜，给了我很大鼓舞。

大概是1996年，《深圳商报·文化广场》主编胡洪侠从深圳东门找到一本老照片，他忽发奇想要让我来配文，在"文化广场"上连载。我的配文连载后一时广受欢迎，因而持续了约两年，1998年结集成《老照片·新观察》出版。

此前，我在深圳图书馆买到一本明川著的《丰子恺漫画选绎》，正是为图配文的形式，使我大受启发。在图片中发现文字，在文字中引索图片，日月同天，相映成趣，这比较符合我的性情和语言风格。

夏和顺：您对漫画、照片的重视，好像早在《深圳青年》时代就已经开始，请您谈谈当时的情形。

邓康延：我刚刚负责编排《深圳青年》版面时，就感觉到"读图时代"已经来临。我曾做了一期大胆的尝试——以多页漫画版《推销时代》做头条，当时可算惊世骇俗，在杂志社内外都有反弹，我甚至为此做过检讨。但那一期市场反应不错。我认为深圳能得改革开放风气之先，在全国取胜，也因敢于尝试、包容失败吧。现在想来，那时我对图片的感觉隐隐约约就是后来做纪录片的萌芽。我始终觉得，图片、绘画、影像等与文字的关系就像盾牌的两面，可以相融一体，不只是互补，可以产生一加一大于二的效果。但文字要少用、精用，甚至不用，最好用镜头蒙太奇来代替，用片中人物来说话。

夏和顺：从《深圳青年》编辑部主任、策划总监到《凤凰周刊》主编，您的人生道路实现了一次跨越，达到了许多人难以企及的高度，结果您却做出另外一种选择，也让许多人感动吃惊。具体是什么触动了您，使您决心去拍纪录片的呢？

邓康延：我在《深圳青年》八年、《凤凰周刊》八年、越众影视八年，冥冥之中就是三个"八年抗战"。热血青春时我编辑《深圳青年》，受到这座城市和总编王京生的厚爱；在个人与社会都更需思考批判、理性建设的时候，我得遇凤凰卫视高层的信任，出任主编创办《凤凰周刊》。有凤凰卫视的强大支撑，刊物早期坚持每期附赠光碟，只要我们看上的台里的任何节目，都可拿来压碟，我再想法配上深度解读的文章，立体起来，那是其他刊物所无法做到的。

2004年的一个黄昏，我签完当期杂志进厂，招待几位在云南搞田野调查的朋友，他们说起远征军老兵的悲壮悲惨，我当即起身碰杯道：在老兵走前，要留下他们的影像。我常有置换感，我若早活几十年，也会是他们，不是战死沙场，就会九死一生后又历遭磨难。我认为纪录片留下这批老人的身影，比白纸黑字更有力量，可以斧正历史。但杂志社社长不同意我去怒江高黎贡山：一刊主编，不能说走就走。我说这个纪录片我拍定了，不行我就辞职。凤凰刘主席觉得我这种激情难得，给了我半年创作假，保留主编职位和待遇，这对我是莫大的支持。

就这样，我与一帮朋友去云南腾冲拍远征军。我们多是野路子，思路道路常有分歧，在山顶河谷，吵得一塌糊涂，加上缺乏资金，纪录片搁浅，一个月后我又回去办刊物。此后大家又磨了两年，总算磨出第一部《寻找少校》。启拍这部片子前，就有台里朋友说，你拍出也播不了。我说我不管能不能播，我就是为拍而拍，我们要做给还活着的老人和看不见的未来。人算不如天算，拍竣时，正值胡锦涛总书记肯定了抗日战争正面战场，结果《寻找少校》不只凤凰播了，央视也播了。

从寻找少校到发现少校

夏和顺：说起来这是十年前的事了，万事开头难，现在回想您拍纪录片起步的情景确实令人感慨。后来便是《发现少校》，据说故事更精彩？

邓康延：《寻找少校》讲述的是战死在腾冲的美军少校梅姆瑞的故事，播出后设计师晏欢来找我："还有活着的中国少校赵振英，拍不拍？"听完他的故事，我一拍桌子："拍！"那时深圳越众集团的应总已为我筹建了越众影视公司。我又用三年时间，便有了《发现少校》。

赵振英是南京受降仪式的警卫营营长，黄埔军校十四期毕业，一生坎坷，判刑二十年，大赦时重得自由。后半生，他一直在向公安部门讨说法。2008 年，我在北京拜会赵老，老人看见戴着红袖标为奥运会巡逻的老太太，还心有余悸。我说你是被埋没的英雄，该你上场了。

片子后期制作时，我们在美国国家档案馆找到了南京受降仪式现场的录影资料，赵振英正在紧张指挥警卫，一回头看见镜头，羞涩一笑，真是非常美妙。他是现场警卫营营长，也是现场唯一能随意走动的人，所以才有美军摄像师对他的特写。我们的编导在剪辑房乍见这段影像，顿时欢呼起来。

片子播出并多次获奖后的 2015 年，习近平总书记接见了几位老兵代表，在坐轮椅的赵振英面前，他弯下了腰。

多年前我的老哥王石有次在机场看到最新一期《凤凰周刊》，激动地给我打电话，说刊物抓住了港台报道的方向。后来在他组织的企业家年会上，他让我播了 9 分钟《发现少校》预告片。然后，他站起来说："康延老弟从《深圳青年》到《凤凰周刊》的时候我不赞同，因为《深圳青年》已经办得不错。后来证明他是对的。他要辞职去做纪录片时我又反对，今天看来我又错了。我向他道歉。"那一刻我几乎泪盈。

太多的人一直在背后支持我，有一次跟朋友喝酒畅叙，我说我就像一个人开着吉普车去罗布泊，这顿酒给我又加满了一箱油。

夏和顺：从平面媒体到影像作品，从寻找少校到追溯先生，您这一路走来，虽然艰辛，但过程精彩，结果水到渠成。看似偶然，实则必然，这个必然的结果可能就是因为您对文化的热爱和执着追求的精神。

邓康延：其实，看起来是我在走路，实际上一路都有人推着我走。

还要回到 2008 年，回到腾冲。我们一直在拍远征军老兵，就为给他们送上慰问金和一句话：我们没有忘记他们。那一年拍《发现少校》，我们陪着 92 岁的赵振英老人去拍腾冲国殇墓园。腾冲是远征军收复的第一座城镇，死了 9000 多战士，墓碑也都按他们生前营、连、排的编制布阵。赵老不让我们搀扶登上山顶，他告诉战友："我来看你们了！"然后含泪唱起黄埔军歌，镜头这面我们也泪湿衣襟，为地下被埋和地上被埋没的英雄，为他们受到的不公待遇。

早在 2005 年拍第一部《寻找少校》时，在国殇墓园坟山上，我拿着一瓶酒，一口气喝了一半，其余的洒在墓园祭奠，摄影师牛子把这段情景拍了下来，很多人看了很动情，实际上我当时躲着镜头，因为我已泪流满面。镜头是模糊的背影，因为牛子也泪流满面。

那天下午，搀扶赵老休息后，我觉得不能再拍了。我去了腾冲玉石市场杜老伯开的店，这之前，我几次问过他远征军的故事。那次我随口问他有没有老书，他说："邓老师你运气好，我刚收到一箱书。"他拿出几十本民国书籍杂志，我交了几百块钱，兴奋地将书扛到招待所。我先挑出薄的翻翻，那是三本民国的老课本，一抹夕阳温煦地打在这几本书上。记得那天还有一位中纪委的朋友在场，他的叔叔曾是远征军老兵，他想看看我们如何寻找。我们一边翻老课本，一边念。念到"我母亲，坐几前，取针穿线，为我缝衣"，念到《勿贪多》"瓶中有果。儿伸手入瓶，取之满握。拳不能出，手痛心急，大哭。母曰：汝勿贪多，则拳可出矣"，我突然一个激灵，觉得有什么大事要发生。这是远征军给我的馈赠啊，他们是要让我从悲伤中快乐起来。两年后，我的《老课本新阅读》出版。

老课本背后的先生们

夏和顺：原来这几本老课本源头在腾冲。《老课本新阅读》好像最初也是在《深圳商报·文化广场》连载的？

邓康延：我还在腾冲的时候，《深圳商报·文化广场》约我写专栏，我一口答应。以前他们约稿我总是推三阻四，这次爽快倒让他们有些疑惑：究竟什么内容？我说我找到了一座富矿，咋挖掘还没想好。

回到深圳，我把老课本上的图片复印下来，开始查资料、配文字、写专栏，发表几期下来反响强烈，《读者》《读库》都来约稿，《读者》先是转载商报的，后来也发原创，每次两个版，发了多期，巨大的发行量让上千万读者首次接触到老课本。《读库》是纯文化期刊，主编老六拿去稿子，原说摘一点，却搁在 2010 年 1 期头条，用了 60 多页。春节后，我正在美国档案馆查找资料，老六发来短信：老课本大受欢迎，赶快再写。接着一些报刊做了报道，凤凰卫视文化大观园、央视读书节目都做了采访。老课本热了。

夏和顺：那三本老课本之后，据说您四处淘书，又淘到了上千本民国老课本。您对这些老课本有一个什么样的总体印象？它们与您后来拍摄先生系列有何关联？

邓康延：那以后我每到一地，首先想到的是淘书，去港台地区和国外唐人街也淘，但淘到最多的地方还是在大陆，北京、广州、西安、深圳等地。几十年前的战火，后来的革命运动，老书已存世不多，我还是收集了各类民国老课本逾千册，出版者包括商务印书馆、中华书局、世界书局、开明书店、儿童书局、国立编译馆等，其中只有编译馆是公立的，远不及民营的商务与中华有影响力。而编写者有蔡元培、胡适、张元济、晏阳初、夏丏尊、叶圣陶、陶行知、丰子恺、王云五、于右任等，大学者编小课本，天高地厚，风清月朗。其中有一段故事，在编撰修订一课是要"来来来，来上学"，还是"去去去，去上学"时，学者们发生了争论。因为"来"字笔划多，难书写；"去"字又太俚，不庄重。每篇课文，就是这么一点一点抠出来的。胡适曾给中学生编选《词选》，晏阳初编写过《平民识字课》，丰子恺则为课本配了各种插图。正因为思想的多元开放、先生们的学识眼光和民间蓬勃的良性竞争，一时文化鼎盛，各类出版物精彩纷呈。我曾应邀做过多次先生和老课本演讲，题目就叫"最近的春秋"，我认为那个时期堪比诸子百家的战国春秋。

2011 年底，《新周刊》将年度评委会大奖授予"邓康延和他的老课本"，南京颁奖，孟非主持。当时每位获奖者讲话 5 分钟，我说要感谢这些民国先生所编的老课本和这些老课本原来的小主人，我不知道他们的命运，如果活着也是八九十岁甚至百岁老人了，我只能以三篇老课文致敬。第一篇："竹几上，有针，有线，有尺，有剪刀。我母亲，坐几前，取针穿线，为我缝衣。"就是白描，把针头线脑集中起来识字，唐诗的"慈母手中线"意境跃然纸上。第二篇："三只牛吃草，一只羊也吃草，一只羊不吃草，它看着花。"最后一句突兀却有趣，这是大学者蹲下来看着孩子的眼睛的对话，那只不吃草的羊是哲学家、艺术家的羊。第三篇："开学了，我们选级长，谁得的票最多，谁就当选。"这就是公民教育，让我们今天感到汗颜。孟非听了很激动，接着我的话也破例加以评论，原凤凰卫视同事梁冬在台下用手机把这一段拍了下来。

夏和顺：从撰写《老课本新阅读》到拍摄《先生》，也是一个从纸质到影像、从平面到立体的过程，这其中又有什么精彩故事呢？

邓康延：早在1990年，我还在西安煤科分院做地质工程师时，应陕西电视台王渭林导演之邀，为专题片《太白音画》撰稿，我俩在山顶时，他说想拍"20世纪中国文化名人的最后命运"，我一直记着这事。20年后，我在老课本后面发现许多编者大师，我有一次在影视公司例会上提出要启动文化名人的片子。有一天心里突然冒出"先生"俩字，顿觉这俩字就能撑起片子的半壁江山。

时间、金钱和人力都有限，在商量先拍哪些先生时，线上线下众说纷纭，有上百人可选，争执不下。有一天我忽然想到，就从最靠近教育的先生拍起，我要为当下一塌糊涂的教育，立镜一面，呼喊十声。第一季的十位先生是：蔡元培、胡适、马相伯、张伯苓、梅贻琦、竺可桢、晏阳初、陶行知、梁漱溟、陈寅恪。前六位都是大学校长，后三位是推行平民教育和乡村教育者，最后一位陈寅恪是历史学家，教授中的教授。

得益于深圳文化基金的支持和各方厚爱，十集电视纪录片《先生》在中国教育台播出后受到好评，获得一些奖项，还被腾讯公司购买挂在自己的网上，《新周刊》用数十页版面做专题报道并附赠光盘。后面我们又拍了十位先生：于右任、王云五、司徒雷登、鲁迅、林语堂、梁实秋、傅斯年、钱穆、张季鸾、丰子恺。2018年3月，凤凰卫视用两周时间连续播出，反响不俗。

从《先生》巡回展到"先生博物馆"

夏和顺：配合纪录片《先生》《黄埔》等播映，您又做了一系列展览，可能是您从拍纪录片到办"先生博物馆"之间的一个自然过渡，那么最早的展览是怎样办起来的呢？

邓康延：最早的纪录片与展览的联动，是在 2011 年 9 月 3 日，纪录深圳九位摄影师的十集纪录片《从照片开始》开播时，深圳金地集团愿意推助本土文化，请我们用照片和纪录影像在万象城做了一场交融展。

而具有华人圈影响力的展览是 2012 年 8 月 16 日开始的《先生回来》致敬展。拍《先生》时，我已收集了一批民国著作、老杂志、老课本、老照片、手迹等，视为珍宝。我也是突发奇想，想在纪录片《先生》播出的同一天，做一次"六个一"工程——播片、展览、出书、发行光碟、媒体报道和微博互动，相约同道高小龙和南兆旭参与。时间不到两个月，大家觉得有点异想天开。中信出版社调动几组人马，用纪录片脚本扩展再结合《新周刊》"先生"那集的内容紧急编撰；早无空闲场地的关山月美术馆，恰好有人退出半个月档期；深圳台的电视播出也确定同日；光碟审批制作一路顺利；媒体与微博也联系就绪。这样，2012 年 8 月 16 日，《先生回来》全媒体致敬展如愿举行。至今《先生》及《先生回来》致敬展的网上点击量已逾千万，《先生》一书印行 13 万册，被《亚洲周刊》评为十大好书。

关馆展出时，湖南美术出版社社长李小山在人群里听到我的讲解，又邀请我当年 10 月在北京 798 圣之艺术空间办展。随后我又受南京大学金陵传媒学院院长杨溟之邀去了南京 1865 凡德艺术街区，再有杭州中国美术学院、台北华山艺术创展园的邀请展，我也没想到《先生回来》做成了一个巡回展。

在大陆的展览以先生的照片、简介、语录，配以他们的民国出版物，辅以老课本、老杂志，还有一半是纪录片撑起来。而台北的展馆虽然只有二三百平米，但非常专业，因为得到何创时基金会支持，同时展出了一批先生们的手稿、书信、题词真迹，集中一看，十分震撼。此后他们又赠我一批高仿真作品，支持大陆的展览。从台湾回来后，我又受邀到北京五四运动纪念馆办展，五四运动纪念馆就是当年北大红楼，是五四运动的策源地，那里蔡元培、胡适、李大钊、毛泽东曾经驻足。央广网当时报道称：2015 年 4 月 18 日上午，十位民国先生的《先生回来》展览在北大旧址、沙滩红楼开幕。展览集先生影像实物、民国杂志、教科书三位一体，齐聚新文化运动的策源地，是时间、空间和人间的契合。展览"走过"深圳、北京、南京、杭州、台北五地，今日又重回红楼初地。

夏和顺：您持续制作的多部系列大型纪录片，是如何挖掘题材和多媒体联动？在尚无盈利模式的纪录片行业，你们如何生存？

邓康延：拍完《先生》后，我又想拍民国武将，我游说《一寸河山一寸血》的台湾总导演陈君天，合作拍摄了十集纪录片《黄埔》。受央视委托启拍八集纪录片《黄埔军校》的友人梁碧波来深圳，我俩喝啤酒交流，酒酣之际我称我们的片子没有一字无出处。在黄埔军校 90 周年那天的 2014 年 6 月 16 日，在华侨城陈剑先生的倾力支持下，我们在欢乐海岸创展中心做了一场浩大的《惊涛伟岸》致敬展，请来了两岸三地黄埔老兵，那是华人圈的一次壮阔盛会。

有了方法和路径，一通百通。再说 12 集深圳民间组织的纪录片于 2014年 2 月 22 日深圳电视台首播日，我联系好中心书城的公共空间，做一场《民间来了》大展，索性请来所拍的 12 家组织各做展台，那场影视和民间组织的互动，犹如热气腾腾的市民大派对。随后央视纪录频道一周晚间连播 5 集《民间》，让全国看到深圳的另一面，风华独具的深圳民间组织也深受鼓舞。

之后，当广州辛亥革命纪念馆邀请我去办展时，我索性将《先生回来》和《惊涛伟岸》合二为一，办了一场更为宏阔的致敬展《文武民国》，其馆前悬垂大楼的海报就有 300 多平米。2015 年 9 月 26 日开幕，展示两个半月。可能是辛亥革命一百年以来大陆最大的一次民国文武人物展。

先生是过去的教育，后来我们关注当下教育，又拍了十集纪录片《盗火者——中国教育改革调查》，两年多遍访教育的第一现场，留守儿童的家、多元体制的学校、遇上天花板的贫困阶层大学毕业生、高校中学的软腐败、公民教育的困惑、几位公知校长对现行教育的针砭入骨等，每一集都聚焦当事人。

先生对应的是小姐，所以我们在福田文化基金支持下，又拍了十集《名媛》，包括张爱玲、林徽因、陆小曼、合肥四姐妹等。这部刚做出的纪录片"待字闺中"，或许近期公映。

再回答你第二个问题。本来越众集团为我投资成立的越众影视公司，我想只拍纪录片，但因为耗时费钱、播出费又极微，只好分些人力做点商业片。当然还有一直关爱本城文化扶持的深圳市和福田区的文化基金，以及一些企业和朋友的倾囊相助。我不善经营，长期拍历史片社会片，深觉拓展乏力，身心焦虑，所以去年辞去公司董事长一职，做个不需太懂事的自由人，单纯地做些民国书报刊、人与事的研究。

夏和顺：这些展览中还有哪些使您难忘的细节？

邓康延：为《黄埔》首映礼构想一场致敬展，时间紧，场地无，资金无。再次验证了那句话：你用心去做一件事，全世界都会来帮你。华侨城创展中心4000多平米的空间腾出来免费提供给我们一个月办展，当我去了现场，欣喜之余又深觉惶恐——《先生回来》展已经捉襟见肘，这么大的几层楼空间又要摆多少黄埔的东西啊？转念一想，人生能有几回搏？我让团队暂停所有工作来办这一件事。好在我有黄埔后人和远征军后人的支持，天南地北地筹借展品，配上我们"无一字无出处"的纪录片，加上本土企业绿景集团的支持，2014年6月16日、黄埔军校建校90周年那天，《惊涛伟岸》立了起来，台湾、香港、广东的志愿者带着90多岁的黄埔老兵来了。台湾作家张晓风大姐带来父亲黄埔六期的勋章和军靴，陈丹青带着黄埔七期的祖父的画像和记忆，他们各自躬身布展写说明，做讲座。著名收藏家何作如先生展示其珍藏的唐代古谚九霄环佩，李祥霆先生率先弹奏一阕金戈铁马；光明中学合唱团演唱一曲黄埔军歌。老兵们起立，全场起立。一位画家在微博上说：这一场展览的仪式是落泪开幕的，此前我从未经历过，我也落了泪。

其实还有很多细节难以尽叙，我的感恩藏于心中。

夏和顺：我们还是回到"先生博物馆"，祝贺"先生博物馆"开馆，祝贺您又多了一个头衔——"先生博物馆"馆长，它又是如何创建的呢？我认为从《深圳青年》到《凤凰周刊》，从寻找少校到发现先生，您的文化之旅是一段不断发现的旅程，也是一段无法定格和不断重塑的旅程，"先生博物馆"算不算这趟旅程的总结？

邓康延：成都大邑县安仁古镇，多清末民初建筑，已经被打造成博物馆之镇、民国风情街。2017年5月，西部华侨城和陕西文旅集团邀请并助力，请我创建既吻合博物馆镇又贴近民国街的博物馆，起先是"民国教育博物馆"，后更名为"先生博物馆"。历经合作方的半年辛劳，我一倾多年的收藏，博物馆已于10月1日开馆，坐落于一座民国式两层楼小院，是核心区的500多平米建筑。博物馆以20集《先生》为骨架，辅以老杂志、老课本。共建四个展室：先生客厅、杂志展馆、学童课堂和美育教室。除文图展板、实物展柜、著作手迹、人物雕塑外，一大特色就是布有环幕电影和多块点播视频，播放由我主导制作，越众影视、中国教育电视台、南京大学金陵传媒学院、魅力动画等机构参与拍摄的《先生》《远去的金陵背影》等纪录片和《老课本讲故事》动画片。"先生博物馆"是安仁古镇的第30个博物馆，也是华人世界的第一个民国先生博物馆。

"先生博物馆"算是我这一趟文化之旅的一个节点吧。从十多年前拍摄远征军始，冥冥中我得到了太多的馈赠，我希望能够更多地回报饱经磨难的故土故人。

本来我想把博物馆建在深圳，却收获于川西。这也好似南渡北归的先生们的宿命。命运的滋长不可捉摸，又总在应运而生。

邓康延简介

邓康延　祖籍昆明，成长于西安，1977年考入西安矿业学院（现西安科技大学），毕业分配至煤科院西安分院任地质工程师。1993年转行至《深圳青年》，历任编辑部主任、策划总监。曾任香港《凤凰周刊》主编、深圳越众影视董事长，现任深圳影视家协会副会长。

著有诗集《远方不远》《常常感动》，杂文散文《老照片·新观察》《一杯江河》《老课本新阅读》等，主编《最是难忘》《一滴水的海》《高处相逢》《盗火者：中国教育革命静悄悄》《先生》等。拍摄电视散文《太白音画》，电视剧《日出》《空房子》，纪录片《寻找少校》《深圳民间记忆》《先生》等。

深圳离历史文化名城有多远

——彭全民访谈录

受访者：彭全民
采访者：夏和顺
时　　间：2018 年 9 月 25 日
地　　点：罗湖区松园路宝庆府

　　1983 年，彭全民从广州中山大学毕业，母校除了给他考古学专业毕业证书及相关专业知识之外，还给他留下了一句使他记忆深刻的话："学生要立志做大事，不要做大官。"转眼 35 年逝去，彭全民在接受笔者专访时感慨地说："35 年来我一直在勤勤恳恳地做事，虽然不能说做成了大事，但我自认为在深圳历史考古和文物保护方面尽了自己的力量，也享受了无穷的乐趣，足可告慰自己。"

　　彭全民在深圳博物馆、深圳市文物管理委员会办公室和深圳市文物考古鉴定所工作时间均超过 10 年，所从事工作均与历史考古、文物保护和地方史研究有关。彭全民曾放弃了很多转行的机会，拒绝了丰厚物质利益的诱惑，他说："如果要转行，我为什么要读这个专业呢？"35 年来，他见证了深圳文博事业的发展与进步，如今虽已退休，他乐此不疲，仍在文物保护和地方史研究的道路上不停地奔波着。

"要做大事不要做大官"

　　夏和顺：1983 年的深圳可能更多呈现出老宝安的历史风貌，谈不上百废待举，但对大多数置身其中的人来说也看不清更远的未来。作为中山大学历史系的高才生，您当时尽可留在广州或者到北京去工作，前程一片美好，您为什么选择到深圳工作呢？

彭全民：刚毕业的时候也没考虑那么多。我是 1979 年考入中山大学历史系考古专业的，第二年转入人类学系，那一年人类学系刚刚成立，著名人类学家梁钊韬任系主任。四年的学习使我对这个专业产生了浓厚的兴趣。1983 年我毕业那年，深圳博物馆黄慕超馆长和师兄杨耀林去中山大学要人，那时我正在河南周口地区淮阳县参加考古实习，平粮台古城是新石器时代晚期龙山文化遗址，在淮阳县东南约 4 公里的大朱村附近，距今已有 4600 多年历史。我人还没回来，他们就点名要了我，我回来后还有分在广州的同学想跟我换，我没有答应。这样我就来了深圳。

到深圳的第一天我至今记忆深刻。当时按规定只要在 8 月 1 日前一天报到就能拿到 7 月份的半个月工资，所以我特意赶在 7 月 31 日一大早从学校出发。广州到深圳只有 100 多公里，现在乘高铁只要半个多小时，开车走高速公路也只有两个多小时车程，这在当时是不能想象的。那个时候的汽车时速较慢，可窗外吹来南太平洋的东南风还真是凉爽，对一个刚出校门的大学生来说，是朝气蓬勃的。虽道路迢迢，所谓国道崎岖颠簸，在东莞还要下车过轮渡。就是轮渡耽误了时间，我赶到深圳时早下班了，半个月工资也泡汤了，当时真是心痛不已。

夏和顺：深圳是中国改革开放的窗口，对当年闯深圳的大多数人来说，"跳槽"和转行是常事。您大学毕业后到深圳工作至今似乎没有转过行，这是一件很不容易的事，对此您有何感想？

彭全民：两年前我从考古所退休，我 33 年的工作经历正好可分为 3 个 11 年——深圳博物馆、文物管理委员会办公室和文物考古鉴定所，各占三分之一。这 30 多年来我一直坚守自己的专业没有改行，从事的都是文物考古、文物保护和地方史研究工作。而中途如果要转行我有很多机会，但是我曾想过，自己对考古探索，甚至探险非常爱好，如果要转行我为什么要读这个专业呢？中山大学对我的影响可以用一句话来概括："学生要立志做大事，不要做大官。"这是 1923 年 12 月孙中山先生在岭南大学怀士堂发表演说的一句话，怀士堂就是今天中山大学小礼堂，这段话经商承祚先生手书后刻在小礼堂的墙上，所以我毕业后一直以做事为荣。

办公室就在竹棚里

夏和顺：深圳博物馆开始筹建于 1981 年，1988 年开馆，2008 年位于市民中心的新馆落成。现在位于深南路的老馆当年作为八大文化设施之一，是深圳的地标性建筑，也是深圳的骄傲。请您谈谈对深圳博物馆的最初印象和感受。在深圳博物馆的建设过程中，考古部处于什么样的地位呢？

彭全民：我刚来深圳时，文化局还设在东门的博雅画廊，也就是现在新安酒家的西面，博物馆、图书馆都设在文化局楼里。深圳博物馆筹建于 1981 年，我来的时候只有七八个人，其中杨耀林也是中山大学历史系早年的考古专业毕业生，在广东省文物工作队工作，协助深圳博物馆进行基本建设的考古发掘，因深圳特区需要人才被留了下来，后来任了副馆长、馆长。深圳经济特区成立之初对文化事业十分重视，博物馆等八大文化设施的建设可以充分说明这一点。当时每个相关部门派出一人组成"八大文化设施筹建办公室"，我来博物馆报到不久，就被文化局抽调到这个办公室，参与博物馆筹建工作。而博物馆规划红线图是我去规划国土局拿回来交给设计院作为设计依据的，我记得那是广州的一家设计院。随着博物馆基础建设的开展，博物馆的开馆筹备人员也搬到工地，二三十米宽的竹棚一搭就是三排，办公条件极为艰苦。我参加基建工作不到一年就又回到博物馆，当时施工队已经开始基础施工。考古部大概是 1985 年成立的。一转眼，当年气势恢宏的博物馆，就成为老馆了。

夏和顺：深圳特区成立之初条件都很艰苦，您参加和组织过深圳文物普查、考古发掘、文物鉴定、古建修缮、省市区各级文物保护单位申报等工作，情况怎么样呢？

彭全民：回到博物馆不久，我就参加了第二次文物普查，经常要下乡，路况很差，汽车很少。搞博物馆基建时，单位给我配了一辆神鹰牌摩托车，是一辆旧车，故障挺多，很快就骑坏了。回来博物馆本部，换过一辆铃木摩托车，很好骑，第一次咸头岭遗址发掘时，我骑着这辆车往返遗址与市区，时速快时可达 90 多公里，咸头岭遗址距市区 60 多公里。这辆车后来也骑坏了。最后我在市文物管理办公室时，换了一辆本田摩托车，结果被人偷了，单位还每个月扣我的工资。摩托车骑了 15 年以后，我才开始学开汽车。

夏和顺： 咸头岭遗址是深圳重要的考古发现，参与此项活动也能充分说明您与深圳文物考古的渊源，请您谈谈有关情况。

彭全民： 是的，咸头岭遗址属于二级沙丘遗址，是 1981 年在考古普查中发现的，在考古发掘中发现了大量新石器时代遗物，后来又进行了四次发掘，经碳 14 测定，早期的有 7000 年历史，而且延续时间较长，是珠江口沿海沙丘遗址中发掘较早、面积较大、出土最为丰富的古遗址，因此被命名为咸头岭文化，是珠三角地区新石器时代文化的代表，2006 年被评为全国十大考古新发现之一。

深圳市博物馆和深圳市文物考古鉴定所先后在该遗址进行过五次发掘，我参加了 1985 年的第一次发掘，你看我的《深圳掌故漫谈》一书中收入了当年考古发掘现场的照片，其中一张 6 人合影最右边的就是我。我们开掘的探方挖出一座完整的商代墓葬，出土陶器包括提梁壶、鸡首壶、纺轮等。能在前辈考古学者发掘的基础上又有新的发现，是一件十分令人兴奋的事。人生如此，夫复何求。当时我们住在咸头岭村曾阿姨的家里，白天考古，晚上捕鱼捉虾，很有乐趣。我与咸头岭遗址有不解之缘，一直为保护咸头岭遗址、保护目前发现的深圳人类最早居住的地方而努力着。

南头古城是深圳的根

夏和顺： 通过文物普查、考古发掘、文物鉴定等工作，您应该对深圳的历史文化有了一个较全面的认识，有人为了突显深圳改革开放后的发展速度和成就，把此前的深圳称为"小渔村"，这个问题应该怎么看？

彭全民：深圳当然不是小渔村，它自汉代以来就是中国南疆的边城。它在清代是新安县，民国以后改名宝安县，直到 1993 年撤销宝安县改设宝安、龙岗两区。把一个县称为"小渔村"，道理上也说不过去。

1981 年，南头红花园基建工地中抢救发掘出的东汉砖室墓中，就有一块刻画有"九九乘法口诀"的墓砖，这可是国家一级文物，现藏深圳博物馆。汉武帝为征讨匈奴在全国开征盐铁税，在全国设了 28 个盐官，岭南地区有两个，一个在苍梧郡高要县，一个在南海郡番禺县，而番禺县盐官驻地就在南头。高要的盐官在西，南头的盐官在东，史称"东官"，成了深圳最古老的地名。三国吴国时，承汉制，在南头设"司盐都尉"，东晋咸和六年（331）分南海郡设东官郡，分番禺县设宝安县，东官郡驻宝安县，南头由盐政转为行政。而东莞的地名与莞香、莞草有关，那是南朝、唐代以后的事了。东官郡辖地除今天的深圳、东莞和香港地区外，北部可达新丰、翁源，西边可达中山、珠海，东边则可达今福建省的云霄、诏安等县，地域十分辽阔。

我还可以举一个例子。1981 年，考古学者在小梅沙遗址出土了一件较完整的彩陶圈足盘，此事见报后社会反响强烈，但也有人说风凉话："深圳地区怎么可能有新石器彩陶呢？肯定是后来走私者上不了船情急之下扔在沙滩上的！"事实是不是这样呢？不久，咸头岭遗址又发掘了类似品质的彩陶，说明这种器物确实是本地遗产。

夏和顺：汉代的东官和晋代的东官郡驻地都在南头，足以说明南头古城的历史地位，您怎么看南头古城的文物保护以及它和深圳特区的文化传承关系呢？

彭全民：南头古城历史悠久，2001 年发掘的护壕遗址可将古城历史推到 1700 多年前。它是值得我们自豪的，它是深圳的根，也是香港、澳门、珠海、中山和东莞的根，南头到明清时代仍是新安县城，最能体现深圳的历史。可惜的是，南头古城虽然被定为省级文物保护单位，但保护情况差强人意。

2000 年我去日本参观大阪古城，深受启发，认为深圳应该以南头古城为依托申报国家级历史文化名城。大阪古城是日本这座城市的精神象征，而南头古城也应该成为深圳的精神象征，当年东官郡所辖之地梅州、潮州等城市都已经成为国家级历史文化名城，为什么深圳不能成为国家级历史文化名城呢？

当年深圳市委、市政府对此也很重视，我记得市里开过一次专门调研会议，有 24 个单位参加，大家一致同意申报历史文化名城。文管办派我和周军博士直接飞北京向国家文物局汇报，国家文物局张文彬局长听我介绍了深圳历史地理沿革和近十个文物考古发掘概况后，感慨地说："深圳申报国家历史文化名城有过之无不及。"但深圳最终放弃了申报工作，我想可能是考虑到经济建设与文物保护之间存在的矛盾，总之，这是一件非常令人遗憾的事！我们一方面在羡慕别人有着悠久辉煌的历史文化，一方面又无视自己悠久辉煌的历史文化，这也是一种矛盾！坦率地说，深圳丰富悠久的历史文化是一种客观存在，深圳能担当中国首个经济特区和改革开放前沿阵地的大任，跟优越的地理位置有关系，跟历史文化传承也有关系。深圳的历史文化是客观的，再加上改革开放的历史，我认为它成为历史文化名城，那是迟早的事。

水下考古与地下考古

夏和顺：我注意到您曾参加过水下考古工作，这应该是一个很有趣也很辛苦的工作，请您介绍一下有关经历，并谈谈水下考古与地下考古的异同。

彭全民：1988 年，国家文物局组织了第一届水下考古培训班，9 名参加者都是身体素质很好的考古工作者，我是其中之一。我们在广州潜水学校进行潜水培训，那时我才知道潜水的难度和水下考古知识的复杂性，当时有日本考古学者前来讲学。水下考古是潜水与地下考古的相加，潜水又分轻潜水和重潜水。轻潜水是指深度 60 米以上，从 12 米深的潜水上浮时不需要减压；重潜水则是超过 60 米深的水下，升上水面时不能直接出水，要分段减压才行，否则肺部会因不适应压力减小而撕裂。1992 年我参加过福建连江白礁宋元沉船遗址调查，1993 年又参加了辽宁绥中元代沉船遗址水下考古调查等，其中辽宁绥中元代沉船遗址水下考古调查获当年十大考古新发现。转眼水下考古也 30 年了，前不久我去南海一号博物馆看见一张我国第一批水下考古队员合照的照片，几乎认不出来当年自己的形象。

夏和顺：深圳是一座沿海城市，深圳的水下考古有无重大发现和突破？

彭全民：深圳海域分东部深圳湾和西部大鹏湾两部分。珠江口海域应该有许多有待揭秘的沉船，但由于淤泥堆积太深而无法进行水下考古调查。大鹏湾海域水较浅，浪小，礁石少，沉船较少，所以水下考古发现也不多。

夏和顺：在您 30 多年对深圳的考古发掘中，您认为您最得意的，也是对深圳历史文化的提升最有价值的是什么？

彭全民：就像我前面所说的，我所做的工作是对深圳的文物发掘和保护尽了自己的一份力量，我感觉很庆幸，也从中享受了无穷的乐趣。比如对元勋旧址的保护和黄默堂墓的发现就是两个例子。

大概在 1987 年，特区报的记者毛德金告诉我笋岗村有个元勋旧址，开始我还没怎么上心。过了好长一段时间，有一天我忽然想起这件事，专门去看了这个围屋，红砂石门楼上写着"元勋旧址"四个字。我回来后马上查《新安县志》《广东通志》《大明一统志》等文献，发现这位元勋指的就是元末明初的何真。何真先统一了岭南，后来归顺朱元璋，被封作"东莞伯"，死后又加封"恭靖侯"。何真是东莞人，从笋岗起家，我后来在报上著文介绍作为岭南名贤的何真，也被收入《深圳掌故漫谈》中。何真死后，其长子何荣、四子何贵、六子何宏等因坐蓝玉案而被斩首，历史上也有明确记载。

1988 年，因发现及时，在我的推荐下，元勋旧址被列为深圳市第三批市级文物保护单位。不久，我接到笋岗村书记的电话，说元勋旧址可能因为扩修铁路而被拆除，但最终，它因列入市级文物保护单位而免遭厄运。深圳特区创建伊始，上沙、下沙和梅林等处也有不少围屋，后来全被拆除，元勋旧址是特区内唯一完整保存下来的围屋，硕果仅存，2002 年又成为省级文物保护单位。

夏和顺： 黄默堂墓听说是在莲花山公园内，它又是怎么一回事呢？

彭全民： 是的，黄默堂墓在莲花山公园内，也是省级文物保护单位。黄氏墓的发现说起来也是一段有趣的故事。那也是 20 世纪 80 年代中期，有一次我去下沙村开展文物普查，询问黄氏家族历史，村民告诉我："有 100 多年喽！"我又问："那有没有祖坟？"他们说："一世祖的坟墓就在莲花山。"于是我们开着一辆人货车，由村民带路找到莲花山莲花地的黄默堂墓，那时候还没有莲花山公园。此墓修于南宋淳祐八年（1248），我对杜志民说："怎么是 100 多年？是 700 多年啦！"就这样，黄氏家族在深圳的历史被推前了 600 年，而黄氏墓的发现也把福田区的历史推到了宋代。

黄默堂墓前原有小溪流经，聚水成潭而成小池塘，当地人称莲花池。墓为花岗岩石墓，碑座是塔形，可见明显佛教文化影响，中间碑文载"默堂黄居士塔"，碑文载"公以顿悟，得大坚固，留颂西归，寿六旬五"，为其五子——中行、中锐、中建、中立、中通所立。广东考古大家、时任广州博物馆名誉馆长麦英豪来到莲花山考察，对黄默堂墓给予很高评价，他对深圳博物馆馆长黄崇岳说："这是原汁原味的宋代墓葬啊！"意即岭南地区完整宋代墓葬难得一见。1998 年，该墓被定为第四批深圳市级文物保护单位，2002 年又被定为广东省级文物保护单位。

夏和顺： 刚才我们谈到深圳改革开放前是不是小渔村的问题，在这里又有了佐证。一个墓葬将一个城区的历史推前了 600 年，是一件很有趣的事。我听过您的一场有关福田古代史的演讲，很精彩。

彭全民： 是的，这是有关福田区宋代历史的文物，很有趣。后来沙尾村有一位热心文物的欧志坚向深圳博物馆捐献了一批文物收藏，其中有一件汉代的陶罐更有价值，又将福田区的历史向前推进了 2000 年。而全国第三次文物普查在梅林水库北面的山岗上发现了新石器时代的白尾山遗址，又将福田的历史推到距今 3000 多年。这是福田区的古代史，整个深圳的古代史我们刚才说了，更久。

从考古调查的新发现，到成为历史文化遗产和名胜古迹，这样的例子举不胜举。近代的事例更多，比如，白石龙教堂的发现，成了今天深港著名的爱国主义教育基地——大营救纪念馆；龙岗、坪山客家围的保护，成了广东，甚至国内颇具特色民居建筑；等等。

收藏 130 个姓氏 500 多部族谱

夏和顺：族谱是历史学者特别是方志学家眼中的宝，是研究一个家族和一个地区历史变迁的重要依据。据说您收藏了大量深圳地区各个姓氏的族谱，您收藏族谱始于何时？

彭全民：研究地方历史有三个资料来源——方志、族谱和考古发现，而各个地方史之和就是国史。我大概在 20 世纪 80 年代初就注意到族谱的重要意义，并开始收藏。我对文物的爱好、我从事考古专业可能是受家族传统的影响。我的家乡在广东揭西县五云镇，那里历史上曾属于陆丰县，我们家祖屋建于清乾隆初年，距今有近 300 年历史，是揭西县级文物保护单位。更为难得的是，我们家祖上保存下来 500 多件各类文物，包括田契、房契、医书、族谱，还有清初从马来西亚芙蓉镇寄回来的 9 封家书，3 部清代诗集，收集诗歌超过 2000 首。我到目前为止收藏了 130 个姓氏 500 多部族谱。这些家族谱以深圳地区及广东省内为主，也包括小部分国内其他地区。

夏和顺：对一个地区各大家族的族谱进行综合性研究可能更有意义，比如发现各家族迁徙的时间和路径，他们相互间的关系，他们对一个地区文化的共同影响，等等。收藏这批族谱对您的研究有何意义？如何才能使它们发挥更大作用？

彭全民：收藏这批族谱对我的研究当然有着重要意义，可以通过它们与地上历史建筑和地下考古发掘相互印证，这些族谱中的人物多为深圳历史人物，我也在尽量通过族谱和其他史料还他们本来面目。比如何真的故事就很精彩，《明史》中有何真传，《粤大记》中也有很多关于何真的记载，再通过何氏族谱就可以将这些记载拉得更近。我通过深圳市史志办和广东省有关部门进行文献交流，希望使这批收藏发挥最大效用。此外，如有可能，我希望成立一家深圳家族历史博物馆，通过这个博物馆告诉人们：不要数典忘祖，忘记历史是一件很可怕的事。

夏和顺：我还听过您在西乡绮云书室的一场演讲，是关于郑毓秀和西乡郑氏家族的故事。绮云书室是一座什么样的建筑呢？

彭全民：我第一次见到绮云书室是在20世纪90年代初，我为这座建筑的壮观和精美所折服，但当时书室被用作库房，损坏情况严重。绮云书室百米之外就是郑氏宗祠，我当年拍摄了郑氏宗祠一批照片，包括大门及梁架木雕刻、"壶里乾坤"壁画等，虽然在"文革"损毁严重，但当年壮丽豪奢的景象仍可见一斑。绮云书室位于宝安区西乡街道乐群村（原称屋下村），是郑毓秀的祖父郑姚于清光绪十一年（1885）建造的。这座建筑占地3000多平方米，建筑物包括大门、围墙、前殿、中殿、后殿、东船厅、西书楼、明楼、花园、金鱼厅等，规模宏大、气势磅礴，与百米之遥的郑氏祠堂相比，无论占地面积还是建筑规模都要气派不少。

因为郑姚是木匠出身，绮云书室屋内柱子都是选用质地上乘的整根红木制作，历经百年依然坚固如初。书室里木雕、石雕、砖雕工艺精湛，图案精美，代表了当时建筑艺术的顶尖水平，单从建筑艺术的角度而言，它都可称珍贵文物。这座建筑是深圳市目前保留的最为壮观的古建筑之一，1996年，省、市两级文物部门联合组成的专家鉴定组对其进行鉴定，2000年，著名考古学家麦英豪来此参观，他感叹："让人叹为观止！这是深圳的陈家祠！"意思是可以与广州陈家祠媲美，我对此记忆深刻。正是在麦英豪等人的呼吁下，绮云书室才逐渐得到有效保护。1998年绮云书室被公布为深圳市文物保护单位，2015年又被列为广东省文物保护单位。

夏和顺：研究郑氏家族是您充分利用族谱研究地方文化的一个例子，请您介绍一下有关情况。

彭全民：郑毓秀（1891—1959）原籍宝安西乡，出生于屋下村，是中国第一位留法女博士和女律师，是民国时期宝安地区人文鼎盛的一个标志性人物。她的父亲郑文治是清末户部官吏，而郑文治的父亲郑姚则是宝安巨富。

西乡郑氏是由南头郑氏五大房分出的，时间大约是明代后期。郑姚幼年丧母，父亲挑着他走村串巷，喝众人奶水长大，13岁在南头拜师学木匠，因手艺精巧被称为"界木姚"。郑姚后来往香港发展，以经营木材生意而发家致富。他曾多次赈黄河水灾，受朝廷封赐，又曾倡议捐资重修西乡屋下村郑氏宗祠及西乡墟街道，至今为乡人乐道。正是在这种背景下，他建造了供子弟读书的绮云书室。

宝安郑氏是众多广府家族中迁自南雄珠玑巷最古老的家族之一，其始祖为郑柏峰，徙居宝安时间为宋熙宁三年（1070），至今已近千年。郑柏峰字允中，宋进士，官至朝奉大夫，创业于东莞东鉴（即今南头一带），故称东鉴郑氏。郑柏峰墓在今西丽车管所一带，我当年曾上山寻找，遗憾未果。郑柏峰之子郑帽庵，又名郑席帽，宋朝议大夫，元配李氏，夫妇合葬庵前村（今光前村）后席帽岭南坡，此墓为宋代原葬墓，"文革"时期被毁，1994 年秋月郑氏五大房子孙重修，此墓因存有宋代华表柱，成为南山区第一批区级文物保护单位。郑帽庵之子郑南莆育有五子，名仁、义、礼、智、信，均成大器，子孙不断繁衍，能人辈出，即"南头郑氏五大房"，2000年，郑合来主编有《郑氏南莆祖五大房族谱》。郑南莆夫人雷氏葬宝安黄田，我曾经前往考察此墓，墓碑刻于南宋嘉定六年（1213），距今已 800 多年，是深圳目前发现刻有年份最早的墓碑。

从福田村到福田区的启示

夏和顺：地名学是一门跨历史、地理、语言等领域的学科，而地名的出现、演绎与发展也有文化的因素和其自身逻辑。在移民们眼中深圳是一座年轻的城市，它可能是全新的，但在老深圳人眼中它们都有着丰富的历史文化内涵。罗湖、福田和南山最早进入城市化轨道，其地名演绎更有意义，请您讲一讲其中有趣的故事。

彭全民：我刚才说过，深圳最古老有记载的地名就是"东官"，后来这个地名流失了，演变成今天与深圳相邻的东莞。福田区的得名也很有意思。深圳经济特区成立之初，深圳市委、市政府设在原上步村，所在区也命名为上步区，因音近"上不去"，而且上步还有下步庙的地名，听起来别扭，后来就改名福田区了。福田原来也是一个村，始于南宋初期，黄西孙为开村始祖，因黄氏后裔在村南垦有一幅幅田地，这些人被称为"隔田佬"，其地又称隔田乡。黄氏所垦之田，晚霞映照，一幅一幅金光闪闪，因称幅田村。"幅"与"福"同音，"幅田"逐渐改称"福田"，取其"得福于田"之意。由此可见取名的重要性，好名越叫越响。

有趣的是，福田区正式定名是很晚的事了。从民国时期起，福田地域属宝安县第二区沙头乡。1979 年 3 月宝安县改为深圳市，同年 4 月成立罗湖区，辖福田、附城两个公社。1980 年 8 月，福田公社划入深圳经济特区。1983 年深圳特区内设置罗湖、上步、南头、沙头角 4 个办事处，其中上步区驻福田。1985 年上步区办事处改称上步管理区，1990 年上步管理区改名福田区。

以前关于"新洲"村名的起源有很多争议，我以为是"低洼"的意思。后来翻阅康熙《新安县志》，发现石头下、沙尾村附近有个新竈村，嘉庆《新安县志》则改简体叫新灶村，白话中"灶"与"洲"同音，我才恍然大悟，新洲即新竈、新灶，竈田乃产盐之田，因"竈"太难写，清代就简写成"灶"，后来又改成"洲"字。

夏和顺：您 20 多年前就曾参与编辑《深圳市文物志》、《深圳市人物志》和《深圳掌故》等，最近也出版了《深圳掌故漫谈》等书，可见学术研究基础之扎实，您目前是否还有其他写作计划呢？

彭全民：我还出版有《深圳黄贝岭村张氏族谱》，及与廖虹雷合著《宝安历史文化民俗》，并在编著《深圳蔡屋围村史》等。我觉得文物考古和文物保护是一件永远干不完的活，而且能从中不断得到乐趣。我相信自己在文物保护方面的鉴别力，我当年力荐赤湾天后庙进入市级文物保护单位，许多人还"谈庙色变"，以为与封建迷信有关。我的理由是 1960 年编的《宝安县志》里所列两个古迹，一个是南头古城，另一个就是赤湾天后庙，说明它有极高的文物价值。当时有人准备在庙的原址筹建一座 27 层的大厦，如果没有被列入文物保护单位，这个庙今天就不复存在了。

夏和顺：您是深圳市古迹保护协会的监事长，这个协会成立以来为深圳市的文物古迹保护做了很多有益工作，请您谈谈有关情况和感想。

彭全民：2017 年，深圳市古迹保护协会成立，经过选举，任志录任会长，杨耀林、吴强华、肖兵等任副会长，我任监事长。我长期从事文物考古和文物保护工作，虽然已经从考古所的工作岗位上退了下来，仍然可以在古迹保护协会发挥余热，在促进深圳古迹和文化遗产保护的道路上继续走下去。最后我要感谢深圳一方水土的养育，以及我的父老乡亲、同事、朋友、领导的支持与厚爱，给予我施展才华的机会，我以后仍将继续努力，为传承、保护和弘扬深圳历史文化遗产贡献自己的一份力量。

彭全民简介

彭全民　广东揭西县人，1979年考入中山大学历史学系就读考古学专业。1983年在深圳市博物馆考古部工作，1994年10月调入深圳市文物管理委员会办公室工作，2005年任深圳市文物考古鉴定所研究员。从事历史考古和文物保护工作逾30年。

研究领域：地下考古与水下考古。参与编写《深圳市文物志》、《深圳市人物志》和《深圳掌故》等，著有《深圳掌故漫谈》、《深圳黄贝岭村张氏族谱》、《宝安历史文化民俗》（合著）、《深圳蔡屋围村史》等。

美术研究更需要综合素养

——齐凤阁访谈录

受访者：齐凤阁
采访者：夏和顺
时　　间：2018 年 10 月 16 日
地　　点：电子邮件

　　著名美术史论家、深圳大学艺术设计学院原院长齐凤阁是中国现代版画史论研究与版画学学科建设的拓创者。齐凤阁 1974 年毕业于东北师范大学艺术系，恢复高考以后，已经是艺术系美术专业年轻教师的他决定再报考大学中文系，并如愿以偿地考取本校中文系，1982 年毕业以后继续留在本校美术系任教。转眼 40 年过去，齐凤阁在接受笔者专访时，仍然对自己当年的决定感到欣幸，他认为美术研究更需要综合素质特别是文学修养，正因为有了这 4 年中文系的学术训练，他有了与其他美术老师不一样的视野和素质，得以在美术史和美术理论的广阔原野尽情驰骋。

　　齐凤阁学术生涯中的另一重要转变便是南下深圳，主持深圳大学艺术学院。他认为深圳是一个干事创业的地方，深圳的学术文化有着很大发展空间。他十分重视基础应用学科建设，在谈到深圳未来的学术建构时，他仍然认为这座年轻的城市因为文化积淀底子薄，恰恰应当重视基础学科，特别是包括文学艺术在内的人文社科学科建设。

美术史研究的起步

夏和顺： 1977 年开始恢复高考，转眼 40 年过去了，从去年开始，这个话题一直不断被人提起。您的人生经历似乎更加独特，您当年不仅跨越了艺术和中文两个系，而且还跨越了恢复高考前后两个阶段。虽然说历史不可能存在假设，但我还是想提出一个设想：如果没有中文系这个插曲，您的美术道路会怎么样？

齐凤阁： 先说跨美术和中文系，这是我自己的选择，这个选择使得我在此后的学术研究中知识结构更趋合理，我认为是值得的。再说恢复高考前后两个阶段。我从小就喜欢绘画和文学，1973 年，我从吉林省长岭县来到东北师大艺术系美术专业试办班读书，这个班的学制只有一年时间，毕业后我被留校工作。我在学习期间已开始主攻美术史，当时这个崭新的领域既令我兴奋，又让我觉得茫然和力不从心。因为经历过"文革"，我们这一代人的文化底子都很薄，而美术史的研究不仅需要有美术实践基础，更需要历史知识和文学修养。这样，国家恢复高考后，我决定报考本校中文系。当时周围同事对我的决定很不理解，而我做出这一选择，是想将美术和文学结合起来，进一步完善知识结构，从而形成自己的学术优势。我如愿以偿，1978 年考入中文系。因为我已经有了一定的美术专业基础，我在中文系读书期间就发表了有关美术史的论文，而且还被《中国哲学年鉴》《文艺理论研究》等刊物摘登。1982 年中文系毕业后，我又回到本校艺术系，开始了美术史的教学和研究工作。

夏和顺： 近代以前，日本美术深受中国传统的影响，但明治维新以后，日本美术出现很大的转折，开始向西画学习，受西方美术影响更大。您 20 世纪 80 年代曾留学日本，这段经历对您的学术道路有何影响？

齐凤阁： 大学毕业之后我就回到美术系任教，1988 年学校送我去日本留学，攻读美术史，我学过绘画与文学，再学习美术史，这样的知识结构，在美术史队伍里也不是很多。包括最后我自己选择版画史的研究方向，现在看都是对的。

夏和顺：现在看来，版画既没有中国水墨画历史悠久，也没有西洋油画影响广泛，在学术研究上也比较薄弱，您学术起步时就一头扎进版画史的研究领域，是否有当时时代环境的影响？

齐凤阁：从事美术史研究必须获取第一手资料，我早年采访过常书鸿、吴作人、蒋兆和、关山月、李桦、古元等一批著名美术家，好在我当时年轻，可以到处奔波。这一批老先生十分可爱，他们对我提出的问题——解答，补充了许多鲜活的史料。正是在对中国现代美术家的资料进行收集与研究的过程中，我逐渐明确了自己的研究方向——版画史。因为我发现，在三大画种中，版画史论研究与油画、国画的史论研究相比要薄弱得多，虽然创作成果甚丰，但没有出版过一部相对完整的中国创作版画史专著，没有形成专业的版画史论队伍，而且某些问题的探讨尚未进入学术层面。但是，当时从事版画研究的困难和阻力很大，因为国内从事这方面研究的人很少，成果也少，可以参照的资料更少。东北师大为了推动版画研究，专门成立了版画研究室，为版画研究提供了良好的条件，这在当时全国的高校中是不多见的，也是我所感到庆幸的。

关于"实践美术史观"

夏和顺：您是新时期版画研究的先驱，那么应该如何评价中国版画创作的历史与其理论研究的现状呢？

齐凤阁：确实，创作版画自 20 世纪初传入我国，迄今不过百年历史，但这朵艺术之花很快在中国大地生根发芽，不仅形成规模可观的创作队伍，而且大家辈出、作品繁盛，也使中国成为版画大国。然而严格意义上的版画学术研究则起步较晚，且基础薄弱、史论人才匮乏，这在一定程度上制约了版画的发展。改革开放以后，我国版画进入转型期，版画研究亦开启了一个新的阶段，我就是在这样的背景下进入版画史论研究领域的，而且一做就是 30 余年。我写的《中国新兴版画发展史》出版之后，一些著名美术史论家、版画大家在《美术观察》上写文章发笔谈，《求是》杂志、《人民日报》也发书评，给予高度评价，认为是填补了空白，在研究方法上也充分肯定。后来一些重要的文章就邀我写，如国家重点出版项目《中国现代美术全集·版画卷》卷首长篇论文等，还让我主编《二十世纪中国版画文献》这样重要的典籍。中国美术家协会聘我为版画艺委会委员、副主任，这是中国版画界最权威的学术机构，由全国著名版画家组成，搞理论的只有我一个。还有国内唯一的版画杂志《中国版画》让我担任主编，一些全国性的版画学术活动由我来主持。这说明我的版画研究被逐渐认可。

夏和顺：您的《中国新兴版画发展史》出版于 1994 年。此书从史、论、评结合的角度切入版画艺术和版画史，融艺术现象、画家作品评析和各时期版画特征及规律探讨为一体，受到当时学界好评。您的这部著作以及后来的版画史研究，一直坚持"实践美术史观"，请您谈谈这方面的方法和思考。

齐凤阁：我主张搞版画史研究要贴近创作实践，要懂版画，最好能会做版画，这样才能有针对性。美学大家朱光潜有一句名言："不通一艺莫谈艺，实践实感是真凭。"上句有点绝对，下句是真知灼见。研究美术史一定要有实感、有实践，才有真凭实据，比如研究版画史，不了解版画实践，就无法客观描述，也谈不上规律的把握和理论发现。所以我一直和研究对象保持近距离接触，全国一些老中青版画家都是我朋友，多数我都采访过，比如鲁迅培养的第一代版画大家力群，我写过他的传记，2012 年力群以百岁高龄去世，有刊物约我写悼念文章，我把力群写给我的信拿出来一看，有 130 多封。另外，近 20 年来，全国各大版画展览，包括两年一届的全国版画展、五年一届的全国美展，包括在北京、青岛、观澜举办的国际版画展，北京的今日中国美术大展，文化部主办的第九届艺术节的版画展等，我都是评委。这样不断和版画及版画家接触，各种信息包围着你，冲击着你，所以在写的时候肯定就有针对性，有真凭实据。我认为，搞美术史研究掌握与处理史料及图像的能力，是治史者的基本功，对美术实践一定要下功夫去了解，这些年我一直是这样走过来的，现在看这个方法是可取的。

版画的文化内涵和精神品格

夏和顺：您在《中国新兴版画发展史》出版后，便开始对版画家与画派的个案进行研究，并持续至今，这是否可以理解为您的版画史研究或史学方法的转向？

齐凤阁：应该理解为版画史研究的继续与深入。我在撰写版画史时就遇到和考虑过宏观叙事与个案研究的关系问题，开始个案研究后也思考个案研究如何融入版画史情境的问题。你提的这个问题涉及我在版画研究中的一种方法。我在版画史论研究中，对版画家、区域版画、版画流派的个案与专题研究较为重视，我认为版画史研究要有宏观视觉的关照意识，又要有对个案的深入研究与分析，缺乏个案研究为支撑的版画史学容易浮于表面而缺少学术深度。在对点的挖掘中加深对个案的理解，而且深化了对版画史、面的认识。但如何进行个案研究，方法和角度很重要。我认为画家间风格的差异关键在于内结构即文化心理的差别，因此从心理学角度撰写了《力群的文化心理结构与艺术追求》，以及《牛文版画的风格变异》《修军版画的个性追求》《赵宗藻版画的美学品格》《陈天然版画艺术论析》等一系列文章，均从主体内结构文化心理入手，侧重对版画艺术本体问题的索解。

而对画派的专题研究，我强调宏观把握与微观深入相结合，在纵向历史演进与横向交互比照中为画派定位，把对象放到特定历史情境中考察，避免以当代标准取舍历史的现象，也避免以个人好恶尺度造成评价的偏颇。比如我对三足鼎立的四川、黑龙江和江苏版画流派的比较分析，以及对同构异体的解放区版画与国统区版画的对比研究，还有同处于国际化背景中的香港与台湾版画的审视，都希望在比较中呈现其个性特征。

夏和顺：您曾经批评中国版画缺乏文化内涵和精神品格，这应该是 20 世纪 90 年代的事情，20 多年之后，您对中国版画的文化内涵和精神品格的评判如何？中国版画在这方面的情况又如何呢？

齐凤阁：我主编《中国版画》杂志已 20 年，一直希望跟踪与反映中国版画发展现状，当我发现 20 世纪 90 年代初一些版画家太注重技术，作品文化内涵较贫弱时，我就在《中国版画》杂志上开展讨论，希望及时纠正这方面的缺陷。我也撰文呼吁版画要有丰富的文化内涵，要重塑版画的精神品格。我认为作品质量是由作者素质决定的，作者的文化和人格修养会折射到作品中，版画家不是工匠，而是艺术家，所以必须注重自身的文化修养。当时我每隔一段时间，就在《中国版画》杂志上进行一个热点问题讨论，都是针对当时创作的倾向性问题，我自己也写一些针对性文章，这些文章及讨论，对版画创作的健康发展应该说起到了积极作用。

关于"学院版画"

夏和顺：您曾经提出过"学院版画"的概念，我想所谓学院版画应该是相对于画院版画而存在的，您觉得学院版画应该如何定位，它的优势何在？

齐凤阁：我将中国版画的格局分成四个板块：学院版画、画院版画、业余群体版画及少儿版画。前两种属于精英型版画，后两种属于大众型版画。所谓学院版画是相对于画院版画、社会版画而存在的，它在近 30 年的发展中形成了独特的品质、独特的追求，甚至成为主潮，左右着中国版画的流向，所以我觉得有必要单独提出来进行研究。

夏和顺：您是在什么背景下提出这一概念的，它在学术界的反响如何？又是如何向前演进的呢？

齐凤阁：这个概念我是在 2001 年提出的，当时中国艺术研究院主办的《美术观察》杂志让我给主持一期"观察家"栏目，我起的题目是《走出传统——学院版画的当下语境》，我对中国版画的概念进行阐释，对它的内涵进行界定，然后约了九篇文章来讨论，引起了学术界的注意，也引起了一定的社会反响。2003 年，湖北《美术文献》杂志有一期邀请我当学术主持，专门组织一期讨论学院版画的文章，我选了六个年轻的学院版画家，对每一个画家进行分析，立体地反映他们的创作及艺术内涵，通过这六个案例，来呈现学院版画的特点。这都是希望通过这些手段和媒体来进一步推进学院版画，来研究学院版画。2005 年，鲁迅美术学院主办的《美苑》杂志又邀我写了《学院版画的现代形态》一文，我在文章里系统阐述了学院版画的特质、追求及存在的问题。当时我说学院版画是以西方传统学院派的反对者、挑战者姿态出现的，我认为中国学院版画具有先锋品质，并概括出学术性、实验性、纯粹性几个特征。学院版画是个动态结构，是发展的、开放的系统，它体现着学院精神，它的任务既有传承又有开拓。

后来我觉得这样讨论还太零散，没有集中展示学院版画，力度也不大。于是 2006 年，我在深圳大学举办了一次全国性的"中国当代学院版画展暨学院版画家论坛"。在全国选择 36 个画家，是有代表性的学院版画家，每人五件作品集中展示。同时搞了一个学院版画家论坛，我提出了一些题目让大家讨论。后来又连续举办了两届，第三届学院版画展还邀请了港澳台地区的学院版画家，然后在全国各大美术媒体进行宣传，又出版了大型画册，影响很好。

夏和顺：您提出学院版画的概念已经 20 多年了，学院版画的未来发展趋势如何？

齐凤阁：关于这个概念的界定实际是在不断讨论中。我自己开始提出来的时候，还没有明确界定学院版画的特点是什么、特质是什么，只是说学院版画随着版画的裂变和转型，随着它成为创作中坚力量和艺术品质的渐趋显现，把它作为一种独立的现象进行研究已经成为可能。但后来在我的研究过程当中，学院版画的概念和特点逐渐明晰。我在《美苑》上发表的文章《学院版画的现代形态》里概括的学术性、探索性、艺术语言的纯粹性，依然是学院版画的三个特点。

我认为目前中国学院版画仍保持着良好发展态势，深圳大学将继续推进中国当代学院版画展暨论坛的开展，与版画界及学术界共襄盛举。

关于广东版画与漫画

夏和顺： 广东在中国现代版画发展史上有着重要地位，由于特殊的历史文化情境，广东出现了一批新兴版画先驱。据统计，当年与鲁迅有交往的木刻青年中，粤籍画家占三分之二，而参与木刻创作的广东作者则更多，这一批作者后来大多走向了解放区，您怎么看这种现象？

齐凤阁： 现代版画在中国的起源与西风东渐的大背景有关，但它的发展壮大却与民族文化意识的自觉有关。民族文化意识的自觉对中国新兴版画走出欧化阴影、趋向成熟有着引领之功。20世纪三四十年代广东的版画、漫画以其众多的经典性作品奠定了其在中国现代美术史上的地位，并以其特殊的方式在抗日战争与解放战争中为中国的革命事业做出了重要贡献。

广东现代版画家的作品在民族形式的探索中也是成功范例。就中国现代版画的发展而言，解放区版画的史诗化与民族化具有深远意义。如果说史诗化从内容方面巩固、确立了中国现代版画的发展趋向的话，那么，民族化则从形式方面确立了现代版画的发展趋向。而广东的这些版画家堪称解放区版画的优秀代表。

夏和顺： 当时广东走出的青年版画家包括罗清桢、黄新波、古元、李桦、陈铁耕、张望、陈烟桥等人，其中李桦在广州组织成立现代创作版画研究会（1934—1937），成为中国新兴版画初创期的重要组织，作品数量多、活动时间长、影响范围广。您怎么评价这个时期的广东木刻版画创作？

齐凤阁： 这个时期广东青年版画家的社会角色是描绘大众、教化大众的启蒙者和新文化建设者，他们承担着抗日救亡的政治责任与实现版画现代形态确立的艺术目标。就整体而言，当时的广东版画创作围绕着两大主题：一是表现民众生存状态，以描绘民众疾苦、在死亡线上挣扎、揭示社会黑暗，表现出批判精神；二是抗战题材，以表现侵略者残暴行为及群情激奋的抗日行动，激发民众爱国热忱而奋起抗日。

前者通过大众生活境况的呈现，力图唤醒民众去改变自己的命运，这也是木刻及其作者在当时备受打压的缘由；后者是在民族危机的特殊情况下爱国青年的本能、良知、艺术使命感的体现。但两者的接受对象均为大众，大众为其版画功能体现的对象，从而在中国美术史上实现了描绘对象、接受对象与服务对象的统一。

夏和顺：20 世纪 30 年代广东漫画创作也十分活跃。1937 年全国漫画展巡回至广州，推动了广东漫画的发展，出现了廖冰兄、李凡夫、林擒、郑家镇等一批漫画作者队伍。您怎么看现代广东的漫画创作及其与版画的关系？

齐凤阁：是的，在全国漫画巡回展的基础上，1938 年 3 月全国漫协华南分会成立，选出郁风、伍千里等为干事，有组织地出版刊物、开办展览等，在当时影响很大。当时的刊物包括《漫画战线》《广州漫画》等，是华南漫画界中心刊物。漫画在广东的起步几乎与版画同时，在当时起到了匕首与投枪的作用，就其尖锐的批判锋芒而言，甚至超过版画。

20 世纪三四十年代广东的版画、漫画优秀作品在中国现代美术史上有着重要地位，并以其特殊的方式在抗日战争与解放战争中为中国的革命事业做出了重要贡献。廖冰兄是最具代表性的广东漫画家，也是全国最具影响力的漫画家之一，他 1946 年举办的《猫国春秋》漫画展轰动一时。廖冰兄的漫画或象征比喻，或大胆夸张，揭露时弊尖锐深刻，具有鲜明的风格与极强的战斗性和批判力量。

选择了深大，选择了深圳

夏和顺：您当年在东北师范大学已经打下良好的学术基础，学校专门成立了版画研究室，那么为什么选择深圳，选择深圳大学呢？是否也跟您的版画史研究有关？您对深圳这座年轻的移民城市的最初印象如何？

齐凤阁：我选择深圳大学最初的动机倒是跟版画史论研究没有太大关系，其实跟我的身体状况及深圳的气候条件有直接关系。我在吉林长春当了十多年教师，北方气候干燥，得了咽炎、气管炎，当时已经很重，据说在海滨城市能缓解，这是我选择海滨城市大学的一个原因。我当时考察了大连、青岛、厦门，还有深圳，到深圳大学校园一看，就喜欢上深圳大学了。根据我当时了解的情况，深圳虽然文化积淀薄弱，但有发展空间，是一个干事创业的地方，所以，我就选择了深大，选择了深圳。

夏和顺：这一选择对您的学术研究有何影响呢？

齐凤阁：我选择深圳，当然也有其经济高速发展的原因，经济发展必然能促进学术文化的繁荣，能给你提供良好的研究条件和工作环境。我举个例子，我在东北师范大学时，学校对我很重视，刚才说了专门成立版画研究室，北京的《中国版画》杂志也想让我接过去办，但学校拿出启动经费很难，我到深大之后，就把这个刊物拿过来了，当时学校提供12万元启动经费。《中国版画》现在已经办了20年，这是全国唯一的版画杂志，影响也越来越好。所以说深圳能够给我们提供条件做事，就也说明我选择深圳是正确的。

夏和顺：深圳大学是伴随着深圳经济特区共同成长的一所年轻高校，深大艺术学院与内地的艺术院校或综合大学的艺术院系相比有何异同，在学科建设上又有何特点？

齐凤阁：深圳大学的教师都是从全国各名牌大学来的，实力很不错，而且充满朝气，充满创造精神，包括我们艺术学院，我刚来的时候就有一种强烈的感觉。1999年，我在《文艺研究》上发表了一篇文章，就是谈深圳大学美术专业教师的创作，题目叫《个性多维的艺术集群》，意思是深圳艺术学院是由有艺术个性，又有艺术成就的画家组成的一个多维的艺术集群。但话说回来，深圳大学毕竟创校时间短，在学科建设上和内地一些重点大学有差距。我来的时候艺术类一个硕士点都没有，我当院长之后加强师资队伍建设，经过几年的努力，先把美术学点建起来，之后申请设计艺术学点，然后又拿下一级学科艺术学硕士点，这个点覆盖了音乐、表演、舞蹈等所有艺术门类，这是我做院长期间的一点贡献，也是我最感欣慰的一件事。

深圳是中国当代版画重镇

夏和顺：深圳是联合国教科文组织批准的中国第一个设计之都，这当然跟这座城市的经济发展水平和艺术设计水平有关。

齐凤阁：深圳 2008 年成为设计之都，是国内第一个，后来北京和上海也成为联合国教科文组织的设计之都。深圳在设计方面确实有庞大的队伍，有雄厚的基础，比如在平面、工业、服装、家具设计等方面，每个领域都有很多设计公司，有的在全国领先，深圳率先成为设计之都理所当然。

夏和顺：深圳大学艺术设计学院在其中起到什么作用呢？

齐凤阁：深圳大学艺术设计学院为深圳的设计之都建设做出了积级、主动、不可替代的贡献，主要体现在几个方面。一是培养了大量设计专业人才。深大招收设计专业本科生、研究生数量不断扩大。每年毕业设计展时，许多毕业生被一些公司当场定走。二是活跃了设计之都的氛围，提升了艺术档次。我们每两年举办一次国际设计展暨设计论坛，请来国际大师级设计师，包括奔驰总设计师、宜家总设计师。他们把设计理念，把世界时尚前沿的设计作品带到深圳，深圳各个公司的设计师和我们的学生都能在论坛上和大师零距离接触，向他们请教问题。还有清华美院、中央美院等全国著名院校的教授、专家也都到场。三是与各设计公司保持紧密联系。我们有些老师就是一些公司的顾问，帮助他们出设计思路。深圳现在缺的是有国际影响力的品牌，所以我们开设品牌专业，专门培养创意策划与品牌设计专业的人才，毕业生供不应求。

夏和顺：深圳原来是宝安县，有着一定的文化底蕴，版画创作也有历史传统，我们刚才提到的著名版画家陈烟桥就是深圳观澜人，所以在观澜创建版画基地也是名正言顺，有所传承。您是创建版画基地的见证者，请谈谈有关情况。

齐凤阁：大约十年前，观澜基地举行第一次论证会时，我就提出了三个定位：创作研发基地、印制生产基地和销售集散基地。原创应该摆在第一位，原创力量主要来自几方面：一是引进著名版画家作品进行展销；二是邀请名画家定期来创作，提供样稿印制；三是和版画家签协议，尤其是吸引青年版画家、版画毕业生进驻，形成职业版画家群落。除画家工作室外，我认为基地一定要有加工厂或传统作坊，将刻版、印刷、装框等工艺专业化。在为版画家提供后期配套服务的同时，还可以发展复制版画技术，这样可以形成完整的产业链雏形。其中销售和集散基地是稳定和发展的关键。中国版画消费还没有完全走近大众，应该首先培育成熟市场。我们当初的职责，就是对版画基地的进度和细节进行学术把关。

夏和顺：您一直倡导实践美术观，是不是可以说，现在深圳版画已经形成了创作和研究两翼并举的良好局面？

齐凤阁：深圳现在是国内公认的中国版画重镇，有两个原因：一是观澜的版画基地，一是深圳大学的版画研究。陈烟桥是中国第一代版画大家，曾受到鲁迅先生的帮助和指导。观澜版画基地起点高，进步快，它通过两年一届的观澜国际版画展造成越来越大的国际影响。深圳大学的美术学硕士点又有全国唯一的版画史论方向，已培育出 20 余名版画史论专门人才，还有中国唯一的《中国版画》杂志和《中国版画年鉴》也在深圳，深圳的文博会还设有版画分会场。所以综合起来，深圳是中国版画最活跃的城市之一，在世界上也很有影响，我曾带领版画家代表团访问美国、加拿大、中国台湾等地，都受到了重视和热情接待。

培养版画高端人才

夏和顺：刚才您谈到深圳大学艺术学院的学科建设，谈到深大对设计之都的贡献，深圳是一座年轻的现代都市，经济和科技的高速发展决定了它对实用科学和应用专业的重视。比如像您的版画史研究就不属于应用研究，那么我们应该怎么处理基础学科和应用学科的关系，怎么处理科技、经济等学科与人文社会科学及文学艺术间的关系？

齐凤阁：深圳经济的高速发展，包括城市建设的高速发展都是奇迹，所以它重视应用学科有一定道理。但深圳现在缺什么呢？刚才我讲它的文化积淀底子比较薄，历史短，基础研究相对薄弱，文化建设任务比较重。所以我觉得深圳恰恰应当重视基础学科的建设，重视人文社科，包括文学艺术。而基础研究我主张要搞出特色，不能跟着内地城市跑，应该高起点发展基础学科，你如果搞出特色，肯定会受到重视。我的版画史研究就属于基础研究，一开始我比较担心，但是现在确实是在全国搞出特色了，因为我们硕士点里有版画史论方向，是全国唯一的，已经培养出 20 多位研究生，版画史论这个专业队伍是从我们这里走出的，这不是特色吗？有特色就会受到重视。

夏和顺：您本人是怎样处理美术创作与理论研究之间的关系的？目前有何创作与研究计划？

齐凤阁：我早年是学习绘画的，后来因为转而研究美术史论，就没有多少时间画画练习书法了，现在我准备在书画实践上再下些功夫，争取做出点成绩来，这是我今后的努力目标之一。我的另一个努力目标，当然还是学术研究，就是我的版画史论研究。目前我正在撰写一本暂名为《名家个案——中国现代版画研究举要》的书，同时承担中国艺术研究院的国家重点项目《中国美术史·20 世纪卷》（上、中、下）版画部分的撰写工作，之后还有《中国版画 40 年（1978—2018）》的写作计划。去年中央美术学院开始在全国率先招收版画史论博士研究生，邀我担任版画史论方向博士生导师与版画实践类博士生的论文导师。我还得在这方面花些精力，为版画高端人才的培养贡献自己的余热。

齐凤阁简介

齐凤阁　吉林长岭人，1974年毕业于东北师范大学艺术系后留校任教，恢复高考后再次考取本校中文系，1982年毕业以后继续留在本校美术系。1988—1990年公派留学日本，历任东北师大美术系教授、系主任，吉林美协副主席，深圳大学艺术设计学院院长、中国版画家协会艺委会副主任等职。

长期从事美术史论及中国现代版画史论研究。在《文艺研究》《美术》《美术研究》《美术观察》等刊物上发表文章130余篇，著有《中国新兴版画发展史》《超越与裂变——20世纪中国版画论评》《力群传》《外国美术史》《中国现代版画史》等。

专注构建陶瓷社会生活史

——郭学雷访谈录

受访者：郭学雷
采访者：夏和顺
时　间：2019 年 1 月 28 日
地　点：深圳博物馆办公室

2010 年，被列为国家水下文化遗产保护中心"一号工程"的"南澳一号"水下考古紧锣密鼓地进行时，笔者曾采访时任深圳博物馆副馆长郭学雷，他认为"南澳一号"水下考古工作意义重大，为研究明代瓷器、明代海外贸易及明代岭南文化提供了大量第一手材料，然后他条分缕析，娓娓道来，以自己的专业知识和掌握的大量第一手资料，对"南澳一号"的沉船性质和年代进行了大胆的判断，其学识之广博、说理之透彻令人难忘。

日前，郭学雷再次接受笔者有关深圳学人的专访，他回顾自己学术交往和学术研究的经历，畅谈构建陶瓷社会生活史的宏愿，并对深圳建设博物馆之城和深圳非国有博物馆现状等问题发表了自己的看法。

郭学雷现任深圳博物馆副馆长、深圳市博物馆协会会长，是著名陶瓷考古学家和鉴定专家，他在磁州窑、官钧、历代黑釉瓷器、红绿彩、吉州窑、广彩、香港大埔碗窑等领域取得丰硕成果，并与任志录、刘涛等深圳古陶瓷研究者形成一个学术群体，受到国内外学界的广泛关注。

考古专业与陶瓷研究

夏和顺：山西是中国文物大省，您在山西大学历史系考古专业毕业后，曾在山西有较长时间的工作经历，这对您的学术生涯有何影响？

郭学雷：在山西大学历史系考古专业的学习，使我得到比较系统的专业训练。山西的历史文化积淀很深厚，可看可学的东西很多，让我受益无穷。相对于其他考古学者，我走了一条不同寻常的道路，也可以说是一条有点绕的路。我毕业后分配到国营山西省文物总店，在那里工作了7年。虽然是从事商业工作，但我现在追溯一下，它其实是我学术或者说人生道路上一段很好的经历——文物商店面向山西全省，省际之间也有交流，我接触到大量文物，养成了认真观察、辨识和鉴定器物的习惯，这是在大学或者在博物馆工作的人都很难学到的，这也算是这段时间的收获——我对器物比一般人敏感，就跟这段经历有关。

这期间，我两度被派到国家文物局在扬州组织的高级培训班参加学习。国家进出境文物鉴定员资质包括陶瓷、玉器、铜器、杂项、书画等项，1993年、1994年经过考试，我获得了除书画之外的其他三项资质，其中陶瓷考试全国第一，玉器前三，铜杂的成绩也很高。我虽然没有参加书画科目考试，但也系统地学习过书画鉴赏。我那时已经确定以陶瓷为研究方向，而且我觉得自己是学考古的，器物之间是有关联性的，我应该向周边领域进行拓展，否则眼光就会变得狭窄。

那时全国各地陆续成立文物出境鉴定站，条件是必须四项资质齐全，我有三项，加上另一个同事有一项书画资质，这样山西站就成立了，我从文物商店跳了出来。虽然在文物店呆了7年，但我从骨子里面还是想做学术。

夏和顺：考古是非常艰苦的工作，需要丰富的知识积累和持之以恒的精神，您为什么会选择陶瓷考古这一学术领域呢？

郭学雷：选择陶瓷作为自己的主要学术研究方向，跟我在山西文物店的工作经历有关。山西文物店有大量的出土或传世陶瓷积累，其丰富性超过内地其他省份，我当时刚刚大学毕业，阅历很浅，对它们的形制、年代、产地等情况都很陌生。1986 年，我刚毕业那年，著名文物鉴定专家、故宫博物院研究员耿宝昌先生来文物店，耿先生在古陶瓷鉴定方面有很高成就，我当时陪着他参观，觉得老先生很神奇——这个乾隆、这个道光、这个嘉庆、这个永乐……对每件器物他几乎都是随口说出年代。我当时就想，自己什么时候变成他那样就好了。于是我开始系统地钻研有关陶瓷鉴定和考古方面的书籍，这样慢慢进入了角色。我觉得光搞鉴定不行，还要进入更高层面的学术研究。因为我有一定的考古学基础，跟一般的文物工作者不同，比如判断一件器物，我知道应该怎样寻找支撑材料，怎样与同类器物进行比对，这样就渐渐进入学术研究的层面。

从山西到深圳

夏和顺：您调入深圳从事文物工作，是否跟取得国家进出境文物鉴定员资质以及在山西文物出境鉴定站工作有关？

郭学雷：1997 年前后，东南沿海走私情况严重，其中也包括文物走私，因此需要文物鉴定专家。因为远水解不了近渴，广东省决定在全国范围内招聘文物专家从事走私文物鉴定。当时深圳市文管办在《中国文物报》刊登招聘启事，应聘条件是需要有两项文物进出境鉴定资质，我有三项资质，这样顺利地调入深圳，在文管办工作了 10 年时间。当时文管办有个内设机构，叫深圳市文物鉴定所，主要是配合海关的工作。那段时间挺辛苦，往往海关半夜三更查到走私文物，我们必须爬起来工作。从事司法鉴定、打击走私，而且对文物有实际接触，也为国家减少了文物流失，想想那段时间也蛮有意思的。到了 2005 年前后，情况出现了变化，出口走私文物逐渐减少，并开始有较大规模的文物回流现象。

夏和顺：深圳是中国最重要的经济特区，也是一座年轻的移民城市，虽然此前深圳的文物工作者做了大量的发掘和征集工作，但其文物保有量和档次仍无法与山西相比。您 1997 年调入深圳从事文物鉴定和研究工作时，是怎么看这种矛盾的？当初是怎么适应的？

郭学雷：我在文管办期间，从事技术性工作的同时，也逐渐开展学术研究工作。深圳经济较发达，在图书购置方面舍得投入。有一位日本朋友帮我们购进了一大批日本出版的古代陶瓷及相关领域的书籍，这很重要，研究古陶瓷无法绕开日本学者的研究成果，他们在材料积累方面非常棒。这样我的视野一下打开了，我认为深圳学界在材料和信息掌握方面不会输给国外学者。另一个便利就是有较多外出考察的机会，在国内是主要窑址、重大考古发现、重要公私收藏，也有出国考察的机会，主要是参观各大博物馆。我来深圳工作后，表面上看虽然远离了山西这样的文物大省，但实际上掌握的信息更多，得到了更多的在学术上拓展的机会。这就是深圳将经济优势转化为文化优势的实例。

夏和顺：您到深圳工作后，除了图书资料更加丰富、外出考察的机会更多之外，在学术交往方面有何变化呢？

郭学雷：我来深圳后，学术交往更加广泛，深度也有了很大提高，得以向学术大家当面请益。其中刘新园先生对我影响最大，我认为深圳考古学界都受过他的影响。

刘新园先生是著名陶瓷考古专家、景德镇陶瓷考古研究所所长、研究员，他是湖南澧县人，1962 年毕业于江西大学中文系，同年任景德镇陶瓷学院美术系教师，1965 年开始从事陶瓷考古工作，1987 年任景德镇陶瓷历史博物馆副馆长。刘先生是陶瓷考古学界在方法论上拓展得最早而且最有成效的一位学者。以前的陶瓷研究者很容易陷于器物鉴定的基础思维理念，很多单位高规格地成立鉴定中心正是基于此，而在海外学术界是没有这一套东西的，因为鉴定只是学术体系里的一个环节而已。

刘先生的陶瓷考古学除研究工艺、烧造、窑炉等技术问题外，还特别关注陶瓷跟社会生活的关系，也就是陶瓷跟人的关系。如果你研究陶瓷只知道它的真伪及断代，这还不够，核心的问题是它是怎么烧造的；它烧造出来是为什么人服务的；它的使用场域如何；它的造型纹饰跟当时的经济文化宗教的关系如何，等等。把这些问题揭示出来，陶瓷研究就变得非常鲜活了。刘新园发掘景德镇官窑，他对元青花的研究层次非常丰富，包括它跟元文帝、跟伊斯兰的关系，以及它的很多使用细节。他研究成化官窑，关注成化帝与万贵妃的关系，即瓷器与宫廷生活的关系，也是瓷器与社会生活最密切的关系。

构建陶瓷社会生活史

夏和顺：景德镇是一个相对闭塞的地方，刘新园先生一直在那里生活和从事研究，他的学术水平何以能取得如此大的成就呢？

郭学雷：刘新园的学术生涯值得总结，值得中国学术界思考。他研究湖田窑的最早论文《宋元芒口瓷器与覆烧工艺初步研究》1974 年发表后，在学界引起很大震动，英国著名古陶瓷学者约翰·艾惕思给予高度评价，称此文使西方学界耳目一新。后来艾惕思给他写信，提出一连串问题：南宋末年龙泉窑生产规模最大、技艺水平最高，那么元朝为什么要把唯一的瓷局——浮梁瓷局设置在景德镇呢？元青花上出现的六瓣花是什么花？为什么在元代瓷器上那么流行？元青花上的许多纹饰为什么不见于同时代其他窑场？

这是跟元青花有密切关系的核心问题，刘新园称它们是"艾惕思式的提问"，后来他是带着这些问题去进行研究的。他认为有时候提出问题比解决问题更重要，因为有了问题你的思路就会很清晰。艾惕思觉得刘新园是可造之材，又动员海内外专家给他寄图书资料。有了这些条件，再加上他本人很有悟性，善于观察，善于独立思考，他的眼界被打开了。

我本人包括深圳研究古陶瓷的同仁跟刘新园先生交往很多，我们请他来办过讲座，我们去景德镇很多，他来深圳更多。他退休以后经常来深圳，他也愿意跟我们在一起，办展览，交流心得。刘新园也是著名收藏和鉴赏家。2011 年，我们举办宋元时代的吉州窑瓷器特展，举办中国历代黑釉瓷器精品展，他都曾参与指导并给予支持。他会主动提示一些其他人没有看到的研究面向，对我们启发很大。比如，以前没有人注意到陶瓷与禅宗的关系，2011 年我做吉州窑瓷器展并做专题研究，是在他的直接推动下进行的，否则不可能那么快推出展览形成结果。

我这么多年研究古陶瓷，除了关注陶瓷工艺外，主要研究陶瓷的社会生活史。比如我以前在西藏的寺院和博物馆看到大量高足碗，便产生好奇——以前学界对此关注不够，一般人也会将高足碗视为酒器。但很显然，寺院一般不使用酒器。高足碗是如何起源的呢？它的演进历史又如何？我对此更加好奇。2017 年，深圳博物馆与西藏博物馆等单位联合举办藏传佛教艺术精品展览，我借着这一机会把高足碗、高足杯的历史做了一次深入研究。我通过大量实物图像和文献资料，得出结论，藏地流行的高足碗又称茶钟，始于元朝本钦甲哇桑布主持宣政院时期，入明以后成为僧人日常饮茶诵经佛事活动必备器具和饮茶用器。

夏和顺：除了刘新园先生之外，还有哪些专家学者对您的研究有过影响？

郭学雷：这 20 多年来我与国内外学界有着广泛交往，受益良多。比如古代工艺美术史家、清华大学美术学院教授尚刚和著名学者、名物考证专家扬之水就给我很大启发。从陶瓷鉴定的角度，陶瓷工艺的很多细节需要展开，尚刚特别关注制作工艺的演进，通过与他的交流，我开拓了眼界，打通了周边领域，在方法论上取得了突破。扬之水对名物的研究对我也很有启发。我一直比较关注器物的应用，一件东西上手以后我会关心它是干什么的，它的使用场域如何，是酒器还是茶器，它周边的器物组合情况又如何，扬之水在这些方面做过深入研究。

夏和顺：您研究瓷器以构建陶瓷社会生活史为目标，是一个宏大的愿望，很重要也很有意义，您对元青花的研究是否也是其中的一个环节呢？

郭学雷：我研究瓷器所做考证比较多，有时候感觉写文章就像破案一样，研究元青花也是这样。我写的《保定元代窑藏主人及相关问题的探索》一文，后来被收入《幽蓝神采——2012 上海元青花国际学术研讨会论文集》。写这篇文章之前，我跟刘新园先生商量过，得到了他的支持，也是他临走前看见的我的最后一篇文章。他认为这个问题可以做很多深入的文章，尤其是关于瓷器与宫廷生活方面。

1964 年保定发现的元代窖藏瓷器，是迄今为止元代窖藏中最为重要的发现。保定窖藏瓷器工艺复杂考究、新颖独特，显示元代最高制瓷工艺水平，且有体现皇家身份的白龙、麒麟、凤纹、金彩等装饰，那么，窖藏主人为谁？其社会地位如何？我认真分析器物间组合，仔细查阅《元史》、《顺天府营建记》、《保定府志》、有关碑记等大量典籍和文献资料，并以现存古莲池为坐标，确定窖藏地点位于清代府城西南的清苑县署范围之内，剥开一层层证据，最后确定元末重臣月鲁不花是窖藏主人。《新元史》中《月鲁不花传》有"赉上尊四、马百匹"之记载，恰与保定窖藏发现的四件贮酒容器——两件精美的青花釉里红大罐及两件梅瓶的数量相吻合。

关于陶瓷的地域文化研究

夏和顺：外销瓷和海外收藏弥补了宋、明时期古陶瓷领域的一些空白，作为古陶瓷研究学者，您对"南海一号"沉船瓷器的研究取得了很多突破，请您谈谈这方面的情况。还有香港大埔碗窑，是与深圳地区直接有关的窑址，其情况又如何呢？

郭学雷：深圳地处岭南，我们必须关注深圳及岭南传统文化，我做过有关陶瓷的地域文化研究，"南海一号"是其中之一。

2007 年底，"南海一号"成功实现整体打捞。有关细节还没有正式公布时，有学者提出是万历年间的沉船，我就觉得年代没有那么晚，我判断应该在明代嘉靖到隆庆年间，更可能在隆庆年间。我罗列了大量纪年材料，同时借助一些器物学知识以及根据沉船组群的下限确定沉船断代。我的观点后来得到越来越多学者的支持。也有人提出船上出现的宋代铜钱问题，其实那批铜钱跟宋代无关，是明代盗铸的，当时漳州附近是盗铸货币中心，主要市场在日本，日本西部使用宋代铜钱，到了明代万历年间，开始使用银币以及万历通宝，这种货币已经退出历史舞台。我对"南澳一号"也做过系统研究，2016 年在《考古与文物》上发表的《南澳一号沉船的年代、船路及性质》。

香港大埔碗窑跟深圳地区有直接关系，盐田等地出土文物中就有大埔碗窑产品。但它的起源争议比较大，2011 年我受香港方面邀请参与这项研究，当时我还在文管办，这也是粤港澳合作的一个项目。我花了一年多时间，写成《香港大埔碗窑再认识》一文，对其地层学、社会背景，包括东南亚、日本、中国台湾有关材料进行分析研究，将其年代确定在晚明，这跟当时的综合贸易背景有关，香港中文大学林业强先生非常认可。此文后来收录于《海上瓷路国际学术研讨会论文集》。

夏和顺：您对广彩和潮州瓷器也有过深入研究，这些也都有关地域文化，请您介绍一下有关情况。

郭学雷：广彩的起源是跟广东陶瓷关系最密切的一个问题。广彩又称"广州织金彩瓷"，是在景德镇生产胚胎，运到广州来加彩，然后销往欧洲、美洲，它的胚胎技术是中国的，加彩的技术是西洋的，是一种早期的来样加工模式，也是中西技术交融的陶瓷模式。关于它的时间，有清代康熙、雍正、乾隆等各种说法；彩的起源也众说纷纭，有说景德镇的，也有说广东本地的。

我有两年时间泡在里面研究这个问题。当时有一批回流的纹章瓷精品，深圳博物馆想做一次展览，我读了大量有关纹章瓷的文献，有些专业术语很难懂，因此花了很大功夫。纹章瓷中有不少广彩，因为它是西方定制的，有完备的买家家族档案，年代很可靠，西方学界研究成果也多。因此我就想到用纹章瓷来解决广彩的问题，把它树为一个标尺。因为彩的技术来自西方，销售对象也是西方人，我想视野一定要放大到海外，收集大量一手资料。广彩是由广珐琅移植过来的，广珐琅是在广州生产的，在铜胎上画珐琅彩，也有在瓷胎下画珐琅彩的。广彩早期面貌跟珐琅彩有关，这样我找到了非常核心的材料，一气呵成解决了广彩的时间问题。

比如现藏荷兰阿姆斯特丹的一只花瓶，上有一幅《博奕图》，"甲辰花朝写于岭南珠江精舍"，甲辰是雍正二年（1724）。还有一只藏于中国国家博物馆的珐琅花卉杯，署"辛丑初秋画于仙城官舍五石山人笔"，辛丑是康熙六十年（1721），这是一件最早有确切纪年的广珐琅。据此基本可以确定广珐琅起源于康熙末年到雍正初年间。这样有铭文的器物我找了七八例，2013 年，我们举办了"中西交融——纹章瓷精品展"。因为看了太多资料，有很多收获，我写了《中国纹章瓷概述——兼论广彩的起源及其早期面貌》一文。

广东的潮州窑在历史上也很重要，我做过潮州窑研究，写了《宋代潮州笔架山窑研究三题——兴衰史、外销开城的产品及"麻姑进酒壶"之正名》一文。潮州窑大量产品是销往韩国的，以前学界很少关注。另外，潮州窑的一种注子，以前人们说叫"麻姑献酒"，我考证后得出结论是"胡姬献酒"。汉代诗人辛延年《羽林郎》描绘胡姬："胡姬年十五，春日独当垆。长裾连理带，广袖合欢襦。头上蓝田玉，耳后大秦珠。"而所谓"麻姑献酒"注子的造型特点——发式、官带等与诗中描述的胡姬形象完全吻合，可谓丝丝入扣，"胡姬献酒"是中原文化南传的一个范例。

陶瓷史研究的拨乱反正

夏和顺：我采访过深圳文物考古鉴定所的任志录、深圳市文物管理委员会的刘涛、望野博物馆的闫焰等人。他们认为在国内陶瓷考古鉴定与研究方面，深圳足以与北京、上海相抗衡，您是其中的中坚力量之一。这确实是深圳学界的骄傲，你们是怎么做到这一点的，请谈谈体会。

郭学雷：我们深圳学界这么多年做了一些拨乱反正的工作，对以前人们认识的东西进行重新研究定位，这是我们工作的重点，可能也是我们引起广泛重视的原因。我最早的一部专著《明代磁州窑瓷器》是第一部系统研究明代磁州窑类型瓷器的著作。磁州窑瓷器从金元开始流行，到明代仍然存在并保持有自身特色。我通过对窑址、墓葬、城市遗址出土实物资料以及相关纪年材料、传世器物、文献的研究，从以往人们认定的宋元时期陶瓷制品中分离出一大批明代磁州窑类型瓷器。在此基础上，我围绕明代磁州窑类型瓷器的产地、品种、流行年代、生产工艺、装饰艺术、主要成就、市场行销状况及产品地位等方面问题，做了较全面深入的考证、论述，提出了一些新的见解和观点。

夏和顺： 磁州窑是北方规模较大的民窑磁系，而钧窑（汝州窑）有官窑也有民窑，它们之间有何关系，您是如何认识的呢？

郭学雷： 我研究官钧是由明代磁州窑研究连带出来的，第一步是对它的断代进行重新认识。以往人们认为官钧是宋代的，我们通过器型学、文献学等宏观视野下的多角度观察，进行重新剖析和论证，认定它是明朝高的。这一步做完后我觉得还不够，我们下一步的研究是确定这种瓷器是用来干什么的。2014年台北故宫做一个明清花器展，约我跟任志录等人写文章，任志录写了《瓶花小史》，我写了《官钧花器用途考》，载《故宫文物月刊》2014年11月期。通过图像学的器物组合及文献资料学研究，我得出结论，明代带盆托之花盆是专为莳养菖蒲所制。高濂《遵生八笺》中提到铜窑与蒲盆的关系，称"均州窑圆者居多，长盆亦少，方盆、菱花、葵花制佳，惟可种蒲"。在此基础上，我对官钧进行了有系统的爬梳，比较全面地解决了官钧问题。我自己还模仿明人的习惯种过菖蒲，那时国内种菖蒲者极少，尚未形成风气。

夏和顺： 吉州窑是中国南方著名的窑址，它与北方窑系有无传承关系？其黑釉瓷中独创"木叶天目"、"剪纸贴花天目"和"玳瑁天目"，饮誉中外，禅宗等中国传统文化对它有怎样的影响？

郭学雷： 江西吉安古称庐陵、吉州。吉州窑的窑场四周都是寺院，其中本觉寺与吉州窑的关系最为密切。吉州窑的典型产品是木叶纹盏，盏内装饰的木叶即桑叶，桑叶残破、卷曲、变化的美感与禅宗有相通之处，佛经文献有以桑叶代替菩提叶的记载，陈与义《书怀示友》诗云："柏树解说法，桑叶能通禅。"庐陵一带禅院茶风盛行，晚唐五代以来，"饭后三碗茶"就已成为吉州永和镇禅僧的"和尚家风"。茶对禅僧而言，既有养生之功，又是悟道途径，故茶助禅，禅助茶，这即是"茶禅一味"的境界。我在《南宋吉州窑瓷器装饰纹样考实》一文中，对禅宗思想与南宋吉州窑瓷器的关系有详细的论证。

关于建设"博物馆之城"

夏和顺：深圳博物馆馆藏文物中，哪些是您印象深刻的？今后如何发挥深博馆藏文物陈列与研究的优势？

郭学雷：深圳博物馆早年在文物征集方面下了很大力气，主要包括考古发掘和征集两部分。考古发掘的主要是两晋南朝时期的，当时深圳是东官郡所在地，也是岭南文化的一个中心。出土的瓷器也蛮精彩的，线条及烧制工艺的美感都让人震撼，从此可见，移民带来文化的交融是必然的，同时在技艺上也会有改进。深圳博物馆早年接受了一些捐赠，比如邓拓夫人丁一岚、著名学者商承祚等人捐赠的字画等，很有艺术和文献价值。但现在总体看来，深圳博物馆的短板还是馆藏，这方面今后还应该加大力度。

夏和顺：深圳十分重视文化建设，在文化立市的基础上提出建设国际区域文化中心的目标，其中一项重要的内容就是建设"博物馆之城"，您认为深圳离实现这一目标还有多远距离？

郭学雷：博物馆是文化建设中非常重要的一部分，深圳建设博物馆之城，应该将经济的优势转化成文化优势，加强投入并配以好的制度设计，需要前瞻性的规划，需要政府强有力的推动。深圳毕竟是一座新兴移民城市，目前与国内传统的文化大市相比在硬件设施、整体投入、人才培养等方面都还显得不足。我们只能期望与它们缩小差距，尽可能适应城市的社会进步和经济发展。

夏和顺：您是深圳博物馆协会会长，博物馆协会的职能和任务是什么？深圳的民营博物馆的状况如何？它们应该与国营博物馆形成怎样的互补关系？

郭学雷：目前深圳登记在册的博物馆共50家，其中非国有博物馆33家。博物馆协会成立于2018年，目标是推动全市博物馆事业发展，加强博物馆之间的沟通连接，增强博物馆行业自律，实现组团式发展。仔细想来，深圳民间收藏力量是很强的，质量也很高，但是相对而言，深圳非国有博物馆的成长环境还有欠缺。非国有博物馆有其特点，因为是个人收藏，因此是成体系的，而且也比较重要，它应该是国有博物馆的重要补充，甚至在某种意义上可以反客为主，成为文物收藏和研究的重镇。

我认为深圳非国有博物馆比较好的至少有以下几家。

罗湖区的金石艺术博物馆（现正因为场地问题可能考虑外迁），以收藏中国古代建筑及庭院石雕著称于海内外，文物最有分量，在文化体系里占有一定地位。它的运作比较专业，比如设计、办展，都是请专业人士介入，还多次举办国际学术研讨会。

龙华区的望野博物馆，在陶瓷方面做得很不错，是全国最重要的博物馆之一，比如红绿彩的收藏在世界上都是一流的，最近正在东莞松山湖筹建分馆。望野今后要多争取政府扶持，应该把博物馆做成一个平台，整合专业力量来推动它的发展。

坪山区和畅园博物馆，以历代书画和陶瓷为主，有明代董其昌《醉翁亭记》书法十二条屏、明末清初八大山人《松鹿双喜图》轴、唐白釉褐彩马等精品。

还有就是龙岗区的梵亚博物馆，主要收藏南亚、东南亚与佛教有关的艺术品，刚刚成立，但很有特色，是国内唯一以海外文物立身的博物馆，而且收藏质量非常过硬。

中国博物馆理念中最为缺乏的是世界眼光，没有世界级的收藏就没有世界级的研究，就没有世界眼光，而没有世界眼光，也就认不清自身。还有一点很重要，我认为民营博物馆一定要走专业化道路，专业化才能保证收藏质量，而博物馆中赝品的出现正是不专业的表现。

郭学雷简介

郭学雷　山西临汾人，1986年考入山西大学历史系考古专业，毕业后分配到国营山西省文物总店工作7年，其间获得陶瓷、玉器和铜器杂项类国家进出境文物鉴定员资质。1997年调入深圳市文管办，从事文物鉴定工作。现任深圳博物馆副馆长、深圳博物馆协会会长、中国古陶瓷学会理事、广东省文物鉴定委员会委员。

主要从事展览策划与古陶瓷研究，曾主持"官钧"瓷器、金元红绿彩瓷器、吉州窑与黑釉瓷器等多个重要展览及学术研讨会。发表《保定元代窑藏主人及相关问题的探索》《中国纹章瓷概述——兼论广彩的起源及其早期面貌》《南澳一号沉船的年代、船路及性质》《香港大埔碗窑再认识》《官钧花器用途考》《南宋吉州窑瓷器装饰纹样考实》等论文。著有《明代磁州窑瓷器》《明瓷聚真》，编有《中西交融——彩华堂藏纹章瓷选粹》等。

深圳古建筑保护任重道远

——曹伟访谈录

受访者：曹伟

采访者：夏和顺

时　　间：2018 年 11 月 10 日、2018 年 12 月 19 日

地　　点：罗湖区松园路宝庆府

　　曹伟现任深圳市勘察研究院文化遗产保护研究院院长、深圳市古迹保护协会秘书长，未届不惑的他已经与深圳文物古迹打了 12 年交道。而他与古建筑结缘，则要始于他就读山西建筑学院期间，该校严格规范的学术训练给他打下了坚实的建筑学专业基础，而山西丰富的传统建筑范例更强化了他的古建筑保护意识。曹伟接受笔者专访时，回顾了自己学习古代建筑学的历程，历数他曾参与保护的深圳古建筑。曹伟说，古建筑是历史的见证者，也是凝聚了先辈智慧的文化遗产，深圳的古建筑遗存虽然无法跟山西等文物大省相批，但仍显得非常珍贵，政府和有关部门应该继续加大保护力度。

古建专业训练有素

　　夏和顺：新时期以来房地产市场的持续走高使建筑成为热门行业，跟你年纪相仿的人可能更多学的是建筑专业，您为何加入了古建筑保护行列呢？

　　曹伟：我 2002 年考入山西建筑学院古建筑专业，当时叫古建筑艺术专

业，那时候房地产热还没开始。我的母校前身是山西建筑工程学校，成立于 1952 年，是国家级重点中专，2001 年改为现名。学院位于太原市学府街，受山西省建设厅和教育厅双重领导。因为山西是中国古代文物特别是古代建筑大省，所以我们学院特别重视古建筑学，我学习成绩优异，打下了扎实的建筑学基础，并对古建筑产生了浓厚的兴趣。

山西的古建筑保护在全国也算开展得比较早，我曾在山西古建筑保护研究所实习并工作过一段时间。山西省古建筑保护研究所成立于 1980 年，对山西古代建筑以及石窟、壁画、塑像等历史文物进行了大量的调查研究，并承担文物建筑的勘察测绘、文物保护规划设计，以及文物保护工程及工程监理，特别是参与了朔州崇福寺、太原晋祠圣母殿、长治羊头山等著名建筑的修缮设计工程和保护规划。在山西古建筑保护研究所的这段经历对我也十分重要，它使我在学校学习的古建筑专业知识与古建筑保护的实践紧密地结合起来。

夏和顺：山西的古建筑比比皆是，我看到的一份资料称，元代之前的古建筑，山西占了全国的 80% 以上，这个数字真是非常惊人。那么您在学习和在山西古建筑保护研究所工作的时候，哪些古建筑对您触动或启发最大？

曹伟：山西的古建筑真是闻名全国，举不胜举，现在许多人去山西旅游就是去看古建筑的。比如五台山台怀建筑群（始建于东汉）、大同华严寺、大同善化寺、应县木塔等，还有平遥古城、镇国寺，以及台怀镇周边的南禅寺、佛光寺、岩山寺、三圣寺，每一座建筑都是精品。

我在山西古建筑保护研究所工作时，师父是贺大龙，他是全国知名的古建筑研究专家，从 20 世纪 80 年代起师从于著名古建筑"文博大家"柴泽俊先生，专注于古建筑保护与研究数十年。贺先生对我的影响也很大，我跟着他参加过很多古建筑的研究与保护工作。比如我刚才说到的晋祠圣母殿，它是宋代的建筑典范。晋祠圣母殿曾于 20 世纪 90 年代修缮过一次，我曾跟随贺大龙先生参与后期资料整理工作。而今我仍在贺先生的指导下整理和梳理当年柴泽俊先生的相关资料。

晋祠是为纪念晋国开国诸侯唐叔虞（追封晋王）及其母后邑姜而建的，是第一批全国重点文物保护单位。圣母邑姜是姜子牙之女、周武王之妻、周成王与唐叔虞之母，圣母殿为祠内主要建筑，坐西向东，位于中轴线终端。殿面阔七间，进深六间，重檐歇山顶，黄绿色琉璃瓦剪边，殿高 19 米。殿四周围廊，前廊进深两间，十分宽敞，是《营造法式》中"副阶周匝"制的实例。大殿檐柱侧角升起明显，给人以稳重之感，这种翼角起翘，我们的术语一般称为"冲三翘四"。殿堂结构为单槽式，即有一排内柱，殿四周除前廊外，均为深一间的回廊，构成下檐。殿内外采用"减柱法"，以廊柱和檐柱承托殿顶梁架，扩大殿内空间。圣母殿表现了北宋建筑风格和审美意识，是中国古建筑瑰宝。我认为研究和学习古代建筑可以触类旁通，比如通过对圣母殿透彻研究就可以洞悉宋代同类建筑。

我们深圳市古迹保护协会会长任志录曾任山西晋祠博物馆馆长，晋祠博物馆也是在他手上成立的。任志录对晋祠特别是圣母殿也有深入研究，他不但关注晋祠圣母殿的建筑，也十分关注它的外观、形制、匾额等，而我更多关注的是建筑本体。

对深圳文物建筑的思考

夏和顺：您到深圳后仍然从事自己的本专业，真是一件很幸运的事。深圳市勘察研究院是一家什么样的单位，它为什么又会下设文化遗产保护研究院呢？

曹伟：我是 2009 年加入深圳市勘察研究院的，曾任该院古建筑规划设计师、古建筑所副所长，2012 年至今任该院的文化遗产保护研究院院长、文化遗产保护工程中心主任。文化遗产保护研究院就是在原来的古建筑研究所基础上扩充成立的。

深圳市勘察研究院前身为基建工程兵水文地质部队第 912 团，1983 年遵照国务院、中央军委命令集体转业进驻深圳，成立深圳市工程地质勘察公司（简称深圳工勘），1994 年更名为深圳市勘察研究院。今年是改革开放 40 周年，深圳市勘察研究院也是深圳特区最早的拓荒者，我也为此感到自豪。我很幸运，深圳市勘察研究院的领导很有眼光和胆识，很早就成立了古建筑保护研究所，这个研究所是深圳古建筑研究与保护的重镇，也是深圳唯一一家同时具备文物建筑勘察设计、保护规划、监理和施工资质的单位，这样我就可以大施拳脚，把我的专业知识用于实践，发挥得淋漓尽致。另外，我于2015年11月结业于北京大学古建筑规划设计专业人才研修班，同年获得高级古建筑营造师资格。

夏和顺：深圳原来是广东省宝安县，在清代曾称新安县。在特区成立之前，宝安县虽然也有一定的文化积淀，也有一定数量的古建筑遗存，但它总的来说跟山西省，甚至与山西的某一个地区的古建筑遗存无法相比，你对深圳传统建筑的保护总体感觉如何？

曹伟：这是确实的，深圳古建筑的数量和建筑年代都不能与山西古建筑相比，我刚到深圳时对此就有深刻感受。但还是超出许多人的想像，深圳市公布的受保护文物建筑共有1103处，我本人前前后后参与调研与修缮保护的有近百处。令人担忧的是，深圳的古建筑在城市化大潮中多数遭遇厄运，文物保护工作者应接不暇。2010年，深圳市启动首批城市更新计划，全市文物建筑保护工作更是变得手忙脚乱。当时很多村民为了取得经济补偿，连祖宗祠堂都不要了。一些开发商更是野蛮施工，连夜拆掉了许多古建筑。我刚进入深圳勘察研究院时，参与过陈烟桥故居、王大中丞祠、曾氏大宗祠、阳和世居、鹤湖新居、凤凰古村落等不同级别的重点文物保护单位的修缮设计。最近几年，随着城市更新的加速和范围的扩大，保护旧改中的文物建筑的形势更为严峻。

深圳市公布的一千多处受保护文物建筑中，宗祠和民居占近80%，大多处于城市更新区域，村民保护意识的单薄、利益的诱惑、相关制度的不完善等，给文物保护工作出了一道道难题。但是也有乐观的一面，随着村镇居民保护意识的提高、政府的重视等，各地政府开始积极在业主与开发商之间协调解决问题，我坚信中国的文物保护会越来越好，在寸土寸金的深圳，文物保护也会走上另一个台阶。

致力于文物建筑修缮保护

夏和顺：我曾经采访过深圳考古所的彭全民先生，他特别重视南头古城的历史地位，称其为深圳文化的根。南头古城也是您参与保护规划和修缮设计的项目之一，请您谈谈有关情况。

曹伟：我主持的《广东省重点文物保护单位南头古城垣保护规划》，陆陆续续做了三稿，前前后后持续了几年时间，到现在还在进行中。因为它不仅仅是文物建筑的问题，还涉及城区景观、旧村改造等问题，是很大的一个课题。

南头古城占地面积约 7 万平方米，始建于明洪武二十七年（1394），距今已有 600 多年历史，其中南头古城垣包括南门和北城垣是"省保"，信国公文氏祠、东莞会馆等是"市保"，还有很多"区保"和未定级不可移动文物。2001 年发掘了护城壕遗址，可以将南头古城的历史推到 1700 多年前，彭老师当年参与过发掘工作。南头古城当年是十分辉煌的，它应该被视为深圳文化的根，也是岭南文化的一面旗帜。彭老师是考古学家，他对南头古城历史地位的认识应该比我深刻。

但这座极具历史价值的古城却受到城市化进程的侵蚀，如今，古城城门和街巷格局仍在，但昔日巍峨耸立的城墙只剩下残垣断壁，古建筑群大多已经消失，令人遗憾。希望通过我们的修缮保护，能使这座古城重新焕发光彩，使它真正成为深圳的一张文化名片。

夏和顺：深圳有一些古庙，最著名的有车公庙、天后宫等，当然车公庙已经不存在了，我知道的赤湾天后宫，算是一种公共建筑遗存吧，不知您有没有参加它的修复。还有没有其他类似古建筑？

曹伟：天后又称妈祖，在福建和广东沿海一带有很多天后宫或者妈祖庙，都是祭祀海祖妈祖的。赤湾天后宫现在是深圳著名的文化旅游景点，但历史上更加著名。据说赤湾天后宫鼎盛时期有数十处建筑，120 多间房屋，占地 900 多亩，拥有 99 道门，殿宇巍峨恢宏，庙貌气象万千，是东南沿海地区最大的天后宫，也是深圳历史上最负盛誉的人文景观，在港澳台地区及东南各国久享盛誉。但这座天后宫在特区成立前就已经残破不堪，是 20 世纪 90 年代复建的，2016 年又进行了周边环境整治与修缮，我们单位中标，我参与了总设计，是项目的总负责人。

还有其他一些古庙宇，规模不大，但也很有历史文化价值，我也参加了维护修缮。观祥古寺位于龙岗区南湾街道，是一座客家风格的儒释道结合的古建筑，在深圳地区难得一见，是龙岗区文物保护单位。观祥古寺始建于1856年，为砖木结构，正门有屏风，右侧设置有大鼓大钟，这座历经150多年的古建筑可谓风雨飘摇，伤痕累累。它也是由我提出的修缮设计方案，并付诸施工，2011年竣工。

还有就是南山大冲村的大王古庙，规模比较小，是由大冲股份公司管理、华润置地出资修缮的，现为南山区文物保护单位。大王古庙始建于明代，清代重修，虽然规模不大但却是深圳地区保存的最大古庙之一。那时的古庙坐山向海，前有石狮、石鼓，后有古树参天，廊内有多幅壁画。该庙主祀南海神祝融，殿正中供奉大王神像，两侧分别是大王夫人、达奚司空神像，左右侧殿分别供奉财神、土地神像，还有村护和谭公谭婆共七个神。2012年我负责主持《大冲大王古庙保护规划》和《大冲大王古庙修缮设计》，2015年修缮竣工。大王古庙算是我们古建筑修缮的成功案例之一，如今它不但是信众朝拜的圣地，还成为国际大冲和华润万象天地一道亮丽的风景。我们古迹保护协会的监事长彭全民老师撰写了大王古庙的前言和简介。

夏和顺：客家是岭南地区的主要民系之一，深圳传统居民中约有半数为客家人。客家围龙屋是深圳传统民居的典型范式之一，有关部门在客家围屋的保护方面力度很大，您介入修缮的情况如何？

曹伟：是的，客家围龙屋是深圳地区的典型民居，我参与了几个大的围屋的修缮保护工作。我修缮设计了最早的围屋是阳和世居，这也是龙岗区较早投入保护的客家围屋之一。鹤湖新居是省级文物保护单位，规模比较大，我们参与了部分项目。同时我们还参与了坪山大万世居和龙岗环水楼的修缮，环水楼是叶氏故居，很有文化底蕴，到今年正好落成120周年。其中阳和世居的知名度可能不是很大。阳和世居位于龙岗同乐村阳和浪自然村，建于清道光年间，布局为三堂、两横、四角楼、一望楼带走马廊，占地面积3000多平方米，土木结构。阳和世居后围龙屋剩一大半，另一半坍塌，南横屋完整，北横屋坍塌，月池也被填为平地。

夏和顺：民居在文物建筑中应该占很大比例，您参加过修缮保护的也应该有很多民居，包括刚才说的客家围龙屋。民居中可能还有名人故居，这又与深圳的历史文化有很大关联，比如陈郁、陈烟桥等，一定有很多故事。

曹伟：我主持或者参与的设计、保护和修缮的文物建筑主要分为几类：寺庙、宗祠、民居等。民居中就包括名人故居。

陈郁是中国早期工运领袖，曾参加过广州起义，新中国成立后出任煤炭工业部部长和广东省省长。南山陈郁故居是深圳市市级文物保护单位，本来是一座普通民居，占地面积310平方米，建筑面积250平方米，由三间瓦房和一个小院组成，始建于清道光年间，民国初年重建。南山区和深圳市各级领导对陈郁故居非常重视，这个项目由我们单位参与修缮设计，我也是总设计师，2016年7月建成的陈郁故居纪念馆，重新布展后对公众开放。

陈烟桥是现代著名版画家，曾与鲁迅有过密切交往，他是深圳观澜人，观澜鹅地吓有陈烟桥故居和陈氏宗祠，是我主持修缮设计的。故居是平房加上院落，还有一口古井，故居落成后牌匾是请著名版画家力群先生题写的，力群是我们山西人。有人可能以为陈烟桥故居在观澜版画基地，其实是在鹅地吓。

还有刘铸伯和凌道扬，都是民国时期的深圳先贤。刘铸伯祖籍龙岗平湖，出生在香港，是民国时期香港著名商人、慈善家、教育家。平湖的纪劬劳学校是他于民国初年捐建的，也是我主持修缮设计的。凌道扬是龙岗布吉人，他是中国第一位林学硕士，是近代著名林学家、农学家、教育家、水土保持专家。我们今年介入保护凌道扬故居时，它只是一间普通的民居而不被重视，费用少之又少，但我们觉得有责任和义务做好这项工作。我们建议修缮后的凌道扬故居成立纪念馆，现在龙岗区很重视，我负责整理和收集凌道扬故居的基础资料，希望在不久的将来能派上用场。

夏和顺：这些受保护的文物建筑，有些是政府主导的，有些是集体主导的，也有一些是业主个人主导的。很多古旧建筑年久失修、缺乏保护是因为屋主离去，房屋无人保管甚至无人居住。现在的年轻人即使有祖先留下的古旧建筑，我想他们也往往不愿住，而更愿意住在城市现代化的楼房里。但这些古旧建筑是一种家族历史的固化，是一种文化遗存，在这方面您有没有一些印象深刻的？

曹伟：对，还有一种较普遍的文物建筑就是宗祠，但我接触到的情况有了很大变化，经济的发展提高了人们对文物保护的意识。我刚才说到大冲村的大王古庙，与大王古庙相邻的还有郑氏宗祠。郑氏宗祠也建于清代，是大冲郑氏家族甚至是大冲村历史的见证者。2011 年，大冲村被纳入"深圳十大超百万平方米旧改项目"，由华润集团主持开发。按照新的道路规划，开发商希望把宗祠挪移迁建，但村民们坚决反对，认为会破坏风水，也会损伤这座古建筑。当时族人和村民找到我，希望通过我们使这两座建筑得到妥善保护。我们介入这个项目并经过勘察研究后，在郑氏族人和开发商之间积极斡旋，先后开过 20 多次会议，最终开发商同意我提出的方案，调整道路规划，在原址保留了郑氏宗祠和大王古庙。郑氏宗祠修缮完成后，村里设宴庆贺，我们被奉为座上贵宾，他们还给我赠送了一面"古建典范"的锦旗。至今回想，村民们的热情让人感动，我认为这标志着一种拆迁观念的变化，他们不再企望通过拆迁一夜致富，而是回归到一种文化的自觉和文化的自信。他们希望通过自己的努力保护的不仅是一栋建筑，更有它所承载的家族历史和文化传统。

夏和顺：深圳早年被誉为中国改革开放的试验田，是城市化进程最早最快的城市。城市化进程与古建筑保护往往有不可调和的矛盾，但随着经济的发展和社会的进步，古建筑保护又会被纳入城市文化建设的行列，在城市化进程中，文物保护部门和各级政府对古建筑保护会逐渐重视，对此您有何感想？

曹伟：这种进步我是在实际工作中感觉到的。差不多 10 年前，2009年，我就参加过"宝安区古村总体保护规划"，这个项目很有意思，是当时宝安区的 18 个古村落，今天已经分散到光明、龙华等几个区，包括我刚才说的陈烟桥故居所在的鹅地吓村。

现在深圳各区对文物建筑的保护意识普遍加强，有些区能做到未雨绸缪，做好普查和整体规划工作。我与彭全民、吉笃学两位先生一道参与了光明新区61处文物的评定论证工作，对全区文物进行了总体梳理。我与彭全民还接受委托对坪山区的文物建筑进行摸底调查，排查有无遗漏之处，以免其将来在城市更新中遭受破坏。我还与张一兵、杨耀林两位前辈做了大鹏区38处文物建筑的重新核定，包括大鹏所城的一些附属建筑。我正在做或已完成的调查规划项目还包括"福田区文物保护单位保护范围划定""龙岗区文物保护单位保护范围划定"等，包括龙岗区186处文物建筑的调研等工作。

关于深圳市古迹保护协会

夏和顺：您是深圳市古迹保护协会的秘书长，请介绍一下协会成立的情况，它有何意义，又有什么任务？

曹伟：深圳市古迹保护协会是由深圳市文物考古鉴定所与深圳市勘察研究院等单位共同发起成立的，成立大会于2017年6月召开，当时广东省文物局领导及省古迹保护协会有关负责人与会祝贺。协会第一届会员大会通过了《深圳市古迹保护协会章程》，选举任志录任会长，杨耀林、郭学雷、肖兵、吴强华等任副会长，由于郭学雷先生当过深圳市博物馆协会会长，于今年辞去了深圳市古迹保护协会副会长一职，在此感谢郭学雷先生对古迹保护协会的支持。协会成立时，我任秘书长，吉笃学、乔迅翔任副秘书长，彭全民任监事长，刘涛、黄文德任监事。协会成立后，将会协助行政管理部门做好服务社会的工作，并对促进深圳文化遗产的保护工作起到积极的推动作用。我作为秘书长主要是做好协调服务工作，协会正在协助有关部门，制定古建筑与文物保护的相关法规，我正在组织参与调研活动，同时协会承接了部分区的科研项目，并成为为数不多的广东省古迹保护协会的会员。

夏和顺：前不久我很荣幸地参加了古迹保护协会第一届理事会召开第

六次会议的预备会议，从一个侧面对你们协会的性质有了一些了解，特别是作为秘书长，您对组织这此会议尽心尽职，令人感动。

曹伟：当然这是我应该做的。我们协会是一个志同道合的社会组织，大家很团结，协会会长任志录，副会长吴强华、肖兵，监事长彭全民，包括吉笃学、杨荣昌、游卓凡等都出席了那次会议。会议决定围绕文化遗产日组织一系列活动，其中主要内容是踏访古驿道和发布文物保护地图。会议还讨论了组建专家库、组织讲座培训、业务考察等相关内容。

夏和顺：听说您和深圳市古迹保护协会正在尝试探讨传统建筑的活化利用。这可能是一般人都很陌生的提法，什么叫"活化利用"文物建筑？

曹伟：作为不可移动文物的建筑又不同于可移动文物，可移动文物是一般不再使用，大多成为展览品或藏品，一般人不会拿明代景德镇的青花瓷碗吃饭。但古建筑不同，长期不使用，没有人气，无人打理，更不利于保护；同时，在城市日益扩张的情况下，单纯追求一成不变的保留文物建筑已非长久之计。因此，有专家提出"活化才是对古建筑最好的保护"，探索文物建筑的活化利用成为文物保护的新方向。活化利用的目的，是让古建筑成为现代人生活的有机组成部分，让更多的人探访及了解它。2017年11月6日，国家文物局颁发《文物建筑开放导则（试行）》，鼓励文物建筑采取不同形式对公众开放，在保护的前提下发挥其公共文化属性及社会价值，这是顺应了历史潮流。

以往对文物建筑的活化利用，主要由政府主导，形式也局限于将建筑改造为博物馆或旅游景区，它适用于少数规模较大、文物级别较高的建筑，对大多数私人民居并不适用。当今艺术家们喜欢将旧厂房改造为工作室，其实碉楼和民居同样具备这种活化的可能性。我们对龙岗新昇齐楼的修缮保护和活化利用或许会成为一种新的模式。

保护利用新昇齐楼

夏和顺：新昇齐楼是一栋什么样的建筑，您是怎样与它结缘的呢？

曹伟： 龙岗区官新合村是一座以官姓为主的客家村落，村里有两栋古建筑，除这座新昇齐楼外，尚有官新合围屋，在 2012 年被龙岗区评定为不可移动文物。但两栋建筑特别是新昇齐楼状况很差，由于年久失修，加之受台风、暴雨、白蚁影响，内部结构老化，部分楼体倒塌。更夸张的是，直到 2016 年，我去看的时候，新昇齐楼还被出租给人用作垃圾回收站，污秽不堪，惨不忍睹。正是在这种情况下，我们深圳市勘察研究院文化遗产保护研究院被龙岗区文物部门及龙城街道引进到该项目，对它进行保护和活化利用。

新昇齐楼的建造者叫官淑佳，他从官新合村下南洋，到印尼创业，致富后回村建造了这座楼。炮楼顶部正面书有"新昇齐楼"四个大字，并有"民国二十一年建"字样，拖屋两门额上书"门观大道""如日东昇"。新昇齐楼至今已有 86 年历史，之所以建造如此高的炮楼，可能当时该地区治安混乱，常有盗匪出没。新昇齐楼正门朝南，是一炮楼拖两横屋的炮楼院式建筑，5 层高 18.5 米，占地面积约 674 平方米，炮楼每层有 1 个大房间，顶部四周呈拱形突起，沿墙四周及屋顶设有射击孔、瞭望口，院子约 300 平方米，除炮楼外，两横拖屋分别为两层和三层，建筑面积约 900 平方米。官淑佳的后人还住在村里。我们租下这栋楼后进行了修缮设计和活化利用，从策划、设计到施工、活化利用，都是我亲自操刀的。

夏和顺： 2018 年 1 月，您曾应深圳市文体旅游局的邀请，参加在龙岗召开的深圳市文物工作现场会，作为嘉宾在会上主讲《新昇齐楼的前世今生》。请您简单地介绍当时的情况。

曹伟： 这个文物工作现场会是在龙岗的鹤湖新居召开的，会后深圳市和各区文体旅游局到新昇齐楼进行了实地调研。深圳市文化和文物部门 10 年没有召开类似的现场会，所以这一次有关部门特别重视，市里的相关主要领导都参加了会议。这也是全市文物建筑活化利用的研讨会，龙岗区文体旅游局刘德平局长在介绍时就把新昇齐楼作为一个典型案例。根据《文物保护法》，深圳市和龙岗区都出台了相关政策法规，我们的保护利用主要以公益性为主。首先它作为深圳市古迹保护协会的会址和轮值场所，不久将举行挂牌仪式。另外，我收藏了一批古建筑构件，我们想在此基础上成立一座古建筑构件艺术博物馆。

夏和顺：古建筑艺术构件收藏应该很有意义，但对许多人来说这是一个陌生的领域。能否介绍一下您收藏的基本情况，您又是怎样开始这一门类的收藏的呢？

曹伟：一座建筑，一般都会包括柱、梁、枋、垫板、檩木以及椽子、望板等基本构件，古建筑也不例外。还有土坯砖、瓦、木雕、石雕等。我相信我收藏的这一批建筑构件不仅具有历史文物价值，同时也具有一定的艺术价值和科学价值，是中国古建筑的精华部分。一般观众如果走近这批古建筑构件，也就是拉近了他们与古建筑的距离。

我的藏品中有一件木制匾额很有价值，匾额上书"钦点探花及第，咸丰九年臣李文田承"字样。李文田是广东顺德人，咸丰九年进士，殿试高中一甲第三名，就是我们常说的探花。这是一块残匾，它差点被当作柴火烧掉的时候被我发现并捡回来。还有一些锅、碗、瓢、盆等民俗文物，对今天生活在城市的年轻人来说很有观赏性。

我大概从十年前就开始收藏古建构件，到目前为止藏品约三四百件。因为有一些物件体量较大，所以保存和展示需要一定的空间，现在新昇齐楼正好提供了这样一个场所。

夏和顺：听说您还是书法篆刻家，您是什么时候开始练习书法的？这种爱好与您的专业有没有结合点？

曹伟：首先我不是书法家，充其量算是一个书法爱好者，我是山西襄汾人，襄汾是蒲剧的故乡，也是版画之乡，历史文化悠久，著名的丁村人和丁村古民居就是我们县的。我很小的时候就开始练习书法和篆刻，初中时拜师学艺，我的老师王权宝、李铁柱是襄汾县书法名家。大学的时候我担任过学校书法协会会长，现在还在县书协挂了个副主席的名。前不久我在龙岗区客家民俗博物馆——鹤湖新居办了一场个人书法展，取名"古建情怀——曹伟个人书法作品展"，作为市古迹保护协会的一项活动，许多领导朋友前往捧场，多家媒体报道，社会反响还不错。现在新昇齐楼有足够的空间，也可以举办书画展览，供朋友们之间相互交流学习，第一个邀请展就是我的好友王哲峰的书法展，取名"印记乡愁——王哲峰书法邀请展"。

书法是中国的国粹，我的专业是古建筑学，大家随处可见古建筑与书法相得益彰，有古建筑的地方基本都有楹联匾额，就如我们的新昇齐楼，其中"新昇齐楼""如日东升""门观大道"就是书法与古建筑完美的结合，学习书法让我可以更加深入地了解古建筑，学习古建筑又可以让我更加深入地学习古代书法，两者相得益彰，互相促进，所以说书法陶冶了我的情操，又促进了我对古建筑的认识，可谓一举两得。

曹伟简介

曹伟 山西襄汾人，2002年考入山西建筑学院古建筑专业，毕业后任职于山西古建筑保护研究所。2009年加入深圳市勘察研究院，曾任该院古建筑规划设计师、古建筑所副所长，2012年至今任该院文化遗产保护研究院院长、文化遗产保护工程中心主任。

曹伟2017年担任深圳市古迹保护协会秘书长，为保护深圳古建筑不遗余力，曾主持和参与修缮了南头古城、赤湾天后宫、阳和世居、陈郁故居、陈烟桥故居、大王古庙等众多深圳重要古建筑。

从书斋走向公共艺术

——孙振华访谈录

受访者：孙振华

采访者：魏沛娜

时　　间：2018 年 10 月 15 日

地　　点：电话采访

读书、田野考察、策展、研究、写作……作为改革开放后我国美术院校招收的第一批博士生，孙振华从荆州到杭州，再到深圳，不断开拓自己的学术领域，其治学领域涉及雕塑理论及历史研究、公共艺术的理论和实践、当代艺术评论等。其曾主持策划有关雕塑、当代艺术的大型展览和学术活动，主持策划设计包括"深圳人的一天"在内的大型公共艺术项目，在全国引起了较大反响。

孙振华的学术就像一个特殊的容器，书斋的沉静和野外的勤力，历史的忧思和现实的关怀，文艺的诗力和实践的真诚，时刻百流交汇。他不安于现状，总是一次次展开治学的勇敢探索，一次次突破专业的边界。他善于在复杂的当代文化境遇里，杂糅多种学科的视野和方法，建构起自身观察世界的途径。他并不单纯以艺术论艺术，而是追求艺术、文化、历史的统观，那些细致的思辨呈现着现代社会生活的精神腹地。然而无论雨急风颠，孙振华始终不疾不徐地走着，复杂的治学中透着一介书生的清粹品质。近日，中国美术学院教授、中国雕塑学会副会长兼秘书长，原深圳雕塑院院长、深圳市文艺评论家协会主席孙振华接受了笔者专访，细述自己的治学经历与思考。

废墟的诱惑和荒原的呼唤

魏沛娜：您在《走向荒原——孙振华雕塑文集》的自序中写到，您和雕塑的缘分，就是您和您的博士导师史岩先生师生的缘分。但是 20 世纪 80 年代初中期，全国掀起了"美学热"。其实您在读文艺美学的硕士学位时，研究方向是审美心理，这在当时正是一门"显学"。为何博士阶段会突然投到史岩先生门下，攻读美术理论及历史呢？

孙振华：我们这代人的成长，真的是得益于改革开放，得益于那种大的背景。当时是一个求知进取的时代，我们连上街乘车手里都要拿着一本书，在食堂排队也要背单词，大家都把学术看得很重，对个人的规划也很简单，就是希望一辈子都能在知识的海洋里遨游，学更多的东西。我们心中的明星，或说人生的榜样，都是重要的学者和文化人。记得是 20 世纪 70 年代末期，一次放寒假，晚上看电视新闻，说我国开始招收博士研究生，我就跟父母说，我这辈子一定要读个博士。后来考博士的时候，我的文艺美学硕士还没读完。那是 1985 年 10 月 3 日，我意外地收到了一份浙江美术学院（后改名为"中国美术学院"）招收中国雕塑史专业博士研究生的简章，是一个过去熟悉的朋友寄来的，在此之前，我根本没有想到这辈子会专门和雕塑打交道。这是中国美术院校最早招收博士研究生，比中央美院还早了两年。让我动心的是简章里的这段话："今日研究这门专史的主要途径，只能面向现成的历史遗迹，通过全面的实地调查和整理，进行研究和探索。这是本学科的特点之一。"过去我学中文，毕业后留校并进入文艺理论教研究任教，后来在职读美学研究生，对具体的艺术门类的了解和实践比较有限。当时也隐约感到，自己从理论到理论似乎也遇到了瓶颈。美学大家朱光潜说过："不通一艺莫谈艺。"这对我很有触动，因为我从文艺理论到美学，其实都是在书斋里围着概念打转，缺乏现场和实践，简章里的这段话让我当时感到，这分明是一种废墟的诱惑和荒原的呼唤。因为对于废墟，对于荒原，对于实地的想象，让我心潮激荡，到历史现场凭吊古迹，是一件多么有吸引力的事情啊！所以我毅然决定报考。年底，我在杭州参加口试，见到了已经80高龄的史岩先生，他是1942年第一批到国立敦煌艺术研究所工作的研究员，招生简章就出自他的手。

魏沛娜：在此之前，您的美术基础是怎样的？

孙振华：我到浙江美术学院读博士之前，没有什么美术实践的基础；我不是学画出身，不像有的人，即使学美术理论，小时候也有去少年宫学画或者曾经热爱画画的经历。关于美术理论和美术史的知识方面，也只是在读硕士一年级期间，跟阮璞先生学了一年中国美术史，当然，这一年很重要，阮先生是国内治美术史大家，从他那里获益匪浅。另外，我之所以能从美学跳到美术史，还有一个很重要的原因是在中文系读书和留校以后所受到的训练。那时候已经纯熟自如地掌握了一套学习方法和考试方法，例如考试，关键是个人要善于总结。比如，文学史和美术史是看似两个不太关联的学科领域，其实有很多共同的东西，怎么发现共同的东西？通过美学。从美学的角度看文学现象和艺术现象的时候，很多东西是相通的，在根本上是一致的。我经常跟学生讲，要发现文艺学领域的共通性，首先要有哲学、美学的思想高度，站得高了，就可以有一个很透彻的基本鸟瞰，然后回到某一个具体的文艺领域后，很容易发现它的来龙去脉，发现它的问题、特质和难点。所以，我去考浙江美术学院时才复习了三个月时间，中国雕塑史完全是自学。之所以能在很短的时间内进入一个良好的考试状态，关键是尽快掌握这个学科的框架、脉络和基本问题。

魏沛娜：中国古代没有一部专门的雕塑著作，到了20世纪80年代初，涉足中国雕塑史、雕塑理论领域的人员也还是少，彼时尚未形成其研究格局和学术规划，这可以说是为您的研究提供了很大的空间。那么您是通过怎样的方式逐渐进入中国雕塑领域的？当中的领路人或说启蒙导师对您产生了怎样的影响？

孙振华：从进浙江美术学院起，真是没有天南地北少跑路，几年下来，除了台湾以外，大陆每个省全都跑了一遍，中国古代重要的雕塑遗址几乎没有落下。不光跑路，还上课。史岩先生在他的书房上课时，会给我们看他几十年积累的照片，给我们看他珍藏的文物。史先生出生于江苏宜兴大家族，从小耳濡目染，喜好收藏。抗战和"文革"，是他的收藏的两大劫难，大量藏品散失。"文革"后，部分抄走的文物发还，他就拿一些小型作品到课堂上让我们摸，俗称"上手"，他认为不亲手把玩是体会不到古董奥妙的。

看西方的时候要联系自己的传统

魏沛娜：20 世纪 80 年代，大量西方文艺思潮被引进翻译到国内，同时国内也出现了一批反思批判中国传统文化的著作。但您反其道而行，从西方文艺的热潮中抽身而出，一头扎进凝聚中国传统文化精神的中国雕塑史研究中，这是一个很有趣的现象。

孙振华：这对我个人来讲，真是一个大的转向，80 年代的文艺思潮主要的理论来源是是学习西方，包括文学、哲学、艺术都是这样。而中国雕塑史，接触的基本是古董，如佛教造像，如陵墓雕刻，它跟中国传统文化联系更紧密。不过，正是因为这段学习让我后来开拓了学术视野，把简单地跟在翻译著作后面亦步亦趋，变成了有比较、有参照的眼光。看西方的时候要看中国，要联系自己的传统，要有一种中西比较的意识。刚才你这个问题提得特别好，我有时在想，如果我不到浙江美术学院，不学中国雕塑史，我现在可能开口就是古希腊罗马，只是一个游走在西方思想框架里的人。浙江美术学院为我打开了另一扇门，我看到了中国传统艺术之美和中国文化精神。博士期间，我们大部分时间是做田野考察。当时那些地方不像现在要收门票，真是想看什么就看什么，想怎么拍照就怎么拍照。这段经历使我后来再看文化艺术现象的时候，可能就会有一种更加全面的客观的态度。有人至今还说，中国古代没有雕塑。我作为学习和研究中国雕塑史的人，会觉得这种说法是一件多么可笑的事情。因为说这话的人是用西方的雕塑眼光来看中国雕塑的。通过大量考察，我开始自我反思，开始回望自己的传统，开始总结、归纳古代留下的东西。简言之，这段经历对我后来不管是做学问，还是看问题、看事情的方法都有很大的帮助。

魏沛娜： 您很早就关注艺术的现实性、公共性问题，探索艺术语言和当代现实之间的联系，比如提出了在当代文化情景中，中国雕塑艺术如何能直面当代中国的生活现实，而展现出自己门类的活力。请问这种强烈的问题意识缘何而生？

孙振华： 这跟我个人经历有关。高中毕业后我做了两年知青，这段农村生活对我影响很深，以前我们在城市里真的不知道农村是什么样的，接触面很窄，到农村后看到跟自己以前生活完全不同的环境。农民的生活，以及他们所面临的很多问题，对我触动很大。我觉得我个人的学术关注点跟同辈其他人比较起来，那就是我较早提倡在当代艺术领域中关注农民问题。2002 年我曾经在《读书》杂志上发表了一篇文章《当代艺术与中国农民》，我觉得中国当代艺术比较不接地气，关注的问题一直忽略了自身的社会基础。大家老说当代艺术应该关注中国问题，那最大的中国问题就是三农问题。如果对农民的命运熟视无睹，将中国农民、农村排除在当代艺术的视野之外，我们是否还有足够的理由在当代艺术的前面冠上"中国"这一字样呢？大家一般认为，当代艺术的主场在城市，但对中国而言，它的特殊性恰恰在农村，忽视当代艺术和农村的关系，将使当代艺术失去作为真正中国问题的基础。反过来，我们中国的当代艺术如果介入农村，可能会形成真正具有中国问题意识的当代艺术，可以为国际当代艺术提供一种难得的中国经验，这可能比跟在西方后面做当代艺术更有价值。所以，我一直呼吁中国当代艺术的社会学转向，呼吁立足中国的现实基础推动当代艺术。直到今天，我依然致力于推动中国当代艺术走进乡村，比如推动"乡村公共艺术"，亲历中国乡村当代艺术现场，举办了一些展览、论坛和活动。

深圳提供一个新的学术舞台

魏沛娜： 说到深圳，您最早对深圳的印象是怎样的？1993 年，您是在怎样的背景下调入深圳雕塑院工作的？听说您是浙江美术学院第一个主动选择离开的教师？

孙振华：我是浙江美院培养的第一批博士，1991年被评为浙江省高校优秀青年教师，那年我们学校就我一个人获此荣誉；1992年，停顿数年的高校职称评定工作恢复，我被评为副教授，这一切看来顺风顺水，但我却萌生去意。我是一个不怎么安分的人，从老一辈先生那里，我似乎已经看到了自己的人生结局。从学校到学校，从读书到读书，我在想，人生还有没有什么别的可能性？一个偶然的机会，我被临时借到深圳雕塑院，参与城市雕塑规划，在三个月的时间里，我深深被这个城市吸引，它的精神气质和做事情的方式和一个传统的城市是那样不同。当时深圳雕塑院希望我调到深圳，回来后，我就提出了调动申请。学校所有人可能都不太理解我的举动，他们认为杭州是天底下最好的城市，美院又是杭州最好的单位，多少人想进来，而我居然要离开，简直不可思议。但我主意已定，每个领导挨个做工作，最后终于到了深圳。

魏沛娜：来到深圳，您做了很多事情，例如深圳市城市雕塑总体规划的工作；制定《深圳经济特区城市雕塑管理规定》；组织了深圳市上步中路雕塑景观示范带13件城市雕塑的创造、制作工作；深圳市深南路雕塑景观工程的创作、制作工作；深圳市园岭住宅区"深圳人的一天"大型公共艺术的创作、制作工作等，其中"深圳人的一天"被称为"深圳跨入公共艺术门槛的一块敲门砖"，自此让"深圳逐渐告别城市雕塑模式，开启了真正公共艺术新模式"。可不可以说，深圳也令您的学术开启新的探索？

孙振华：我来到深圳以后，我个人在学术上最大的转向是，从理论研究、教学转向了公共艺术实践，当然，也做研究，但这种研究是有强烈的现实需求和针对性的研究。深圳这座城市的特点是，它不太强调将一个人局限在书斋，而是希望理论、学术要跟具体的社会现实结合起来。对于深圳这样充满了创新意识的都市，公共艺术应该是最好的突破点，我很欣慰的是，深圳这座城市为我提供了一个新的舞台，我也为深圳尽了一份力量。

深圳在国内公共艺术领域开创了五个第一：我们深圳雕塑院率先在全

国制定了第一个公共艺术总体规划；2004 年我主持在深圳银湖宾馆开了国内第一个"公共艺术在中国"的学术论坛，并出版了第一本文集；2000 年 6 月，大型群雕"深圳人的一天"正式落成，这是业界公认的国内第一个真正意义上的公共艺术作品；2009 年 3 月，"深圳市公共艺术中心"成立，这是全国第一个公共艺术事业机构。而在 2003 年，我个人出版了一本《公共艺术时代》，这是国内第一批公共艺术的专著之一。

魏沛娜：公共艺术是何时在国内开始普及传播的？您又是何时形成自身的公共艺术观念？

孙振华：这是很有趣的问题。从整个世界的角度来讲，在 20 世纪，在美学上有一个大的变化，整体而言，就是由过去形而上学的美学转向形而下的美学，由哲学的美学转向经验的美学，也就是说，美学越来越关注世俗生活，关注人们的日常，不再像过去那样高高在上，美学越来越跟人的现实生活，跟人的具体的生活情境发生关联。美学不再是过去精英知识分子的话语方式。特别到了 20 世纪五六十年代以后，审美、艺术越来越走向大众，这是一个总的趋势。恰好公共艺术就是诞生于这种趋势之下。当代公共艺术最早诞生于 20 世纪 50 年代末期、60 年代初期的美国，直接的原因在于西方文化发生了变化，导致其文化政策也发生了变化，他们的口号是，让美国民众能够享有艺术，比如 1959 年，有"壁画之城"之称的费城成为美国第一个批准授权百分比艺术条例的城市。而中国则是到了 20 世纪 90 年代中后期，公共艺术的概念才真正深入普及，正是我到了深圳以后，我觉得公共艺术这个概念很有意思，它不是我们过去常说的城市雕塑，它包含了一种新的价值观，于是，我也就开始关注起来，可能是全国最早一批关注公共艺术的人。

公共艺术有其独特的观念和方法

魏沛娜：1998 年，您接任深圳雕塑院院长一职，具体是在怎样的契机下策划创作大型城市公共艺术雕塑"深圳人的一天"？您又怎样看待公共艺术与城市生活的融合？

孙振华：1999 年，深圳经济特区成立 20 周年，市规划局拿出了十几块绿地，建设小型城市街心公园，正好从加拿大回来的规划师、建筑师杨建觉拿到了一个设计园岭街心公园的任务，他和我商量，雕塑能不能介入进来。我们正好也在寻找机会，真正按照公共艺术的概念来做一个作品，这样，经过一段时间的磨合、商量，我们甚至请杨博士到南澳海边开了三天闭门会议，形成了"深圳人的一天"大体的思路。

这是一个全新的思路，依照我们的理解，公共艺术不是城市雕塑换了一个说法，而是有它的历史情景和内在逻辑，我们强调公共艺术有其独特的观念和方法。我们在深圳从事公共艺术创作的时候，虽然也用雕塑这种形式，但是，整个方法论跟过去不一样了。深圳过去著名的雕塑有"女娲补天""海神波塞冬""后羿射日"，这些雕塑都属于神话英雄之类的。而"深圳人的一天"，我们瞄准的是城市的普通人，这是一个根本性的变化，让普通人成为雕塑的主人，而不是英雄、圣贤、著名人物。我们让打工者、酒店咨客、保险业务员、股民等成为雕塑的主人，这是一次雕塑主体前所未有的置换，这在当时的影响还是很大的。在方法论上，我们采用了社会学的方法，听取公众的意见，让社区居民告诉我们做什么，进行调查问卷，了解民意。我们不搞典型化，强调随机性；不搞"高大上"，强调偶然性，因为历史是由每一个普通人构成的，生活是自然的，是无法排练的。历史就是由一个个偶然的瞬间组成的，为什么我们的雕塑总是要那么做作，充满了戏剧性呢？所以，我们让雕塑真正还原为生活的原生态。这一组雕塑也可以称做纪实性雕塑，我们每一个人物都是纪实性的，按照我们找到他们的时候，人物真实的状态、动作、衣饰、道具把他们用石膏翻制出来，铸成铜像后，把他们真实的姓名、身份、来深圳的时间也标示出来，其目的就是希望让这一天能够组忠实地记录此时此刻，让他们成为城市的活化石，真实地保留时代记忆，和我们一起走向未来。

魏沛娜：公共艺术作为一个当代概念，能在深圳推广取得效果，我想也许跟深圳的城市特质密切相关，这座城市活力青春，汇聚五湖四海的人才，而且尊重市民文化权利，比如 2000 年 11 月首届深圳读书月期间，深圳就在全国率先提出"实现市民文化权利是文化发展根本目的"的理念。而市民文化权利意识正是公共艺术得以推广的构成基础之一。

孙振华： 你说得太好了，这是一个根本性的问题。深圳为什么这么关注公共艺术呢？或者反过来说，为什么公共艺术这么垂青深圳这座城市呢？这显然是这座城市本身的特点所决定的：深圳是快速发展起来的城市，一个全新城市的建设，形成了一个新的公共领域，客观上它需要新的游戏规则和伦理规范；由于城市化的需要，深圳引入了大量移民，城市居民的主干是来自全国各地的移民，一个移民城市与传统的熟人社会不同，它的居民对公共事务有比较高的参与热情；另外，城市经济的相对活跃也带来了比较旺盛的文化需要，而且它在经济上也有实力来支撑这种需求；等等。这些都是公共艺术为什么在深圳能比较早地做火起来，在国内形成引领作用的原因。

深圳是一个英雄不问出处的城市，如果说到要建设市民社会，那深圳是最有条件的。深圳市民文化素质高，正因为这样，才会产生较强的文化权利意识，这是市民社会的基础。城市公共艺术只有建立在真正尊重每个个体、保障每个个体权利上，才有其形态意义。要形成"我为人人，人人为我"的社会氛围，这才是理想的社会公共空间。深圳这方面在全国是比较突出的。

魏沛娜： 回顾近 20 年来深圳公共艺术的发展，达到您理想的预期吗？

孙振华： 从理论上讲，深圳是中国最适合公共艺术发展的城市。40 年来，深圳公共艺术确实有非常大的进展，出现了一些在全国具有影响力的作品，比如"拓荒牛""深圳人的一天"等。但是，从更高标准看，还是有不少遗憾的，因为它本来是可以做得很好的，但实际上没做得那么充分，这其中有各种各样的原因。今天，在深圳的经济、科技发展得这么好的情况下，我希望这座城市能够给公共艺术更多一些关注。当然这些年深圳也没有停止公共艺术的步伐，但照我看来，还缺乏一些全局性的、整体性的东西，例如长远的发展规划，切实可行的公共艺术的建设、保障机制等，让公共艺术有一个良性的、可持续的、稳健的发展。

乡村艺术是当代艺术一个新生长点

魏沛娜：您也说过，城市文化相对来说在中国应该算比较活跃，但对公共艺术来讲，最缺失的应是乡村，所以这几年您比较关注乡村公共艺术，其实这正沿袭了您以前对当代艺术与中国农民之间关联的关怀。乡村公共艺术的现状如何？公共艺术如何改变乡村，乡村又如何改变公共艺术？

孙振华：我2002年在《读书》发表《当代艺术与中国农民》，当时是从对当代艺术的反思和自我批判的角度写的，认为当代艺术不应该忽略农民，但应该具体怎么办，并没有提出更好的办法；当时也有不少当代艺术家并不认同我的观点，认为城市的，特别是大都市的才是最当代的。巧的是，10年以后，从2012年开始，当代艺术介入乡村突然就风靡起来了，大家仿佛不约而同，共同把关注的目光投向了乡村。例如四川美院的羊蹬艺术合作社、中央美院的雨布鲁村的乡村艺术实践、西安美院的石节子村乡村创作、广州美院的南亭村艺术实践等，大致都是在这前后出现的。

这个时候当代艺术介入乡村与渠岩的许村、欧宁的碧山这种文化乡建还不一样，它们是以三种身份进入的，一种是乡村公共艺术，一种是参与式艺术，一种是社区艺术。不管叫什么名字，它们的特点是一致的，例如，强调现场和在地性，而不是像过去那样，只是一种文化移植，把城市文化移植、搬运到乡村；强调参与和互动，和农民一起做艺术，而不是自娱自乐，或教化农民，而是尊重农民的主体性；强调事件和活动，不是仅仅做几个传统意义上的作品，而是通过一系列的事件和人的活动来让乡村发生变化。

我对这种变化非常兴奋，我觉得这是当代艺术的一个最新进展，它的意义在于，当代艺术随着市场化、体制化程度的加剧，已经变成了套路，也缺乏活力。金钱和功利目标让一部分当代艺术失去了想象力和人文关怀，而乡村艺术在这时候成了当代艺术的一个新的生长点。

2016年假策划武汉华侨城东湖青年雕塑邀请展之便，我策划、主持了国内第一个"参与式艺术"的研讨会，请比较活跃的从事乡村艺术的院校在会上进行了交流和研讨。我个人认为，从学理上看，中国之所以2012年出现乡村艺术热，与西方在20世纪90年代以后才兴起的参与式艺术有关，英国批评家毕晓普有《参与式艺术》的专著，在国际上影响较大；同时法国美学家朗西埃的《关系美学》对参与式艺术的兴起也有直接的影响。它们的共同点就是强调艺术对社会的介入和如何对当代美学、艺术进行突破。

魏沛娜： 在您看来，今天的乡村公共艺术与城市公共艺术之间形成了一种怎样的呼应？

孙振华： 2018年，文旅部和广东省举办第二届中国设计大展，其中有一个公共艺术专题展，在若干专题中，我担任"公共艺术的乡村实践"板块的策展人，我从大量的案例中选择了一批乡村公共艺术的案例在大展中进行了展示。作为以前从来没有过的板块，乡村公共艺术得到了大家的关注。从目前的情况看，乡村艺术或者乡村公共艺术的势头不减，正呈方兴未艾之势，而这正是我们乐意看到的。

现在，城市公共艺术发展从项目的层面看，它的市场已经比较成熟了，但是从制度的层面看，如何从建设经费、作品遴选、建后管理等方面形成完善的机制，还有很远的路要走。从乡村公共艺术的角度看，它的发展显然要晚得多，目前它还停留在比较理想主义的阶段，大量艺术家、学生到乡村做公共艺术是非市场化的，是义务的，这固然很好，但这种热情能够持续多久是一个问题。乡村不比城市，如果走向市场，它更难筹集到资金，国家的扶贫款更主要是用来发展生产、解决民生问题的，乡村的艺术建设的资金怎么办？怎样做到城乡一体化？我个人认为这是乡村接下来的问题。

作为一个研究者，我认为不仅要为新的现象鼓与呼，同时也要发现它的问题，提前呼吁，引起人们的关注，我以为这也是一种责任。

提出"生态雕塑"，倡导生态艺术

魏沛娜： "生态艺术"是您近十几年来频繁强调的一个重要概念。2004

年在《走向自然生态的雕塑艺术》一文中，您说："走向自然生态是雕塑艺术的发展趋向，也是人类开始懂得尊重自然、敬畏自然的表现。对自然的回归，为雕塑艺术增添了新的发展的可能性。"2012 年在《走向生态文明的城市艺术》一文中，您又认为现在的城市艺术应该走出"人类中心主义"，走向生态文明。这种研究的转变经历了一个怎样的思考过程？

孙振华：2010 年以来，我个人的学术关注点又有了一些变化，这些年我一直在关注生态艺术，这是由公共艺术延伸出来的问题。在我们大力推动公共艺术的时候，我同时也在反思，公共艺术是不是越多越好？我的结论是，如果公共艺术不和生态艺术结合，它发展越迅猛，可能会带来环保和生态问题。试想，如果全国到处都堆满雕塑的话，会不会成为一种生态灾难？我们有什么方法可以更谦卑、更朴素地来对待自然，对待我们的城市的生态，是不是公共艺术一定要越大越好，越多越好？我们的目标是不是让雕塑满满地堆积在我们生活的空间里？

雕塑多了，势必会带来大量物质材料的消耗，开山采石，金属冶炼，这都是不环保的，那么我们有没有其他更好的替代性的策略和方式，比如用废品、自然物品来做艺术？我开始做这方面的推动工作。比如在"2014 成都蓝顶艺术节"，我和焦兴涛一起策划了"生态——锦江湿地公共雕塑展"，在这个展览中，我提出了以前大家还没有提过的"生态雕塑"的概念，这是国内最早提出生态雕塑的概念并在成都三圣花乡的锦江湿地进行较大规模的尝试。

对生态、环保问题的关注和尝试，也改变了我自己。过去深圳在做雕塑的时候，还没有想那么多，现在我想，如果一些经济欠发达的城市跟着一起做雕塑，城市雕塑在全国大规模铺开以后，城市面貌和文化是改变了，会不会带来另外的问题？生态和环境的问题？雕塑可以营造美的环境，但雕塑对资源的占用又在很大程度上消耗环境，这似乎是一个悖论。所以，现在一些经济欠发达的城市、自然生态比较好的城市，全部都向国际化看齐，全部都要广场、雕塑、大型绿地的标配，会产生什么结果？过去我们大力倡导公共艺术做城市艺术，现在倒有点害怕起来。

有没有什么破解之道呢？我想通过展览来尝试思考这个问题。2017 年，我又在武汉策划了一个更大型的"27度角——东湖国际生态雕塑双年展"。在这个展览中，我对生态雕塑的概念做了深化，生态应该包括社会生态和文化生态，也就是说，生态雕塑首先是艺术家在观念上要树立新的生态观；另外生态还指自然生态，用自然的东西，树、草等植物，用水、空气、气泡做作品，这个展览中这些都出现了；还有就是废物利用。在这个展览中，许多艺术家用死去的树干做作品，用海边捡来的石头做作品，用废弃的金属、建筑垃圾做作品……

我为什么要倡导生态雕塑，提倡生态艺术呢？我想，作为一个知识分子，应该站在时代的前沿的位置上关心我们的社会，具有前瞻性地对社会可能出现的问题发出声音。当一种潮流出现的时候，我们不是去简单地迎合它，而是要用比较冷静的态度来看待。我现在越来越警惕所谓的"雕塑热"，如果每个城市都想争做世界第一，竞相做最高、最大的雕塑，这很可怕。

魏沛娜：我们经常说，艺术是用来对抗时间的。提倡生态雕塑，可否视为是一种对传统艺术观念的颠覆？它的普及是必然的吗？

孙振华：是的，我相信这个趋势是必然的。过去我们都说，雕塑是用体积来征服空间，复制形象，保存生命，与时间抗衡。战胜时间，延续生命，这是在那个时代对雕塑的认识。现在，我们进入了一个生态文明的时代，我们的艺术观、生态观也要相应做出改变。

一个城市的空间是很有限的，凭什么你这一代人的艺术就该永久？一个城市要不要给后人留下更多的机会呢？所以，我现在甚至怀疑，过去我们认为天经地义的观念，希望户外空间的艺术具有永久性的说法是不是对的？艺术是不是要越永久越好？艺术是不是也应该有它的生命周期，也应该新陈代谢，具有可再生性？否则，我们今天的人做出东西把地球都填满，而且都是永久的，那我们的子孙后代还有什么希望？

我们现在是一种占有式的心理，今日有酒今日醉的心理。其实城市也应该做到有序地更替，每一代人都有权利在这个空间里面呈现他们的思想。我们应该对未来保有这种敬畏心。在今天这个生态时代，我们有没有更好的艺术观念来重新思考艺术存在的合理性？对这些问题我仍在思考中，现在还没想得十分清楚。一旦有了比较成型的想法，会把它写出来供大家讨论。

当今处于一个寻求路界的时代

魏沛娜：在今天的科技语境之下，我们可以如何打通城市、雕塑、艺术与科技创新领域的边界？

孙振华：现在可以利用高新科技材料和手段做艺术的多了起来，高新科技也可以与生态艺术相结合。例如，过去的艺术造型是用物质实体，用水泥、石头、砖头、木头等来构造实体；今天可以用声光电来做。有一次我去参加澳门国际光雕节，观赏了光雕表演，那些光影打在大三巴牌坊上，非常好看。这种表演方式很环保生态，同时也带来视觉上新奇丰富的感受。所以，用光线、色彩虚拟造型是可行的，这就是科技带给我们的有用的东西，我们可以利用科技。还例如，公共艺术的一大特点是互动参与，而科技可以给予我们一些感应式的接受方式，比如人机互动、感应互动，会增加艺术的趣味性。这几年中国还流行一种动态艺术，这都是科技带来的好玩之处。总之，和深圳这座城市一样，我也是喜欢探索和了解这个世界新的事物、新的可能，而不愿故步自封。面对今天日新月异的时代，我常常会反思自己，质疑自己。如此，我们个人才能保持相应的敏锐，我们的社会也才会不断发展，拓宽边界，找到更多的可能性。

魏沛娜：另外不得不注意的是，随着科技快速发展，人工智能正深刻改变着人们的生产生活方式。在文学艺术创作领域，人工智能也在逐渐介入，并产生了不小的影响。比如，机器人微软小冰继写诗、唱歌以后，又以"夏语冰"的化名，携作品在中央美术学院2019届研究生毕业展上首次展出，随后还举办个人首展等，让一些人竟"信以为真"。您会担忧人工智能发展将对艺术创作造成很大冲击吗？面对这种挑战，艺术家要做好怎样的准备？

孙振华：这是一个迹象，以后这一类的情况可能会越来越多，以后学生可能不是自己直接完成作品，而是通过创造一个机器人来完成，或者跟机器人合作来完成创作。在今天的高科技时代，人工智能的创作会越来越多。但是，从目下的艺术教育来讲，像小冰这样的创作和艺术院校学生创作还不完全是一回事。这是一种跨领域的创作，它不仅是美术专业教育的成果，更大程度上是人工智能、科技发展的成果，只是借助了美术这种媒介。我们知道，人工智能有很强的学习、复制能力，对世界名家名作的了解尽在掌握之中，具有巨大的知识储备，在信息量上会远远超过很多学生。所以若要竞技，在创作的数量、速度上，可能是一个学生所难以达到的。

通常个人的美术创作与人工智能的艺术创作相比较还是有很大的差距。比如，它不是一个真实的生命个体，没有遭遇到真实个人的问题、社会的问题，没有创作中的疲劳、苦恼，它创作能力是人所赋予它的，是根据现有的数码编程快速生成的，是算法的结果。它可能不会太差，但要说特别好，在目前可能还很难说。它毕竟是形式化的、模块的、组合拼凑的；而艺术最终是要有情感交流，有生命体验，是要从个人际遇出发来完成的，显然不是已有数据的组合和编排。

魏沛娜：如果出现了人工智能的艺术创作跟人的伦理、文艺伦理、科技伦理相互冲突的情况怎么办？

孙振华：对于这个问题大家有不同的看法，许多人担心的是，一旦机器人不由人控制，或者反过来控制人会怎样，对此比较担心。我也注意到不同的看法，例如《未来简史》的作者赫拉利，他认为不应害怕机器人，因为机器人是绝对听人的话的，关键还是人的问题。

我个人比较倾向于认为，这个问题本身就有很大的不确定性，因为人工智能创作的时代究竟怎样，会是一些什么样的作品，这是一个未来的问题，是一个前置的问题，而现有的伦理和社会规则是今天正在遵循的。我觉得将来人工智能普及以后，恰好首先会引起今天的这些伦理和规则的改变，所以这个冲突只是想象得很可怕，毕竟科技的力量只能是在与人的相互适应中不断来调适的。

魏沛娜：在同代学者当中，您身上至今怀有一股殊为珍贵的理想主义气质，这体现于您的研究跨界，视野和方法兼融文学、美学、艺术学、社会学、政治学、生态学、建筑学等；体现于您"心不懈于思考，力不懈于实行"。您如何理解自己的"跨界"追求？

孙振华：当年选择跨界的一步，今天看来是对的。人一辈子能跨界做些事，领略不同的风景，是一件很快乐的事情。如果"著书只为稻粱谋"，把知识、学问看作换取功名利禄的手段，可能会患得患失，失去好多探索、求知的乐趣。所谓"知之者不如好之者，好之者不如乐之者"，跨界让我们活得充实。

需要说明的是，我们当今处于一个寻求跨界的时代，不管是科学还是人文，都在不断走向综合，这种综合照我的理解，首先是思想和方法论上的综合，它们都共同指向人类、社会、自然的一些基本的问题，不同的学科，可能会殊途同归，在基本问题的指向上越来越趋同。另一方面，在走向综合的同时，随着认识的深入，它们在细节上，在技术层面上，又越来越细，出现了越来越多的分支和专门领域，也就是说，知识的发展，一方面在发现它们相同的共性，又在同时发现各自的差异和个性，这是一个双向的过程。在这个过程中，人类不断建构新的知识模式，改变过去的认知体系，在这种背景下，新思想一定是在跨界之中产生的，一定是在融合其他不同的知识形态的基础上产生的。当代艺术亦是如此。像今天的雕塑越来越成为一种"泛雕塑"，我们有没有未来，就看我们有没有胸怀，能够更多地吸纳和包容。所以，现在任何学科知识都是跨界互动的，是墨守成规，还是与时俱进，这是每个人都会面临的考验。

孙振华简介

孙振华　先后在文学、美学、美术史专业学习，1989年获博士学位。现为中国美术学院雕塑系博士研究生导师、四川美术学院特聘教授、中国雕塑学会副会长兼秘书长、《中国雕塑》主编、中国城市雕塑家协会副主席、全国城市雕塑艺术委员会副主任。

专业领域包括雕塑理论及历史研究、公共艺术的理论和实践、当代艺术评论。

出版著作有《生命·神祇·时空——雕塑文化论》《中国古代雕塑史》《公共艺术时代》《中国当代雕塑史》等十余部。

学者要有国家关怀、社会关怀、人类关怀

——阮炜访谈录

受访者：阮炜
采访者：魏沛娜
时　间：2017 年 9 月 9 日
地　点：深圳大学办公室

1986 年，阮炜获爱丁堡大学英语文学博士学位，随后回国工作，属于改革开放后第一批归国博士。1988 年，阮炜调来深圳大学工作，此后长期从事英语文学研究和文明理论、东西方跨文化研究。在深圳的学术空间里，阮炜甘居"边缘"，却心怀鸿志。他自由游走于中西文学文化之间，谈的是文明变迁，写的是世道人心，持的是人类关怀。他勤于观察、思考、阅读、著述，在中西文明研究领域里溅起一朵一朵耀眼的浪花。近日，现任深圳大学外国语学院教授、西方文化研究所所长的阮炜在其学校办公室接受了笔者专访。

赴英留学视野和思维大为开拓

魏沛娜：您 1978 年从四川师范大学外语系英语专业毕业，随后留学英国，成为改革开放后第一批归国博士。当时是在怎样的契机下决定出国留学的？

阮炜：我在 1978 年大学毕业，那时还没有完全恢复硕士招生，成绩比

较好的学生留校当老师，我就是其中之一。当时教育部乃至学校都想方设法提高老师的业务水平，有各种各样的训练班，从国外请专家来上课，比如四川大学、四川外国语大学都设有这种训练班，青年教师可以半个学期教学，半个学期去参加培训。同时，开始有了一些出国机会。1980年底四川省要在30岁以下的教师中选拔一批留学生，全省总共选三个人，我被选上，就出国了。但由于要走程序，我是直到1982年才出去的。

魏沛娜： 您的语言学背景对于英语文学研究有多大的重要性？

阮炜： 在曼彻斯特大学一年，我的英语水平有了很大提高，还比较系统地学习了多种语言学理论。这是理论的训练。以前在国内只学语言，而语言学理论对文学研究来讲也很重要，是一种基本功。最后我的博士论文做的是阿诺德·贝内特的现实主义研究。

魏沛娜： 您在《剑桥日记》一书中曾写道："八十年代中国学生在英学习时，一门心思读书，无暇了解英国社会细部。现在看来有一个'前知识'问题。当时中国与西方差距比现在大得多，中国人的生活世界与英国人犹如两重天，即便有心去了解，难度也太大，再加囊中羞涩和急于拿到学位的因素，干脆就不费心思去了解了。"对于您来讲，英国四年的留学经历带来哪些视野上的影响？在这期间，您曾经有意去了解英国社会细部吗？

阮炜： 之前在国内，看问题基本上只有一个角度，什么都得用辩证唯物主义和历史唯物主义的视角，到了英国，发现人们看问题的角度是多元的，不局限于一种观点和立场。这让人大开眼界。另外，学校的学习和训练，也更注重分析和概括的方法，这对一个之前主要学习英语的人来说，也是一种新的思维方式。虽然无暇了解社会细部，但英国社会总得去了解，这是专业的需要，不这样，怎么研究英国文学？得花时间精力，跟很多人打交道。另一个渠道同样重要，就是从媒体和报纸获取信息。这样，渐渐地，对英国社会和英国人的情况就能有一个把握了。那时中国人出国，感受到的冲击之大，现在人们可能完全没法理解。这主要是因为，国内外经济发展水平实在太过悬殊。那时，我们的收入比国外低得太多，可能只是其一二十分之一。我在四川师大的收入除了寄给家里一些，仅够吃饭。出国后，国家提供的奖学金在英国人眼中其实并不丰厚，却是国内教师的好多倍。

魏沛娜： 您在外面的时间其实不算长，当时考虑过留在国外工作吗？

阮炜： 我在外面的时间的确不算长，主要是因为我学位拿得比较快。英语专业留在国外没意思，但是理工科专业的留学生如果留在国外，发展条件的确好得多。我现在不能接受的一个情形是，长期待在国外的人，对国家并没有什么贡献，反而更风光，这就等于为国外服务的时间越长，在国内得到的奖励就越多。这种现象极不正常，亟待改正。回头看，我和在国外拿到学位随即归国服务的朋友们都认为，假如一辈子待在国外研究英语文学，是不可能实现人生价值的。你学英文，真能跟英美人相比吗？你究竟能对英语世界产生多大的冲击？如果回国，至少可以把在英美国家学到的东西，通过兼通英汉两种语言和文化的"中转"头脑的消化，通过教学和研究，在汉语世界发挥影响，实实在在的影响。

目睹深圳飞速发展，决定在深工作

魏沛娜： 回国后，为何又会选择来深圳工作？您对深圳最初的印象是怎样的？

阮炜： 当时还没想到深圳后来有那么大的发展，再过二三十年，深圳的发展会更是不得了。为什么来深圳？我原来在四川师范大学的系主任黄达明老师，在深圳大学建校后不久就当了外语系的系主任，是他建议我来深圳大学的。那是 1988 年，刚好我妻子何晓阳硕士毕业找工作，就先到了深圳。我们当时住在滨河新村，亲眼目睹这座城市的生机勃勃和飞速发展。就在我们楼下，一条柏油路两三天就修成了。不光是内地还见不到的高楼大厦，而且公共地带绿树成荫，到处都干干净净、井井有条，于是我们决定到深圳工作。当然，还有一个原因：这里是改革开放的前沿，跟外边交流会比较方便。

魏沛娜： 那时对深圳的人文研究环境有过详细的了解吗？

阮炜： 我来以前还是有一点恐惧感。当时深圳的优势我是摸清楚了，感觉这个地方经济上特别有活力，其他方面，也是一座宜居的城市。但是对于人文环境如何，我拿不准，多少有一些担忧。好在朋友陈维纲（现在澳门大学工作）介绍，说有个朋友蒋庆在这里。所以来深圳以后，立马就拜访了蒋庆先生，跟他建立了联系。慢慢地，跟深大景海峰、赵东明、吴予敏和林岗等同事认识了，他们都是哲学和中文背景的学者。之后，渐渐也跟深圳其他学术活跃分子建立了联系。那个时候，整个深圳学术气氛都不浓厚，所以我们组成了一个小小的学术群体，定期举行学术活动，很是快活。有了这样一个小环境，对我来说是可以的了。虽然那时深圳的大环境还不好，但我们的小环境可以起弥补的作用。

魏沛娜： 从语言学开始，到英语文学研究，您后来还继续转向文明理论、东西方跨文化研究。这些研究方向的转型难度大吗？

阮炜： 实际上，在英国读书时，就深切地感觉到，纯粹的英语文学研究是不能回答时代的问题，回应时代的需要的。所以那时，就对西方和中国的"文化"比较留心。1986年10月回国后，受到国内思想和学术氛围的冲击，对中西文化问题就更关注了。1987年就写了《先秦与古希腊文艺思想的异同》这篇文章，这已跟英语文学关系不大。同时翻译了一些重要的西方著作，如伊恩·巴伯的《宗教与科学》。1992~1994年开始向文明研究转向，1999年在哈佛燕京学社访学一年，文明研究更被深化为中西古典文明比较。文学是一种跨学科的学问，历史、哲学、宗教、神话、政治等都可能涉及。如果说语言学相对单纯，文学则包罗万象。每个人情况都不同，就我而言，是没法从小东西做出大学问来的。纯粹的文学文本研究也太过狭隘，而文化文明研究所涉及的范围要大得多。所以，从20世纪90年代初起，有八九年时间，系统学习了中国的宗教和历史。这当然有助于用比较的眼光看待西方宗教和文化。要研究西方宗教和文化，不得不反过来观照中国的文明和文化。那么怎么认识自己的文明文化，包括儒家、道家、佛家等？这又需要西方文学文化的训练和背景。你可以用它来审视自己的传统，这就有了晚清之前没法想象的新视角和新方法。此外，世界上其他文化传统跟中国又有什么关系？它们对各自文明和其他文明产生了什么冲击？它们仍在以怎样的方式影响全人类？诸如此类的问题都值得持续关注。一个学者要有大的关怀，有国家关怀、社会关怀、人类关怀。做学术研究而没有这些关怀，对我来说是不可接受的。

宏观研究与微观研究相辅相成

魏沛娜：这不得不提到您的一本代表作《文明的表现》，该书的写作恰恰展现了您深厚的史学功底和恢弘的人文关怀，其中也涉及了关于文明史研究与写作的态度。您在《中国与西方：宗教、文化、文明比较》的序言中便回应了此问题。您说："宏观文明史研究不仅是可能的，更是应该的，对于那些囿于局部知识的有限性，亟须扩展视野的人们来说，就更是如此了。"在您看来，文明史研究的最大难度就在于处理"林"与"树"，即宏观与微观、整体与细部两种知识类型的关系吗？

阮炜："林"与"树"的关系固然得处理好，否则所得出的宏观结论，会缺乏支撑和说服力，但另一方面，我认为人与人秉赋不同，某些人更适合做局部甚至细部研究。这需要耐心仔细的考证，需要耗时耗力的资料查询，甚至需要等待考古发掘的成果。另一些人，或许只是少数，却更适合做宏观研究。得利用已有的微观研究成果，进行分析、综合和概括，得出前所未有的新观点，提供前所未有的新视野，达到前所未有的新的认知高度。这样，无论宏观还是微观研究都能更上一层楼。两种研究相辅相成，缺一不可。缺少微观研究成果，宏观研究得不到支撑，无以立足；缺少宏观研究成果，微观研究会大受局限，会眼界狭隘，会像瞎子摸象那样，以局部真实代替整体意义上的真理。《文明的表现》恰恰是宏观研究。

魏沛娜：您所强调的"宏观文明史研究"，其实更是着重于一种视野关怀？而研究宗旨其实是遵循着既要对历史有某种宏观把握，同时又要重视在此基础上深究细部？

阮炜：宏观文明史研究不是"视野关怀"，而是文明关怀，是国家关怀、民族关怀、人类关怀。《文明的表现》是要纠正"五四"以来的一种极其错误的认知，那就是，中国文明、中国文化甚至中国国家事事不如人，事事矮人三分。这种认知是有后果的——即使在民族复兴的今天，许多国人见到外国人仍是一种晚清官员见"洋大人"的心态，以为中国人天生就低他一分，这实在令人气短，令人悲哀。《文明的表现》是20年前写的，那时的国人骂自己的文明比现在理直气壮多了。这本书是要通过比较从古到今的主要文明，来准确地认识自己的文明，从而让中国文明回归正常的自我定位：它自古以来就是一个强势文明。这种强势是古希腊、古罗马、阿拉伯、印度甚至欧洲都没法比的。这本书是要破那种西方中心的心态。其实我写的每句话、每个字，都是要破西方中心论或西方中心心态。国人不能继续以弱者和受害者自居，对于屈辱失败，对于鸦片战争和甲午战争等，是时候翻页了。只有克服了受害者心态，才能超越过去，拥抱未来。我们得思考，作为一个强势文明、一个强国甚至超级大国的一员，究竟应该如何思维，如何行事。是不是有人一批评我，就立马火冒三丈，暴跳如雷，不如此，就不爱国？自尊心不必那么脆弱，得有气度。是不是要继续让人把我们视为威胁，而非视为一个要为人类做更大的贡献、引领人类前行的民族？看来，20年过去了，《文明的表现》仍不过时。

魏沛娜：唐立新先生认为您"在文明和文化研究当中已经自如地进入跨学科研究"。那么，您对自身驾驭文明史的宏观研究的自信来源于哪里？又该如何理解突破学科藩篱来研究文明史的必要性？

阮炜：我不在乎什么"学科"。跨不跨学科，其实关系不大。做研究时，得专注于一些问题，得表达自己的论点，这又要求拿出论据来，否则没有说服力，并没有想到什么学科界线或"跨学科"。把问题厘清了，把立场和观点表达了，就达到了目的，跨不跨学科一点也不重要。至于宏观文明研究的自信何来，我以为，广泛阅读世界历史、中国历史，有了知识储备，多次出国留学访学又增长了见识，扩大了视界，掌握了大量一般人不熟悉的情况，所以有自信。自信也来自信念。没有信念的人将一事无成。

地缘文明概念是完全能成立的

魏沛娜：近 40 年来，文明史的研究与写作在国内蔚然成风，同时，国外也有许多文明史图书译介到中国。您认为国内外的文明史研究与写作主要有哪些异同？

阮炜：我不认为文明史研究在国内蔚然成风。至少在外语学界，我是非常孤独的。绝大多数外语人完全不知道我在做文明研究。历史学界和哲学界、宗教学界、国际关系学界的学者可能对我做的事熟悉一些。国内的比较文明史学者是带着真切的问题意识来做研究的，而目前国外的学者并不是这样的。他们似乎要中性客观，结果往往出一些不痛不痒甚至不着边际的成果，这有点让我失望。当然，20 世纪前半叶欧洲出了一些文明研究思想家和历史哲学家，如斯宾格勒、汤因比、韦伯和雅斯贝斯等人。六七十年代以后，欧美的文明研究明显式微了。最近几十年西方人出的有关"成果"价值不大。

魏沛娜：《地缘文明》是您的另一本代表作，该书第一章首先就解析了使用"地缘文明"概念的理由，并介绍了"地缘文明"的内涵及划分。您创造性地提出"地缘文明"这个概念，是一种对过往世界文明分类的颠覆吗？今天再看这个概念，是否仍然代表了您对文明形态的解释和诠释？

阮炜：《地缘文明》，韩国人主动译成韩语出版了，也算代表作吧，的确有颠覆已有文明概念的意思。所谓地缘文明，顾名思义，是基于地缘和共同利益、共同文化的文明分类和文明研究。如此这般，中国、日本、韩国、越南甚至整个东南亚都属于一个文明，即东亚文明，不必使用中华文明、日本文明等概念。如此类推，还有南亚文明、欧洲文明、北美洲文明、南美洲文明和非洲文明，不必使用西方文明这个概念了。至于古代中国以西地方，只存一个在西亚北非文明，不必使用古希腊罗马文明、叙利亚文明等概念。这个理论所涉及的时间维度比通常的文明理论更宏大，得超越短期的冲突和战争。不能因为中日之间发生过战争，就说不存在东亚文明。

中日关系最近不是有很大改善了？不能因德国和法国、英国发生过战争，就说不存在欧洲文明。欧洲人为什么要搞欧盟？不就是要建立一个基于地缘和共同利益、共同文化的更大的经济政治共同体。我今天仍然坚信，地缘文明概念是完全能成立的，从长远看更是如此。

魏沛娜：《不自由希腊的民主》《另一个希腊》这几本书都涉及您对希腊罗马文化的重新理解。您指出，我们有意识、大规模翻译介绍希腊罗马文化始自清末至五四运动这一时期。我们对希腊罗马的认知跟在西方中心论最强势时期的西方学界后面亦步亦趋，对之采取了一种毫无批评的褒扬态度，而以中国与西方之间天生的文化差异或距离，我们本来处于一个非常有利的位置，完全可以采取一种客观认知的态度。随着中国的重新崛起，我们对外部世界的认知发生了相应变化，像"五四"一代人那样出于国内政治目的而一味褒扬古希腊的态度也应有一个根本性转变。但遗憾的是，这种情形至今没有发生。为何我们需要重新认知希腊文化？如何理解这种认知变化的重要性？

阮炜：首先要看到，我国学界一味褒扬古希腊的态度已经有了一些改变，至少出现了一些学者，不再对一个失败的古代文明继续高山仰止。但这还是不够。当年被奚落的"言必称希腊"现象，很大程度上现在依然存在。想要说希腊的不是？不行。即使转引西方学者的观点说希腊文明的缺陷，也不行。只能说它好，不能说它不好。至于古希腊民主，政治理论学界压倒性的意见是，这种全民公投式的民主是小国寡民时代的政治形式，不值得现代人模仿，但一些人还是认定古希腊民主天生优越，不能说它不是。这很不正常，《不自由希腊的民主》和《另一个希腊》这两本书对这种现象多少是一个反拨。所用材料甚至观点虽然多来自国外学者，这两本书总算使用了中国人的视角来审视西方的古代文明吧。在迅速崛起的今天，中国经济体量这么大，科技和军事实力也不弱，且分布在全球范围的国家利益又不得不去保卫，不能总是依附于西方话语吧？不能总是不发声吧？我的古希腊罗马或西方古典学研究，是自己文明研究的一个有机组织部分。

我们有很多文明"债"要还

魏沛娜：1993 年，亨廷顿发表了《文明的冲突》一文，引起了国际上广泛的争议。而您则撰写《文明的融合？》一文予以针锋相对的回应。往后您又写了《现代中国人的文化身份问题》《梁启超心目中的中西文化》《文明互动中的民族主义的西方文化霸权》《现代中国的政治民族主义和文化民族主义》等文章，对传统和现代中国文明和文化在观念层面上进行反思。据说便是"文明冲突论"激发了您内在的"本土"意识，促使您开始深刻地感知到中国学者的"文明研究"话语权建立的必要性？

阮炜：是的，或可以说，是从 1994 年发表《文明的融合？》正式开始文明研究的。大体而言，这讲的是文明间关系，但这不够，还得在观念层面对从古到今的中西文明做深入的考查，所以后来有了 2001 年的《文明的表现》、2006 年的《地缘文明》等著作。并不是亨廷顿的文明冲突论激发了我的"本土意识"，而是憋在心里好多年的话终于找到一个由头"发飙"出来。并不是什么"本土意识"。使用这个概念，就得设定一个中心或更高的权威，这个中心或权威难道天生就是美国？亨廷顿的文明冲突论，本来是美国本土意识的产物，本来是一个出于美国私利的理论产品，难道只因为是美国人推出来的，就内在地具有权威性，先天处在中心的位置？学术乃天下公器，要为公义发声，为全球正义发声。你毫无顾忌地预言文明冲突，就不怕有朝一日预言自我应验？更何况在海湾战争中，最重要的中东国家如沙特、埃及和其他阿拉伯国家都是美国的盟友，这是一种跨文明的结盟关系。如何解释最重要的伊斯兰国家与西方国家结盟这个现象？只要是不同的文明，就一定得"文明冲突"？

魏沛娜：作为一位"中国本位的多元文化主义者"，您怎样看待当下美国、英国等大国的"脱群"现象，以及国际上单边主义和保护主义抬头的趋势？多元文化主义在这样的背景下将遭到多大程度的打击？

阮炜：国家对本国的利益都是实行保护主义的。我参与翻译了莱因霍尔德·尼布尔的一本书，叫《道德的人与不道德的社会》，讲的是相比个人，国家会更自私，更无情。英美的"退群"就是这一观点的写照。他们觉得待在一个更大的群体里，自己吃亏了，所以英国要退出欧盟，美国已退出各种国际协定，还要跟北约盟国和日本等兄弟明算账，要它们负担更多的军费，甚至翻脸跟欧洲盟国和日本打贸易战。这是逆全球化，是保护主义。可是哪个国家不实行保护主义措施呢？过去有，今天有，将来仍会有，不同之处只在于保护的程度。这不应视为单边主义。如果再出一个希特勒，英美应该会重新归队。如果在社会层面上讲多元文化主义，则可以说最近几年，在特朗普时代的美国，出现了一股多元文化主义的逆流，少数族裔与白种人的关系比从前紧张一些。但多元文化主义是一种普世价值，是自由、平等、博爱等普世理念的产物，是18世纪以来人类文明进步的产物，根基深厚，不可能动摇。特朗普为了讨好白人选民，有时会把话说过头，冒犯了非白人选民。很快，他女儿伊万卡就会出来灭火，说些相反的话，回归政治正确，看上去在批评她那不懂事的爹，这样就能挽回一些影响。他们不得不如此。你一到纽约，就明白为什么会是这样，为什么会多元文化主义。如果满街都是黑人、拉丁裔人、华人、印巴人，白人明显已是少数，不多元，行吗？整天胡说什么白人至上，岂不可笑？

魏沛娜： 近年来，西方国家社会出现的一些不稳定，也让人对西方的文明价值体系产生怀疑。而随着中国的崛起，以儒家文化为代表的中国文明又重新让人感到振奋。您认为，在未来的世界发展中，中国文明能以其固有的历史的和现实的文化资源去促进"和谐的文明关系"？

阮炜： 中国崛起，已经对世界产生了巨大的冲击，这种冲击会越来越大。很清楚，在未来三四十年里，中国在世界上发挥的作用将会越来越大，最终比美国发挥的作用还大。中国发挥领导作用的趋势已非常清楚。但是，西方作为一个文明体系不是摇摇欲坠，而是相对衰落。中国如何做自己，如何扮演其在未来世界中的角色，将是一个极大的挑战。讲求和谐的儒家思想将发挥应有的作用，但又不可自以为只有儒家才能救世界。迄今为止，其他文明给中国文明的东西远多于中国给其他文明的东西，所以我们有很多文明"债"要还，在此过程中也将为人类文明做出新的贡献。未来国际政治和文明间关系上的最大课题，将是中美如何和平共处。我个人认为，事实上的"中美共治"并非不可能。如果全世界认为中国必得扮演领导者的角色，即使只是"中美共治"中的一极，那也是中国不可逃避的命运。

中国不需要欧洲式的"文艺复兴"

魏沛娜：西方古典学也是您的文明研究的一部分。您曾写过一篇文章《也谈古典学在中国的"是是非非"》，谈到中国文明的延续性一直非常好，完全不像欧洲那样，出现了古希腊罗马文明与中世纪和现代文明之间的巨大断裂。您认为20世纪现代中国文明与之前文明之间虽也出现了较大的断裂，而且当今中国仍处在这种断裂中，但二者之间的延续性仍强过西方古典文明与现代文明之间的联系。那么，具体如何理解中国文明曾遭遇的"断裂"？

阮炜：相对于西方那种断裂，中国虽然有，却没有那么厉害。甲午战争，中国惨败，对中国人的心灵震撼极大，此即"三千年未有之大变局"。"五四"的时候又是一个高峰，大张旗鼓地搞白话文运动，再加上新思想新概念潮水般涌入中国，中国人的思维方式发生了极大的变化。"五四"之前，对于一个受过系统教育的人，完全理解古文并不是什么问题，但是"五四"之后情况大变，现在受过高等教育的人，即使从事文史专业的人，也没有任何人敢说能毫无障碍地读懂古文。尽管如此，晚清至"五四"时期中国文明的断裂远没有达到西方在古典时代与中世纪断裂的那种程度。欧洲中世纪落后甚至"黑暗"的，差不多持续了1000年，语言和文化都发生了巨变，思维方式发生了质的变化。完全可以说，古代西方与现代西属于两个不同的文明。西方文化断裂比我们大得多。

魏沛娜：所以，您认为今天的中国不需要一场"文艺复兴"？

阮炜："中国的文艺复兴"似乎是梁启超或胡适首先提出的，但这个说法从来没有被普遍接受过。中国不需要欧洲式的"文艺复兴"，这20年来我们在慢慢地恢复传统文化，至少不会把传统文化当成糟粕，当成包袱了，是比较强劲地复苏。总的来讲，传统文化复兴是好事，但对于新儒家的做法我持保留意见。

魏沛娜：在您看来，几千年的传统文化对中国社会的影响有多深？

阮炜：传统文化对我们的影响太大了。其他文明中人们可能不像中国人那样以如此积极的态度对待生活，没有中国人那么强烈的进取心，那么这种生命态度这种进取精神是哪里来的呢？是传统文化赋予的。现在中国已高度现代化了，传统文化看似离我们很遥远，其实融化在我们每个人的血液里。正是传统文化精神，赋予国人那种渴望成功、创造成绩的人生态度，而在很大程度上，正是这种人生态度推动着中国的快速发展。中国之所以能够在短时间内崛起，在相当大程度上靠的就是传统文化的力量。

魏沛娜：谈传统文化，必然绕不开传承的问题。近20多年来，国内出现了几次"国学热""传统热"，但这个传统文化复兴的过程中也出现不少令人担忧的地方。据您了解，现在西方对于古典文化的态度是怎样的？他们也会忧虑传统文化的传承问题吗？

阮炜：他们多少也会忧虑的。只是西方的现代化是渐进的，所以传统与现代之间没有出现中国式的剧烈变迁。尽管如此，怀旧永远是西方文学的一个重要母题，保护传统是社会共识，政府也承担起相应的责任。不仅中国，传统文化的传承在全世界都遭遇同样的问题，传统在西方也正在远离人们而去。20世纪80年代我在爱丁堡大学读书的时候，在大学书店里还能买到拉丁语读本和工具书，90年代再去的时候已经买不到了。短短10年间，在一个有着几百年历史的老牌大学，拉丁语读本的销售竟归于零！19世纪西方，只要是受过大学教育的人，不管是什么专业，都要学习古代语言和经典，现在情况完全不同了，大多数专业并不需要学习古代语言和古典名著。从中国看，当今人文学界整体上在回归传统，在价值观方面再也不像"五四"时期那样，视传统如敝屣了。

学术文章要尽量做到深入浅出

魏沛娜：中西方这种对待传统文化的态度差异的根源是什么？

阮炜：现代西方对待传统的态度不像我们现在这样在明显地回归。但传统文化的传承对于任何一个国家来说都会是考验。西方人也许不像中国现在对传统文化那么重视，相对来说比较平衡，这跟他们在 20 世纪没有经历大的文化震荡有关。

魏沛娜：刘小枫说过，发展有中国自己特色的中西合璧的古典学，最终是要以此开科设教完成晚清以来中国学界想做而一直没有做成的教育大业——营构坚实的高等教育的文明基础，使得我国的担纲性人才培养不致荒废：立足本土培养"兼通中西之学，于古今沿革，中外得失，皆了然于胸中"（皮锡瑞语）的新时代栋梁之才。而由他和甘阳策划并主编"经典与解释"丛书至今已出版 350 余种图书，但您对他们所提倡的"古典学"似乎不太赞成，并提出过批评。您所理解的"古典学"是怎样的概念？

阮炜："经典与解释"丛书中有些并非严格古典学的书是很有意思的，但很多被认为是古典学的书反而价值不大。一些有"科班"古典学背景的高校学者提倡"正宗"古典学，这并无不可。这里暂不论什么才是"正宗"，"经典与解释"丛书的选书倾向在普通读者那里容易造成误解，容易造成一种古典学就是"解经学"的错误印象。其实，只要到西方任何一个学术书店的古典学专架上看一看，就知道什么是古典学了。我以为，当今中国的西方古典学，应该从中国文明的视角来看西方古代的一切，包括哲学、宗教、艺术、历史、文学、体育和政治等，但不可以把古典学局限在解读诸如柏拉图的某个对话，而且必须按某种特定的路径来解读。西方当然也有这种书，但无疑处在非常边缘的位置。中国人做西方古典学研究必须从当代中国的立场出发，有自己的问题意识，不可人云亦云，甘于做跟班。读者通过阅读这些书，就会知道西方古代究竟是怎么一回事，这样我们才能准确地认知西方。

魏沛娜： 我还注意到，您的写作，包括学术论文似乎都有意追求某种普及风格，清晰透彻，没有术语的堆砌，没有艰深的理论，很好地打破了学术与大众读者之间的藩篱。另外，像您的《剑桥日记》就是一种典型的大众普及类的严肃读物。您是如何兼顾"学术专业性"与"大众普及性"的？

阮炜： 把大量心血花在写一篇文章或一本书上，最后只是为了评职称，或拿到几千块钱的奖励，是当今学者最大的不幸。所以，你得用平实易懂的话讲自己的观点或心得。大家容易读懂，文章或著作才更可能实现其价值。所谓"学术专业性"，主要表现在你自成一体的立场上、自成一家的论点上，而非一些貌似高深、玄奥的术语上。你得从一般人看不到的地方看出道理来，发前人所未发，同时还得修炼语言，尽量做到深入浅出，这样才能丰富读者的头脑，滋润他们的心灵。总得给读者以启迪，使他们开脑洞。当今国内外学术最大的遗憾是，明明一个非常简单的道理，用大白话完全能够说清楚的，最后硬是给包装成高头讲章吓唬人，甚至弄出一些术语轰炸、让人头晕的东西，好像不把简单的道理复杂化，就不"学术"了，就不是"学者"了。这种状况当然得改变。

阮炜简介

阮炜 1986年获爱丁堡大学博士学位，现任湖南师范大学潇湘学者、深圳大学教授。从事中西文明文化比较研究、西方古典学研究及时评。曾任北京大学英语系教授，北京外国语大学、清华大学、香港城市大学客座教授。在《外国文学评论》《读书》《国外文学》《文学评论》《世界宗教研究》等刊物发表论文多篇，为《光明日报》专栏作者，并在《深圳特区报》《澎湃网》《观察者网》等发表时评多篇。为"西方古典学译丛"主编，代表性著作有《文明的表现》《地缘文明》《不自由的希腊民主》等。

不自觉地成为一个老庄的追随者

——李大华访谈录

受访者：李大华
采访者：魏沛娜
时　　间：2018 年 4 月 20 日
地　　点：深圳大学办公室

2007 年，李大华从广州市社会科学院哲学文化研究所调入深圳大学。在他眼中，深圳这个地方创造了经济奇迹，也需要创造教育、学术与文化奇迹。

近年来，李大华经常出入图书馆和社区，讲授经典，推广国学教育，重视人格培养，弘扬传统文化，这缘于他自身的一种文化抱负和情怀。他认为，中国文化中存在两种不同的教养观，一种是道家的自然教养，一种是儒家的社会教养。自然教养认为最好的教养来自于人的自然，保持自然性而不被社会世俗侵蚀。社会教养关注人与社会如何相处的问题，将自然人教化成为社会的人。现代国民教育需要结合人类所有的智慧，以自然教养为基础，将自然教养与社会教养统一起来。人是教育的出发点，也是其归宿。教育的责任在于如何培育人的好奇、怀疑与独立思考能力，不信奉教条，不服从独断。怀疑不是要否定一切既有的价值，而是对既有价值的审慎。教育最终是要落实到人格的，以人格完善为目的。而现代国民教育的"格"具体包括：健康的体魄、健全的心智、自然的真实素朴、慈爱之心、生活的乐趣与历练、正义的追求、和谐相处的能力、信义的担当、尊重他人、遵从法律、履行公民责任。

李大华从事中国哲学、宗教与文化的教学和研究，研究领域涉及中国古典哲学、近现代哲学、宗教和文化及其西方哲学，尤其是道家、道教哲学和生命学说。在接受笔者的采访中，他畅述了自身的治学经历，并介绍现在自己致力于国学教育与人格培养相关工作的初衷。

从文学转向哲学是兴趣使然

魏沛娜：您到武汉大学哲学系攻读硕士之前，读的原是文学专业，为何会做出专业改变？

李大华：我很早就对哲学感兴趣，我下过乡，当过知青，在农村也读过一些书。那时不知有没有机会上大学，就梦想着以后如果走向工作岗位的话，希望每天能读两小时的书，后来正好遇上高考制度改革，我属于"前三届"，1979 年考上大学，最初学的是文学，但我的主要精力花在哲学上，能买到的哲学教材就是艾思奇主编的《辩证唯物主义　历史唯物主义》等，后来找到了俄共布党史教材《辩证唯物主义》与《历史唯物主义》。当然也读了不少马恩的著作，同时用心学习古代汉语、现代汉语、中国通史等，但我更花力气通读先秦诸子著作，那时的书不像现在容易买得到，我记得我第一次读《论语》时是拿笔全部抄下来，而读《老子》就是读马叙伦、高亨等人的注释的，也是一边读一边抄录下来。当时心里有个大方向，设想能够读研究生的话就专攻哲学，当时的大学生都非常渴望读书。我的西方哲学史、哲学原理等哲学专业的课程都是自修出来的。我的本科毕业论文就是写《论庄子的齐物论》，那时就算初步进入哲学专业的研究。至于说为何从文学转为哲学，那是兴趣使然。

毕业后，我工作了四年时间，再继续读研究生，没有连续读完两个学位，从本科到硕士，再到博士，陆续读了十几年。从大学开始，我的主要兴趣都在哲学方面，但我之所以用心学古代汉语，是觉得古代汉语对我理解中国古代文献有帮助，随而衍生出中国哲学的研究方向。

魏沛娜：那么从硕士到博士，十几年间您都接受了怎样的哲学研究训练？

李大华：硕士阶段还是打基础，那个时候老先生要求我们系统地阅读中国文献，要把我们原先那些不系统的知识变成系统的知识。在武汉大学的中国哲学方面，我们主要是"三架马车"，即由萧萐父先生、李德永先生、唐明邦先生组成的中国哲学导师组。虽然说系统地阅读文献，其实还是会因导师的倾向而有所选择，李德永老师偏重先秦哲学，是荀子专家，唐明邦老师是周易专家，而萧老师古今通气，对于明清启蒙思潮尤有专爱，所以我们的学习在系统性阅读基础上也有些重心。但是，硕士阶段也不太可能读完所有的文献，萧老师另外开了中国古代哲学文献学的课程，专门讲各个时期的中国哲学的文献，即便我们不能够读完所有的文献，也可对浩渺的文献有一个清楚的线索，这中间也有文献的辨别功夫。此外，由萧老师主导、中西哲学专业的老师共同参与的一门课叫做哲学史方法论，这门课程内容庞杂，方向多面，但充满思想性，经常讨论辩驳，不仅古代问题的辩论，而且中西会通，20世纪80年代是思想解放时期，古今中外各种问题都在课堂上讨论，这确实是开眼界的一门课。

依萧先生的理念，要想做好哲学史，首先要成为一个哲学家，他常借用一句话"竭其心之万殊而后成家"，也就是先要博学泛滥，而后再专精术业，应当站在巨人的肩上，即在充分理解前人研究成果的基础上，进行自己的思考，才有可能成为一个大家。所以，除了中国哲学、历史、文学之外，我们在西方哲学方面都比较花时间，不过，相对来说，在西方古典哲学方面比现当代哲学方面花的时间多，听陈修斋先生讲法国经验主义哲学，杨祖陶、邓晓芒先生讲讲德国古典哲学。

记得当时马哲专业的同学已经发表了好几篇论文，而中国哲学专业的同学还在跟着老师一起搞文献，老先生劝慰我们："慢慢来，不要急，井要掘得深，水才出得旺。"当我们开始写出的论文也能发表的时候，萧先生却又说："写得出几篇文章，不要满足，要做大学问，而文章要写到这个程度：前人不曾有，后人不可无。"他拿庄子做比喻，说他的文章一篇都不曾丢失。为什么？就在于他的文章写到了这个程度。

我读博士的时间又是在硕士毕业后工作四年之后了，由于这期间在大学和研究院工作，一直从事的是哲学专业的教书和研究，已经具有了相对厚实的基础了，发表了不少的论文，所以，攻博期间，萧先生基本不谈怎么读书的问题，而且一上来就讨论怎么做毕业论文的事情。由于硕士论文做的是道教方向，博士论文也就继续做道家和道教方向。我当时准备做道教哲学的命题，由于我之前已经完成了《隋唐道家与道教》（三人合作）的写作，又做过《中华道教大辞典》的写作，现在想以此为基础，把道教的问题做出一个纯哲学的研究，而不是道教史或者思想史的研究，这等于是从宗教现象的研究，进到了宗教精神现象的研究。当我把问题一提出来的时候，萧先生就说，应当注意道家和道教的外篇与内篇的关系，从外在现象转向内在现象，从大宇宙转向小宇宙，似乎预示着对于生命问题的突显。这对于我有很大的启发，后来我们见面多是就这方面的问题进行讨论。由于生命哲学问题在西方是现当代哲学问题，这就需要补强西方现当代哲学，所以，尼采、伯格森、狄尔泰、萨特、曼海姆、胡塞尔、海德格尔、维特根斯坦以及解释学方面的书，都是在读博士期间读的。

魏沛娜：您本来是中国哲学专业的，在怎样的机缘下主要偏向道家和道教文化研究？道家研究以老庄为主，道教研究著作又有《生命存在与境界超越》《李道纯学案》《岭南道教思想》等。

李大华：其实这个机缘是难说得清楚的，好像有很多选择，但最终的选择又是凭感觉的，可能与喜欢老庄的精神气质有关吧。我的硕士论文做的是隋唐道家与道教，在隋唐这个轴点上，往上是先秦道家，往下是宋明道教。当时我等于就在隋唐这个断代挖了"一口井"，除了写作了《隋唐道教与道教》，还写了历史小说《李世民》，后来以博士论文为基础而完成的著作《生命存在与境界超越》，也是以隋唐为起点，往先秦和宋明两端拓展的。只不过，《生命存在与境界超越》不再是道教史或道教思想史，而是一本纯粹的道教生命哲学，撇开了历史事件，集中于一个一个的命题，本来想把这本书的名字定为道教哲学的，由于这个书名被人用过了，只好改了个名。

虽然我在研究上偏重于中国哲学，但是从事哲学研究需要中西哲学的比较。我非常爱好西方哲学，西方哲学提供了方法论，包括分析问题的方式、严密的逻辑，对研究中国哲学非常有帮助。中国哲学不太讲分析，只注重思想的内在逻辑，比如中国古代汉语是没有标点符号的，要自己断句，后来是王力这批现代学者用西方语法建构了中国古代汉语。中国哲学也是这样的，在形式上是看不到逻辑的，但内在是有逻辑的，如老子、庄子都有内在严密的逻辑。依照中国的传统，文史哲不分家，因为学术研究需要拥有一个大的视野，有一个宽广的文化情怀，然后术业有专攻。做中国哲学，仅仅有中国文化视野也是不够的，而是要放眼人类文明，中西贯通，才能使我们的研究丰富起来。

读老庄的东西很有"现代感"

魏沛娜： 长期以来，很多人对道家与道教的区别不甚清楚，从实际关系上看，这中间的联系与差别是什么？学派与宗教是两者之间最大的区别吗？

李大华： 这本来不是一个问题，中国传统上是没有这个分别的，这种分别是现代学术分类的需要，在中国古代的各种类书中，都把道家和道教通称为道家。无论道家或者道教都有着共同的价值，如自然、自由、平等、公平、生命理性和超越，又都遵从《老子》《庄子》为基本的经典。但是，细分起来又有区别，道家是学派，道教是宗教，前者没有宗教生活，不必守宗教戒律，后者有宗教生活，须守持宗教戒律。但这只是一个基本的情形，在大多情形下，两者多有交叉，在历史上，道教往往做了道家的承载者，如道家的文献多是通过道教才保存下来，因为宗教有组织，有力量，能够办道家办不到的事情，而且道教也都把道家看作自家人。至于到了现代社会，才有严格的学派与宗教的分别，这既是学术分类的需要，也是政府对于宗教组织管理的需要。

学派通常是表述某个思潮，一种学术主张和立场，由于这种思潮、主张和立场有传承，有后继者，有宗脉，就把它叫学派。宗教则是一种道德、信仰的团体，它也有自己的主张和立场，但它有通常学派没有的东西，如有组织，有教义，有戒律，有宗教生活，其主张总是通向超越的宗教境界。从道家和道教的区别也就可以看得出来。

魏沛娜：不同于儒家的道德伦理本位，老庄的哲学思想体系自有其价值旨趣。在今天的社会语境下，其道法自然观、辩证法思想、崇柔尚雌精神能给我们怎样的启示？

李大华：在我看来，老庄的著作不仅仅是写给他们同时代的人看的，还是写给后代的人看的，具有很强的历史穿透性。读老庄的东西很有"现代感"，他们站得高，看得远，便有了历史超越，历代虽有很多人不断进行文本阐释，但未见得都能解释清楚，我们要结合今天的时代继续阐释，尤其老庄的一些精神价值是当下的社会非常需要的。

比如主张自然教养方面，道家跟儒家有点不一样，儒家是一种道德理性教养，道家是一种自然理性教养，希望培养的是自然人格，强调人始终是自然的一部分，所以人也应该像自然一样经风雨见世面，经历人生必经的路程与坎坷，但要养成一个独立的人格，即经历了社会上很多世故，还能把自己还原成一个赤子，那一定是非常不容易的修养，到老还保持了纯真，没有半点虚假杂质，这才是真正的道家人格。道家人格最重要的特点就是真实。如果我们梳理道家的德性，应具有三个基本的品格：一是真实，也可以阐发为真诚；二是宽容；三是公平。这三种品格恰恰是儒家的"仁义礼智信"所不具备的，其中"宽容"与"公平"是现代公民所应拥有的，也就是在公共社会生活里面人应该具有的操守。"仁义礼智信"也是人应该拥有的德性，但这种德性在熟人社会很有效，到了陌生人的社会效力就有所减低。所以，我有一个说法：我们应该坚守儒家的"仁义礼智信"，再加上道家的"真实""宽容""公平"的道德修养，才会形成良好的公民道德品质。

道家主张人和自然的平衡关系，中国讲"天人合一"，但这个概念是很笼统的，其实儒家和道家的天人关系的观念是不一样的，道家强调对天地自然要敬畏，不敢妄称荀子那种"人定胜天"，对自然有敬畏就要保持与自然的平衡，不能让人为因素过分扩张而吞噬了自然的东西，这一点放在现代社会，对于我们处理人和自然的关系是很重要的思想价值，我们要营造好的自然环境，让人和自然的关系更加平衡和谐。

魏沛娜："消极""无为"是贯穿于老庄哲学的重要思想，但很多人终其一生难以理解其中真义。"消极""无为"可以成为人生的力量吗？

李大华：我读老庄这么多年，从来没有消极过，这就是老庄的力量所在。你要是读通了，你就不会觉得老庄学问是消极的，它是建立在对他人的尊重之上。老庄思想总是强调无为，强调尚柔守雌，尽管我很强大，但要处在谦柔的位置，不要干扰宰制别人，给别人充分的想象力和主观能动性，让人自己主宰自己，其背后的观念实际上是积极的，关键是"无不为"的。"无为"是要求自己不妄为，不滥作为，不干扰别人的主动性，让别人自己去作为；"无不为"，则是让人们自己成就自己，达到每个个体的心意与愿望，而在总体上又是彼此和谐的、和善相处的。道家的基本价值在现代社会是有巨大能量的，而我们研究者要做的就是让大众能够充分理解。其实，现代社会价值有些并不是我们没有，而是我们没有解释出来，比如自由、独立人格、宽容、公平都是中国文化所拥有的观念，我们必须在现代意义上予以阐释。

关注社会是学者的责任和良知的体现

魏沛娜：我们如今处在一个瞬息万变的时代，如何寻求一个稳定的内在自我成为很多人共同面对的困惑。尤其在科技高速发展的时代，人的主体性变得有点模糊，令人常生焦虑和担忧，您如何看待当前科技与自我、科技与人文的关系？

李大华：现代科技确实给人的生活带来很多方便，同时给人类的生活也带来严峻的挑战。我们一方面追求科技进步，另一方面要始终坚守人的基本价值，如果人类只是追逐科技进步而没有人文价值坚守的话，那就会像夸父逐日一样，走向了一种未知的不归路，最终绝力而死。人类在这方面需要两种精神：一方面是追求进步的精神，一方面需要文化保守的精神。如果没有文化保守，那么人类就变得不知道自己为何物，不知道自己从何而来，往哪里去。也就是说，始终坚守人文价值是维持人的生活的一个基本前提。倘若我们只是跟着技术走，我们一定会发生很多问题，一定会被我们自己发明的技术所折磨和统治，也就是人的异化。比如机器人给人带来的危害是迫在眉睫的，这是一个现实问题。但机器人是人发明制造出来的，在这个问题上，人必须有所坚守。我认为，对待机器人以及克隆技术的挑战，人类唯一能够采取的就是坚守人文的基本价值和伦理底线。

魏沛娜：您不仅仅做单纯的学术研究工作，同时对于时代的思潮及文化问题也积极关注。当代哲学学者陈来曾说过："随着中国社会自身的转型，传统与现代的问题会让位给其他思想问题。"您对当代思想文化的关注有哪些？在做哲学研究时，会引入这些问题吗？

李大华：学术看起来是无关时务的，其实不尽然。学术是要研究问题的，只是问题则又分为古今中外、历史与现实、精神、制度与现象等，有的问题是无关现实的，如考古、历史、文字、民族、民俗等，有的问题与现实联系得紧密一些，诸如政治、法律、经济、社会、道德、环境等，相对来说，哲学是远离现实的，它是形而上的，它不与人争光，不与人争风，它是在黄昏时候才起飞的。所以，要哲学为现实服务，那是有点庸俗哲学的意味，那种不关心时务就是"没心没肺"的说法，有点苛求了。哲学是关于智慧的学说，学哲学也是要使人变得聪明一些。但无论是哲学，还是别的无关时务的学说，对于时务也总会有所关注的，关注社会是学者的责任和良知的体现，是对于人类基本价值的坚守。我虽然做哲学、宗教与文化的研究与教学，但对于时代的思潮和文化问题的关注，也是本分。如果说一个社会到了学者都跑出来关心现实的时候，那应该是社会出现了比较大的问题的时候，在一般的情形下，学者还是应该各司其职，关注本专业领域的问题。我所说的关注现实问题，与参与政府、入仕做官，没有任何关系，学者的关注与参与，就是要表达学者的态度，是专业领域里的良知。至于你所说的"传统与现代的问题"，应该是指中国从传统意义上的社会走向现代社会的问题吧，在这个转向中，传统与现代总会是一个重要的问题，但不是所有的问题都是围绕它来进行的，甚至它要为其他问题让路，如政治结构、社会分配、价值理性、生存环境等。就我来说，我最关心的是社会的基本价值、公民道德、宗教信仰以及教育与文化等，关心这些问题，就说明这些方面有比较大的问题。这些方面本身也是哲学需要研究的，只不过，哲学研究需要把现象过滤、抽象，把他们还原到纯粹的观念与概念，如我们不去随意评议社会上的道德失范，而是思考在道德观念上为何会如此。

魏沛娜： 这两年来，您非常注重国学教育的设计问题，关注德性培养的现实意义，在深圳负责"国学承传与市民文化素质"项目，经常到图书馆或社区为市民讲授国学，这种公众教育普及反倒像儒家积极入世的姿态。您在这方面有怎样的初衷与抱负？

李大华： 我刚说过，老庄的内在精神不是消极的，而是积极面对现实的。教育问题也是我多年来关心的问题。我以前写过一篇文章《谈谈公民教育》，最近我在"人文讲坛"讲了"我们如何有一个完善的教养与独立的人格"，刚刚把这个讲座内容写成了文章，名字改为《现代国民教育中的"格"》。我认为，道家的教养是"自然教养"，儒家的教养是"社会教养"，人应该有自然教养，也应该有社会教养，但是一开始并不是社会教养，应该首先是一个真实的人，社会的教养应该建构在自然教养之上，如此形成一个自然的"人格"，始终有其自由性与自然性。然后具有社会教养，比如尊老爱幼，有家庭责任和社会责任，如果仅仅是讲社会教养，人就会变得虚伪不实。比如卢梭认为人的一生的教养或取之于自然，或取之于他人，或取之于事物，这三种教养首先是自然教养，但这三种教养最好能够统一起来，如果不能统一就会发生分裂，教养应该是以自然教养为基础，有些人好像事事都在为别人考虑，其实是处处为自己打算，这是中国教养当中的一个问题。所以，如果儒家和道家在这个时代重新实现一种互补的格局的话，那么对中国重新走向未来社会，走向未来世界是非常有帮助的。同时，我们需要吸收人类文明的一切有益成果，充实我们的教育。

"老庄"二书出版实现多年的夙愿

魏沛娜：您在多年前曾经想把老子、庄子的书，用一种最简易、最流畅、又最准确的语言写出来，让一般读者包括中小学生都能读得懂，这个心愿在 2019 年初《老子的智慧》和《庄子的智慧》两本新书的出版上基本实现，其中《庄子的智慧》于 2011 年出版过，这次出版在内容上做了哪些修订？而"双弹齐发"，您希望达到怎样的出版反响？

李大华：虽然在多年前就有这个意愿，但手上似乎总有做不完的事情，在时间上需要顾得过来，更要紧的是这个事情需要在一定的时候才可以做，所谓一定的时候，就是学术沉淀、阅历的积累。越是想要通俗地表达，就越是困难，这只有学术与阅历的积蓄能够帮到你，因为老子、庄子不那么简单，需要用心慢慢地品味，在把他们的思想用通俗的语言说出来的时候，最困惑的是可能会丢掉某些东西，如何既通俗，又不丢失，这就只有在两者中间寻求平衡了。

《庄子的智慧》先写出来，当时，我的父亲因为脑梗，手脚不太灵便，为了鼓励他恢复身体，我承诺我把即将完成的书稿交给他来书写，之后把它公开出版，因为他的行书字写得好。这的确对他有帮助，他全神贯注地誊写，许多地方写了一遍又一遍。最后，以行书字体的方式交由中国学术评论出版社出版了，但是，仅仅印刷了一千册，只是用来赠送朋友、学生和部分图书馆，所以，虽然网络上能够查到这本书，实际上却买不到。这次与《老子的智慧》一起以印刷体正式出版之前，我增加了一些内容，其中"不可思议的事情"一章完全是新增的。

《老子的智慧》《庄子的智慧》一起由北京大学出版社出版，对我来说也是一件不小的事情，毕竟多年的夙愿实现了，我从大学时代接触老庄，做道家和道教这么多年了，又回到老庄，直接表达我对于他们的理解，这应该算是一个回到出发点的思想运动。我的初衷是理解比较准确，表达比较流畅，中小学生都能读得懂，但书写出来之后，还是要接受市场的检验的。现在看来反响还不错，我们在深圳中心书城举行了首发式，其中我应邀现场做了"成神、成仙、还是做人"的演讲，在深圳的各大报纸都做了报道，彭博新闻、腾讯新闻和凤凰新闻也随后跟踪做了专题报道，其中腾讯还开了专栏，定期刊登书中的部分内容。有一个小朋友在听了我的演讲之后也买了这两本书，过了一个多星期，他妈妈给我发来信息说，她家小孩很喜欢，说他已经快读完了《庄子的智慧》，他要继续读《老子的智慧》，说这是他的书，不许别人碰。我想，当我们能够把一种智慧、一种价值传递给青少年的时候，是不是一种善呢！这或许是对作者最好的回馈。

魏沛娜：《老子的智慧》一书全面铺开论述八十一章，但在写作上为何不循章节秩序，而是以问题为主题？

李大华：对，《老子》全书八十一章全面分解论述了，但并没有循八十一章的次序。在我看来，《老子》的八十一章，虽然每一章都有一个主题，或者说都是在谈论某个方面的问题，但前后之间并没有前后必然的次序与逻辑，这个方面倒是随性，有些方面的内容，老子在前面的某章里面谈了，后面他又拿出来谈，这只能理解为他意犹未尽，需要再次论述它。所以，后人读《老子》，完全可以将相似的主题和内容放在一起，这样会使问题更集中，会有一个明晰的思想线索。所以，我没有寻惯常的章节来写，而是以问题为主题，希望把老子的思想给读者一个集中而详尽的论述。

魏沛娜：您在研究上好像对庄子特别钟情，除了曾写过《自然与自由：庄子哲学研究》，还在《庄子的智慧》一书的导读中花了很大的篇幅，并不吝赞辞介绍"庄子究竟是一个什么样的人"。庄子的魅力自古以来都这么迷人吗？迄今为止，我们对庄子的了解充分吗？

李大华：这是一个好问题。《老子》和《庄子》都是圣贤书，也都很有魅力。但两本书的风格有差别，《老子》相对原则、抽象一些，语言相对谨严一些，对现世的关怀更直接一些；而《庄子》更具象一些，语言要活泼得多，对现世更为超越一些。两者都提出了圣人的人格，但《庄子》还提出了真人、德人的人格，圣人的人格要求更高，离世俗更远，真人、德人的人格虽然也是极其超越的，但离世俗近一点，而且，所有的圣人都不太性情，而真人、德人还是比较性情的，加上庄子仪态万方的语言表达方式以及审美理论，都给人一种亲临的感受，庄子所描述的人格虽然都很超越，但让人觉得他离自己不远，似乎随时都可能相遇一样。这就是几乎所有的人接触到《老子》和《庄子》的时候，都会产生敬仰之情，但老子庄严，庄子性情，不管人们能否做到像庄子那样，喜爱是必然的。有人说过：文人当中很少有人是不喜欢庄子的。这是实话。我与一般人的感觉是一样的。我最先读《老子》，而我最先做研究时选择了《庄子》。我的感受属于当代人的感受，那就表明庄子的魅力自古及今都是迷人的，尤其他那种说真话、求真理、任情性、独立不苟的人格，过去是，现在是，未来也是人们的追求，所有的人在面对庄子的时候，都会自愧不如！

庄子在世的时候，是很少能够有人完全了解他的，与他关系最好的朋友惠子算是最了解他的人，但是，惠子也达不到庄子的境界，所以，他也不是一个完全了解他的人。我在《庄子的智慧》里面说到，庄子是一个平实、清醒、简单而智慧的人，我们对庄子的智慧，只是在薄近他，却不能说对他做到了充分的了解。

尽量避开"我研究谁，就变成谁"的状态

魏沛娜：在庄子研究上，陈鼓应、崔大华、刘笑敢等学者提供过不同的参照系和研究方法，您在研究方法上比较倾向于哪一种？如何评价目前各种庄子研究成果？

李大华：你所说的还只是限于中国大陆的情形，即便在中国大陆也还有很多的《庄子》研究成果，至于中国台湾地区学者、海外学者，则有更多的学者研究过《庄子》，要一一评介他们的研究成果与方法，不是这个访谈能够做到的，我只能依照你所提到的人，简略地谈一下我的感觉。陈鼓应先生是我敬仰的老师，在我看来，他在处世及其人格上是当今学者中最接近庄子的，可以说是现代版的庄子人格。他对庄子的研究是文献、思想

兼具，而且他有一个宽广的国际视野，他的研究有尼采哲学的影子。此外，他还有一个鲜明的道家主干说和唯物论的立场，所以，在他的笔下，老子、庄子都不是神秘的，只是对于老子、庄子的宗教向度，似有忽略。崔大华先生对于庄学的研究，在20世纪八九十年代算是有哲学功力的，问题意识比较强，对庄子的问题和自己提出的问题有反思，也具有深度。只是他的理论工具主要是德国古典哲学，对庄子哲学中理性的重视，遮蔽了庄子哲学中非理性的那一面。刘笑敢先生是改革开放之后毕业的首届哲学博士，他的研究对八九十年代的庄学研究影响很大，他的学风是北大的，注重文献研究，其次才是思想性。他对于庄子内外杂篇及庄子学派的辨证，令当时耳目一新；当然，他分析庄子哲学的框架，带有80年代中国哲学的印记。

其实，我们应当提起上述三位庄学者之前的研究，一个是刘文典，一个是王叔岷，还有一个是张恒寿。前两者文献功夫极好，后者虽然所处时代条件受限，但注重《庄子》书中本身的逻辑，也不失为一种有效的方法。要说的庄学研究者很多，这里暂说这些吧。

我的研究继承前人长处，但不拘泥于前人。研究方法其实是根据对象来决定的，如在辨别庄子的内外杂三篇的关系时候，我采取了矛盾排除法、类似法、语言习惯法等，而对庄子哲学的研究，解释学、分析哲学的方法肯定都用到了。什么是有效的就采取什么，有些方法是自己琢磨出来的。

魏沛娜：您个人的性情也会受到庄子影响吗？

李大华：那是当然。庄子是一个智慧的、非常具有生命体验的人，他的人格魅力是巨大的。我们在做老庄研究的时候，要从历史上深深体验他们的思想境界，如果进不入，就理解不了。但我在研究时尽量避开"我研究谁，就变成谁"的状态，我不想这样。当然，我研究庄子，我就是庄子的学生，就要学习他的智慧和思想。但是如你所说，研究时间长了，我很接受老庄的思想价值，接受他们的人格，尤其是庄子的自然人格——追求自然和自由，这是中国文化中一种非常优秀的人格，也是中国应该具有的一种精神。我自己也不自觉地成为一个老庄的追随者。老庄思想在我们这个时代是一种很可贵的价值。

魏沛娜：弘扬传承中华优秀传统文化正是当下社会的一个热潮，其中老庄思想能够为当代社会建设提供什么样的思想资源？

李大华：主要是人文价值，中国的人文价值不仅有道家的，也有儒家的，还有佛家的。单从道家思想来说，老庄的价值与智慧古今的人都在参悟，各有所得，但有些命题前人的解释总让人觉得意犹未尽，没有达到明白无误的程度，比如对"无为""自然而然""天道与人道"的理解等。其实，老庄的东西挺简练，蛮容易理解，但要通透地理解，就很不容易了，因为他们有许多"微明"的东西。在我的研究过程中，一边参阅古今的理解，又总是力图有所发现，比如，老子所说的"以身观身，以家观家，以乡观乡，以邦观邦，以天下观天下"，相信迄今少有人真正理解，当我们把管子所说的"以家为乡，乡不可为也；以乡为国，国不可为也；以国为天下，天下不可为也。以家为家，以乡为乡，以国为国，以天下为天下"放在一起思考的时候，老子这个论断的意思突然明朗起来了。我觉得道家很多价值至今还未让人完全领悟，这就是道家的思想魅力。也许老庄生活的时代跟自然更亲近，而我们今天跟自然的关系有点疏远，所以我们理解他们的思想观念总是有障碍，难以想通。

我们不仅应该尽可能参透文本，还要在思想基础上做面对现代的解读，这种解读是从过去走向未来，既然我们读老庄都有现代感，那么就要面对现当代的问题。尽管我们生活的时代并不是老庄生活的时代，但是他们在当时早已把人类的命题提出来了，也是今人所要面对的，所以我们要把老庄作为思想资源去面对现当代人类的社会处境，也就是要接着老庄往下讲。我希望现在的我们能够对老庄思想有更深透的理解，同时要做一种创造。老庄思想虽然是超越的，却是面向现实的，面向人类处境的。

城市文化积累如果处理不好也会是负累

魏沛娜：在前来深圳大学任教之前，您是在广州市社会科学院哲学文化研究所工作，当时为何转来深圳大学？您对深圳有何期待？

李大华： 我是 2007 年调入深圳大学的。此前景海峰教授让我过来深圳，跟章必功校长交流，章校长是懂教育的，他的"教授治校""去行政化"的教育改革主张很新鲜，他对深圳大学的愿景对我有触动，而他做事的平实风格我欣赏。我们谈了以后有点兴奋，加上深圳开放的社会环境、深圳大学优美的校园等因素，吸引我过来深大教书。我原先就在大学教过书，现在也像是归队。我想深圳这个地方创造了经济奇迹，也需要创造教育、学术与文化奇迹，社会上有一种说法，深圳是经济上的巨人，文化上的矮人。这个说法并不很恰当。实际上，深圳的人口素质堪称中国最好，各类文化人才都有，问题是，经济上国家给予了深圳公平甚或优先的竞争环境，而在教育、文化方面，从未给予深圳开放、公平的竞争环境，深圳只能沿着旧的轨迹亦步亦趋地爬行，在夹缝中求生存，也就是说，体制的惯性遏制了深圳的发展。我希望国家能够给予深圳与经济政策相对应的教育、文化的政策，放手让其"先行先试"，释放社会智力与创造力，看看深圳人能够做出什么样的事情来。

魏沛娜： 深圳作为一个年轻城市，其文化土壤和环境相比北京、上海等一线城市来说比较薄弱，尤其传统文化在这里根植不深，这个问题时常为人所讨论。但是近年来，我们也注意到，从学校、企业到民间，一直在展开不少弘扬传统文化的活动。您怎样看待这种现象？深圳在传统文化的深耕建设上要如何"赶上"或形成特色？

李大华： 这只是一个说法，20 世纪 90 年代对广州有一种类似的说法，叫做"文化沙漠"，我不知道这是北方人对广州的说法，还是广州人对自己的城市的一个说法，后来在深圳也有这种说法，但这种说法不正确。相对于内陆的某些文化古城，南方的新兴城市在文化上的确是薄弱一些，没有多少古城墙和古文化发现，但不等于传统文化根植不深。文化的历史积淀与人们的文化生活不是一回事，一个城市的文化历史积累深厚不等于生活在这个城市里的人们文化也同样深厚，只能说历史积累对现今人们的文化生活和文化态度有影响。或许在传统的欧洲人看来，曾经为殖民地的美国是"文化沙漠"，但实际上不是，生活在美国乡村的人们，从一开始享有的是有文化有教养的生活，诸如喜欢看报纸、喜欢讲究的生活方式等。如今美国建国也才不到 300 年，还有人敢说美国文化根植不厚吗！刚才说了，深圳这个城市的人口，其受教育程度、文明程度、文化生活平均水平很高，深圳人的文化创造力也强，其文化产业冠盖全国，而且，对于传统文化也最为热爱，这些都为深圳的持续发展提供了潜在的动力。一个城市没有文化积累当然是不好，但有文化积累如果处理不好也会是负累。深圳不必要与别的一线城市比文化积累，而要去比文化创造力，创造的文化产品多了，本身就是积累。

李大华简介

李大华 武汉大学哲学博士，哈佛大学访问学者，法国国家科学院访问教授，台湾大学高等研究院客座高级研究员；深圳大学人文学院教授，中山大学兼职教授，四川大学客座教授，博士生导师；曾任华夏老子研究会副会长、广东禅学研究会副会长、深圳大学宗教文化研究所所长等；现任深圳市传统艺术文化促进会会长。

主要从事中国哲学、宗教与文化的教学与研究，已出版与主编有《生命存在与境界超越》《自然与自由——庄子哲学研究》《老子的智慧》《庄子的智慧》《宗教与现代社会》等近20部著作；在《哲学研究》《宗教学研究》《中国哲学史》等核心期刊及报刊上发表相关论述逾百篇；多次赴中国台湾、中国香港、美国、法国、希腊等国家和地区进行学术访问与交流。

图书馆是城市文化建设的有机组成部分

——张岩访谈录

受访者：张岩

采访者：魏沛娜

时　　间：2018 年 8 月 1 日

地　　点：深圳图书馆办公室

　　历史学、图书馆学是张岩的两大研究领域。如果说历史学研究让她拥有深邃的历史视野和文化情怀，也让她开始思考学问与现实的关联，那么，图书馆学研究则让她不断实践"学以致用"的抱负。在张岩身上，我们能看到传统知识分子那种执着于探究问题、服务社会的难能可贵的精神。近年来，"图书馆之城"建设实施质量化、标准化发展战略，深度与广度不断拓展，质量效益不断提升，成果显著，为人瞩目，而这一切，也见证了张岩对图书馆事业所倾注的理想和诚意。近日，深圳图书馆馆长张岩接受了笔者专访。

本科到博士都是读历史专业

　　魏沛娜：您在 2016 年出版了学术专著《包世臣经世思想研究》，您在序言中表示"希望从包世臣这个具有一定典型性和代表性的人物入手，切入嘉道之际近代转型前夜的中国社会，以期见微知著"。为何您选择了历史学作为专业？包世臣研究是您的学术之路的起点吗？

张岩： 我们这代人的求学经历与前几代人不大一样，基本是从学校到学校。我本科到博士都是历史专业。虽然上大学时报的志愿并不是历史系，但从小对历史也挺感兴趣，所以接受了学校对专业的调整。青少年时期父亲喜欢给我们买书，20 世纪七八十年代河南人民出版社出版的几套青少年读物我都读过。很巧的是，其中《祖冲之》《康熙的故事》的作者、武汉大学陈锋教授后来成为我的硕士研究生导师，这是一种缘分，也说明青少年时代的阅读对人生有着潜移默化的影响。我们本科时就开始写论文，真正的学术研究应该是从硕士阶段开始的。

1996 年冯天瑜教授开始招收博士研究生，我有幸考入，成为冯先生的首批博士生，研究方向为明清文化史。那时学界讨论中国近代转型对西学东渐影响关注较多，冯先生认为这只是问题的一个方面，对另一方面，即中国文化的传统要素在近代转型中发挥了怎样的内力作用研究不足，因此指导我们集中研究经世实学及其代表人物在转型前夜的真实状况，人物方面就有两江总督陶澍和我从事的幕僚包世臣研究。

魏沛娜： 武汉大学历史学科创建于 1913 年，是我国高等院校中较早成立的历史系科之一，有着悠久历史、严谨学风和深厚积淀。您师从陈锋、冯天瑜两位教授，其间具体接受了怎样的学术训练？

张岩： 高等教育有几个层次。本科是通识教育，硕博是专业教育。对我来说都觉获益匪浅。我本科在华中师范大学历史系学习。当时系里的知名教授如吴量恺、熊铁基等先生都给本科生授课；几位毕业不久的博士如张三夕、马良怀、吴琦、赵国华等年轻教师不仅课讲得好，还与学生多有交往，成为学生学习生活的大朋友。历史文献学泰斗张舜徽先生经常挂着拐杖在校园散步，有时还会到历史系学生宿舍与大家聊天，十分和蔼可亲；辛亥革命史研究的大家章开沅校长亲自在学校大礼堂给全校师生做访学归来的报告……这些都给我留下很深印象。

武汉大学的硕博学习和多年从教经历则培养了我务实严谨、实事求是的习惯。陈锋教授对学术规范要求很严。要求多查阅一手资料，并做好资料卡片，强调历史研究不能乱发议论，要尊重史实，"论从史出"。他写的书稿不仅体例谨严、著录规范，而且稍有涂改，交稿时全要重新誊抄。在陈老师的指导下，为研究清代社会重要的救灾措施常平仓制度，除了广泛搜集一般文献，我还翻遍了武汉大学老图书馆所藏的湖北省所有地方志相关内容，下了很多功夫。因为一手资料用得多，写出的论文有些新意，研究生期间已公开发表多篇论文，有了初步的研究能力。

冯天瑜先生治学奉行义理、考据、辞章三者相济的理路，是勤奋加天分的典范。冯先生对我们的影响也是言传身教，率先垂范。他的学术既有宏观视野，如先生的中华文化史是从中华元典精神入手的长时段深刻剖析，又有一丝不苟的严谨考证功夫，如先生对辛亥革命第一枪的考证等。同时冯先生的学术文章与文化散文流畅优美，具有很强的可读性，他在给我们讲课、指导我们的论文时也是这样高标准要求，我们只能努力为之。

魏沛娜：您在书中提到《包世臣经世思想研究》的出版是"缘起于多年前武汉大学读博时期的美丽校园，成熟于建设'深圳学派'的文化热土"，在深圳的生活经历使您对包世臣的经世思想有了怎样新的理解？该书内容在出版时做了哪些增补？

张岩：包世臣是传统社会清正知识分子的缩影。他这样的人在清朝不是个体，也代表着当时社会的一批中流砥柱。在深圳长期生活工作后更觉传统知识分子有局限，也有很多可贵之处。他们身上有着经邦济世的浩然正气，高扬经世致用之风，专注实政研究，因洞悉科举之路的积弊而绝意仕进，却能务实守本，痛陈时弊，百折不挠，锐意进取，是近代社会转型的一支生力军。他们探究诸多社会问题的根源，提出切实可行的措施，而且这些措施不是拍脑袋空想，都是来源于实践调查的"实事求是"，像包世臣的河工、漕运、盐政改革思想，都是深入一线亲自测量，实地走访，与各色人等交流、讨论形成系统对策，因此改革方案具有较强的合理性与可行性。他的吏治思想与外交思想，是源自学术积累和幕僚生涯的亲身经历。一介布衣，诸多思想和主张在后来一些大政改革中能被采纳，对社会发展起到积极作用，已是相当不易。但由于复杂原因，他的主张实现的程度又是有限的。这种现象揭示了西方炮舰打开中国国门时清王朝不堪一击的一个重要原因，即当时的社会已经积重难返，不再能实现自我更新与修复，一个健康社会肌体正常新陈代谢的必须条件已经丧失。现在我们常说当时的人昏聩无知，不可思议。深入史实会发现当时的当政者其实个个振振有词，自以为是，谁都不会认为自己"昏聩"。在这种时代氛围下更显示出包世臣这样传统士子的风骨：不仅有真才实学，而且长期置身于"利薮"的河、盐、漕等改革领域，却绝不从中获取任何私利，除了基本的薪资，凭借"以天下为己任"的士人良知、操守为幕主和国家奔走谋划。在研究他的时候，无论是学术上还是实践上，对我本人也是一种学习和修行。

本书出版前补充了包世臣"为政在人"的吏治思想及清代中期社会经济与文化方面的几篇文章。包世臣身为幕僚，不少文章和对策都是以官员之名署名，若不是晚年刻印了百余万字的个人著作，这样的人才在历史中或许已经湮灭。70多岁时，他写自己的生活状况是"居可容膝"，一生勤奋敬业晚景却贫寒凄凉。知识分子的主张和境遇能够折射一个社会的文明程度和发展状况。包世臣的际遇与其说是个人的不幸，不如说是国家和时代的不幸。

在图书馆工作面临的压力和挑战很多

魏沛娜：像包世臣一生践行的"实事求是""知行合一"等经世思想资源，是否对您的现实人生有较深的影响，让您拥有较强的历史现实感？

张岩：经世学派是有思想脉络的。从宋代陈亮、叶适的"事功学派"，到明末清初顾炎武、黄宗羲的民本思想，一脉相承。经世思想倡导以民为本，强调学以致用。乾嘉之际，社会问题日益凸显，部分先知先觉的知识分子发现皓首穷经的考据之学于世无补，开始关注现实问题，经世致用的思潮再度兴起，为解决各种社会问题寻找出路。我7岁入学，32岁以前没有离开过学校，在武汉大学任教8年，那时候还没觉得教学科研有多大压力，生活过得比较自在。但"纸上得来终觉浅"，有时候也希望了解一些社会现实，学以致用。

来深圳图书馆工作以后，大家都说我们近些年做了很多创新性开拓性工作，有些甚至似乎不是原来理解的图书馆业务，但都取得了很好的效果，这一方面说明深圳地区的公共图书馆是个开放、多元、包容的文化平台，另一方面也是因为我们所谓的创新其实都是基于文化使命、读者需求、时代发展所做的有机结合，是有源之水、有本之木，不是昙花一现的为创新而创新。一个行业、一项事业、一个机构都能这样不浮躁、一步一个脚印地去做，就一定能行稳致远，造福社会。

魏沛娜：2002 年您是在怎样的机缘下来到深圳的？您真正跟图书馆事业结合在一起，却要从 2012 年开始算起，那年您从深圳市文体旅游局调到深圳图书馆担任主持工作的副馆长，2014 年正式担任深圳图书馆馆长。

张岩：主要还是家庭原因。我先生在武汉大学研究生毕业后来深圳工作，过了几年正好深圳市文化局（新闻出版局）有一个机会，就调动过来了。

我跟图书馆结缘很早。自初中就在市图书馆办了读者证，借的第一本书还记得是中英对照的《黑郁金香》，当时在书店是买不到这种书的，因此对图书馆留下很深的印象。高中时期我是班里的图书管理员，图书馆老师对我很好，利用"职务之便"，我也就多看了不少书。大学经常泡图书馆，硕、博士和任教时期更是常态，没有特别的事情几乎天天要去。在深圳市文化局工作期间，我们为图书馆做了一件有意义的事。《深圳经济特区公共图书馆条例》有一个呈缴本制度，规定深圳本地所有公开报刊图书音像制品出版单位和内部资料编印单位，都要向市新闻出版局和市图书馆送呈缴本。每隔几年局里会以文件形式对此规定进行落实，敦促各单位知法守法，确保呈缴本及时、足额送达。这一措施有效保障了市图书馆完整收集保存深圳地方出版物。2018 年 1 月 1 日施行的《中华人民共和国公共图书馆法》在制定过程中曾考虑将呈缴本制度仅到国家图书馆，后来各地提意见，最后还是确定为省级图书馆，深圳属于副省级城市，所以我们的呈缴本制度依然是有效的。这个制度对于地方文献的长久保存很有必要，因为受出版周期等因素制约，出版物品种不易买全，数量可观的各种灰色文献更不允许买卖，若没有出版机构的主动呈缴，地方文献保存是很不全面的。行业惯例都有呈缴本制度，像我们的邻居澳门，出版物注册登记处就在澳门中央图书馆，注册后所有出版物都要向图书馆免费缴送，这种做法使地方文献在图书馆能够得到最完整的保存与传承。深圳的出版单位一直做得不错，这项工作很有价值，还要继续保持下去。

魏沛娜：您之前已经了解并接触了图书馆的相关工作，那么当您接掌深圳图书馆后，在实际的管理工作中一开始也是如鱼得水的？有过困难、挑战吗？

张岩：从公务员转到事业单位，角色变化很大。图书馆是我们局文化系统最大单位，馆舍体量大、员工数量多，业务领域点多面广纷繁复杂，尤其是图书馆有较强专业性，深圳图书馆又是高起点建设和发展，比我在机关时面临的压力和挑战多得多。好在那时年轻，"无知者无畏"，多年的专业积累和机关工作经历都派上了用场，凭借上级的开明领导与信任、同事们专业敬业的高质量配合与支持，不可胜数的困难都被我们一一克服。忙忙碌碌一年又一年，图书馆的文化内涵得到大大的丰富和提升，图书馆和从业人员的社会价值不断显现，得到市民读者和社会各界越来越多的认可，我觉得这是最值得欣慰的。习近平总书记前不久在国家图书馆110周年给国图老专家的回信中说，"图书馆是国家文化发展水平的重要标志，是滋养民族心灵，培育文化自信的重要场所"。习总书记的批示给了全国同行很大的鼓舞。图书馆也是一个城市文化发展水平的标志，我们的工作要不辱使命。

阅读与学习可是最好的可持续发展之路

魏沛娜：2003年下半年，深圳市文化局在全国首次提出建设"图书馆之城"的新思路。"图书馆之城"这个形象的概念在深圳图书馆这些年的发展路上扮演了怎样的一种推动力？

张岩：观念引领发展。"图书馆之城"的发展理念充分显示了当时党委政府的远见卓识，正由于这种超前眼光，20世纪八九十年代文化部的几个项目落户到深圳图书馆，促使全国的行业人才向深圳地区汇集。有了政策和人才的支持，"图书馆之城"建设注重顶层设计和整体规划，使深圳地区图书馆事业得以高起点发展，并实现了"文化＋科技"的创新融合，有效保障了市民的文化权利。近些年来"图书馆之城"建设进一步实施质量化、标准化发展战略，深度与广度不断拓展，质量效益不断提升。

新时期，随着中央对公共文化与全民阅读的高度重视，公共文化服务保障法与公共图书馆法相继出台，全国各地在文化建设上致力于补短板、惠民生，对公共图书馆事业的重视程度与日俱增，不少地区甚至发挥了"后发优势"，后来居上。深圳虽然起步早，起点高，但在体制机制上与其他地区相比并无优势，对标发达国家和地区，差距还很明显。还需要党委政府拿出决心和魄力，创新基层图书馆管理机制，加大投入与保障，在提升城市文化软实力上再做改革与发展的尖兵。

魏沛娜：这些年深圳图书馆的发展成就大家有目共睹。比如，2012年4月23日，深圳市"图书馆之城"统一服务平台正式启动，成为深圳市"图书馆之城"建设又一个新的里程碑。

张岩：国家推进公共文化体系建设，指的是公共文化设施与服务要均等化、全覆盖。上海、北京在2001年左右也在做图书馆网络化建设，开始实行"一卡通"，但"全城一个图书馆"的"图书馆之城"概念是深圳第一个提出。为什么要有"全城"的概念？就是不管市、区、街道、社区哪一级图书馆，都能给市民提供标准均等的基本服务。拿着一张卡（读者证），全城通用，全市的图书馆资源都能共享。现在这个目标正在变成现实：全市310家各级图书馆，295个自助图书馆，一共600多个实体和自助图书馆已经构成一个互通互联的服务网络，市民可以就近方便地使用服务。而且现在还有App、语音电话，微博微信公众号等手机终端实现各种业务办理与使用移动数字资源，国际图书馆界"任何用户在任何时间、任何地点，使用任何图书馆任何资源"的"5A"梦想，已经初步实现。

魏沛娜：除了软件提升和硬件完善外，您还很注重读者在图书馆的学习体验感和知识获得感。如何理解您的这种图书馆事业情怀？

张岩：公共图书馆是一种优良的社会制度，是没有围墙的学校，是弥补教育公平的机构，它为整个社会提供平等免费没有障碍的知识服务，而知识是可以改变命运的。社会的发展归根结底是人的发展，让全体民众通过这样的知识机构分享社会发展的红利，反过来会进一步促进人与社会的健康发展与良性循环，因为阅读与学习是最好的可持续发展之路。这也正是为什么发达国家和地区普遍高度重视公共图书馆事业。老百姓有时说GDP总量如何发展好像与自己无关，因为实际生活中不易感觉到。公共图书馆这样的设施正是能充分释放正能量，让民众有获得感的公共场所。我们努力工作，也是希望使这个场所发挥所长，春风化雨，润物无声，让市民切实感受到社会的进步与文化的温暖。

倡导启动图书馆的"深圳记忆"项目

魏沛娜： 您到国外交流考察时，有哪些图书馆让您印象深刻？有哪些图书馆经验值得我们借鉴？

张岩： 欧洲作为现代公共图书馆的起源地，图书馆观念和实践都比较先进。例如英国大英图书馆的高密度自动仓储书库（ASRS），科技含量高，存取速度快，建设与运营成本也并非高不可攀，不失为一种既节约土地又节省资金的解决方案，我们已在新馆——深圳第二图书馆建设中尝试借鉴。希腊国家图书馆建筑设计十分巧妙，该馆的大房顶尤其让人耳目一新，既起到遮光挡雨作用，又可远眺大海、雅典卫城，周边是公园、水渠，绿色环保、风景优美。

我们也很关注国外图书馆发展的前沿动态。在今年8月希腊雅典召开的国际图联第85届世界图书馆与信息大会上，发布了《国际图联2019—2024战略报告》，当中提道："我们的愿景是建立一个强大而团结的图书馆界，助力信息互通的文明参与型社会。"结合世界各地图书馆的建设实践，我们看到，无论是图书馆业界还是社会大众，都已经意识到，图书馆在提升市民生活幸福指数、维护社会稳定和谐和促进社会发展中都将起到越来越重要的作用。图书馆人更应齐心协力，深耕这片文化阵地。

魏沛娜：时下很多地方都只注重"请进来"，却很少发掘重视本土学者资源。我们看到，"深圳学人·南书房夜话""深图人文讲坛"等活动，大多时候都是邀请深圳本土学者开讲，而这些平台也已成为深圳学者的展示空间以及与社会公众双向沟通的桥梁，有助于促进学术思想交流，推动深圳学派构建。为何您在邀请专家学者方面重"外"同时又重"内"？

张岩："世有伯乐然后有千里马。""橘生淮南则为橘，生于淮北则为枳。"这些道理大家都懂，但在现实生活中有时会迷失。人才是需要发现和平台的。现在引进人才讲得比较多，总觉得外来的和尚好念经。其实人才培养同等重要，且更长远。深圳正在快速建设多所高校，可以发挥蓄水池功能吸引和留住人才，社会各界也是藏龙卧虎。需要搭建交流展示的平台、给予发现的眼光、建立促进知识体系形成的激励机制。优良的文化土壤一旦形成，文化人才的森林自然也会形成。只有符合当地实际情况的、可持续发展的人才，才是真正属于当地的人才。深圳提出打造深圳学派，也是志在长远的文化发展战略，可能有不同理解，但我认为这个方向是对的。深圳要有自己的文化人才、话语意识、学术方法、问题特点，共同形成具有一定共性的学术流派。这个方向显示了深圳人的文化抱负，有没有这个理想，文化建设效果可能会有很大不同。城市图书馆是城市文化建设的有机组成部分。正是在学派建设理念的感召下，我们从文化空间、推介平台、思想交流平台、文献资源建设等各方面，围绕学术文化建设做了很多策划组织工作。在这个过程中，党委政府支持、学者积极响应、读者踊跃参与、媒体大力支持，实现了各方联动，收到很好的社会效果。现在政府喜欢讲"引入社会力量"，这可以作为公共图书馆凝聚各种社会力量持久推动文化发展的一个案例。

魏沛娜：近年来您还大力提倡寻找保存深圳的历史文化资源，比如自2015 年以来开展"深圳记忆"项目建设等，皆可见您对深圳历史文化的重视支持，同时刷新了我们对图书馆的认识理解。为何图书馆需要主动"走出去"去承担这些保护工作？

张岩：图书馆的核心使命是传承文明、服务社会。后者是外在的显现，其内在的逻辑和使命是传承文明。人类文明几千年传承下来得益于各类图书馆把大量的文献实物保存下来，当然也耗费了大量的资源。所以在很多国家，保护图书馆不仅是政府的职责，而且政府不允许图书馆和私人机构合作，这是文化安全和职责使命所在。深圳图书馆古籍不多，主要是1985年四川老中医张太无先生家人捐赠的一批私人藏书，民国以前的古籍总量不到300种，但其中有5种申报入选国家珍贵古籍，12种入选省级珍贵古籍，品质还是比较高的。由于收藏机制不畅，近几十年几乎未有新的收藏，这是馆藏建设的一个遗憾。但深圳学派文献专区建立后，我们在当代学人著作与藏书收藏上突飞猛进，收获颇多，胡经之教授、彭立勋教授等多位老一代知名学者捐赠了全部个人著作、手稿甚至藏书，我们还与《深圳晚报》合作推出"深圳写作人作品典藏计划"，发布多次征集令，得到市民积极响应，近几年我馆本地学人著述收藏大幅上升。这种收藏特色也正映射了深圳这座城市的文化特点。

深圳近几十年发展很快，但是它也有自己深厚的历史。钱穆先生在《国史大纲》序言中说，要对本国历史有一种温情与敬意，才不会对本国历史抱一种偏激的虚无主义，认为本国历史无一点价值，无一处使他满意（大意）。受国家图书馆"国家记忆"项目启发，我倡导启动了本馆的"深圳记忆"项目，希望全面梳理与发现深圳本土历史文化脉络。几年来，我们的馆员已走访了多个古村落，并在专家指导下拍摄记录片，建设数据库，相关成果上传至"国家记忆"数据库，汇入国家与民族的历史记忆之中。2018年则开始对非遗进行走访，《深圳商报·文化广场》现在也加入进来，我们的队伍扩大了。通过走访和调研。人们会发现深圳过去虽位置偏僻，但在历史上一样曾有过繁荣兴盛的似锦年华，并不是像人们想象的"小渔村"那么简单。比如错落有致、子孙遍布东南亚的宝安凤凰古村，从宋代至今已繁衍一千多年；沙井古村留有古街、古桥、古井和传统工艺；深圳自古以来就是产盐区，有两千多年的制盐史，故有"盐田"之称；坪山坑梓一镇现存清代康熙年间以来客家围屋30余座……众多古迹遗世独立，传递着这座城市的文化风华。为了更好地保存城市记忆，我们现在也倡导各区图书馆同仁一起做，因为各个区协同作战会更接地气，成果更丰。将来我们会加强规划与合作，建立发现记录传承"深圳记忆"的协同发展机制。图书馆不只是把别人传承的东西保存下来即可，还应该动手动脚去搜集、去发现、去整理和记录。图书馆不是不少人以为的只是借书还书而已，它还有很多重要的历史使命。

较早关注并践行"图书馆＋"发展模式

魏沛娜：在这个深度信息化时代，阅读的手段和方式正在不断发生变化，"图书馆＋书店""图书馆＋咖啡店""图书馆＋酒店"等阅读推广形态逐渐兴起，像上海已在尝试建立"书香联盟"的新模式，由读者和阅读类社会组织组成"书香行者"，由咖啡馆、实体书店、公共图书馆和社区公共空间构成"书香驿站"，把阅读者和阅读空间全面打通。上海图书馆馆长陈超写过一篇文章《用"互联网＋"和"图书馆＋"成就全民阅读》，他就提出："在这个以数据化为特征和标志的深度信息化时代，公共图书馆不仅要继续与互联网做加法，加快向大数据时代的全媒体复合型图书馆转型，还要发扬互联网精神，借鉴互联网思维，同时实施'互联网＋'和'图书馆＋'战略，让阅读无所不在，使公共图书馆成为我们社会中最不可或缺的公共空间之一，让公共图书馆在我们的现代公共文化服务体系中具有无可替代的地位。"您如何看待在这一波新型阅读文化空间潮流下的"图书馆＋"的现象？目前深圳图书馆在这方面有哪些思考和措施吗？

张岩：深圳图书馆其实较早就关注并践行了"图书馆＋"的发展模式，与社会力量广泛开展合作，打造了一系列深受读者欢迎的新型文化空间和知名文化品牌，在多个业务领域实现招标采购社会化运作，形成多元共赢格局。

具体成效大致可以归纳为三个方面。第一是发挥专业优势，共建特色分馆（基层馆）。图书馆本着共建共享和优势互补的原则，在馆舍选择、馆内布局、资源配备、设备购置等环节提供指导，按照《公共图书馆建设标准》和《深圳市基层图书馆（室）达标定级评估标准》与社会各界开展合作。如与创维、新百丽、富士康等企业，与市中级法院、人才公园、学校等共建分馆；在企业、部队、福利院、社区、小学等处设立服务点，成为阵地延伸服务的有益补充。

第二是发挥资源优势，传递文化爱心。图书馆肩负着关爱特殊群体与缩小社会鸿沟的责任。深圳图书馆针对少年儿童、银发一族和特殊群体，与社会机构合作开展丰富的阅读活动，满足他们的文化需求；配合市对口帮扶工作，与兄弟图书馆签订协议，利用我们的人才和管理优势提供力所能及的帮助，以先进带后进；建立深圳捐赠换书中心及多个分中心，开发专用管理软件，形成全市联网运行，让市民家中闲置的图书资源在全市流动起来，并与民间阅读组织和公益团体共同开展多种多样的公益活动，如"鹏城小书屋"向革命老区江西寻乌的孩子们捐赠闲置图书上万册，体现知识关爱。

第三是发挥平台优势，弘扬优秀文化。通过与社会机构合作，策划组织、持续开展具有丰富文化内涵的常态化活动，弘扬优秀文化，推广全民阅读。现在全馆每年各类讲座、展览、表演、交流等活动1500余场，相当一部分是通过与社会各界的合作举行的。例如与深圳市社会科学院联合举办的"深圳学人·南书房夜话"，围绕传统文化与经典阅读等话题，为深圳学人搭建与市民大众的思想交流平台，相关内容还定期整理结集出版，促进知识传播。活动至今已连续举办5年，出版图书5部，200多人次本土学者、近9000人次市民走进南书房共享精神盛筵，其音频将来还可以以新媒体方式传播分享，活动不仅取得丰硕成果，而且形式与内容都很有创意。

魏沛娜： 另外同样值得注意的是，近年来，以主题为特色的中小型图书馆越来越多地走进了大众的视野，如杭州的茶文化图书馆、台湾高雄的电影图书馆、温州的中国鞋都图书馆等。在您看来，这些"小而专"的主题图书馆能够可持续发展吗？它们对综合型公共图书馆来说意味着什么？

张岩： 据我所知，国内不少公共图书馆在主题图书馆的建设方面一直不遗余力。例如杭州图书馆通过直建、委托、共建共管等方式，先后改扩建了生活、音乐、佛学、科技、运动等主题分馆十余家。深圳的南山区图书馆也建有设计图书馆等多个主题分馆，这些主题特色图书馆，专注服务特定群体，资源与活动可能比大型公共图书馆具有更强的针对性，以其"小而专"的特点弥补了后者"大而全"的不足，是实体图书馆服务的有益延伸，值得业界探索和借鉴。不过，也要注意不必过于注重外表的修饰和噱头的制造，以免使图书馆变成"打卡景点"，忘却了阅读的需求和本质。在与社会力量合作过程中，公共图书馆应当保持定力。

魏沛娜：深圳图书馆在 2010 年成为"粤港澳文化交流合作示范点"，策划和参与了粤港澳三地文化交流活动如资源共享、读者活动联动、业界学术交流互动以及其他常规交流项目。2019 年，《粤港澳大湾区发展规划纲要》和《中共中央国务院关于支持深圳建设中国特色社会主义先行示范区的意见》先后颁布，意味着粤港澳大湾区的文化发展迎来一个实实在在的好机遇，也意味着深圳的文化发展前景可期。您认为未来深圳图书馆要如何进一步加强与港澳的文化交流与合作，为共建人文湾区贡献深圳力量？

张岩：多年来，深圳图书馆一直保持与香港和澳门图书馆界的交流与合作，在交流互访、业务合作、活动联动等方面取得了丰富成果，惠及三地市民，共同推进了三地图书馆事业的发展。大湾区规划纲要的颁布给"9＋2"城市群之间的交流与合作提出了更高要求。就港澳来说，未来我们至少要从四个方面进一步加强交流与合作。

首先是借鉴港、澳公共图书馆简约高效的一体化运行机制。港、澳公共图书馆管理架构具有高效、扁平化的特点，统筹配置、运行管理公共图书馆资源、业务与人力，真正能够做到整个体系共建共享，均等服务。相较而言，内地公共图书馆由于受分级行政与财政的体制制约，管理的条块分割问题还比较突出，人财物难以做到统筹配置，基层图书馆管理与服务的均等化、标准化还有障碍。希望学习港澳公共图书馆的先进经验，切实推动一体化总分馆建设，努力实现人员、经费、资源、服务的一体化运行，打通公共文化服务"最后一公里"。

其次，继续联手大湾区各地图书馆，办好粤港澳"共读半小时"阅读活动联动。2019 年"4·23"世界读书日期间，首届粤港澳"共读半小时"阅读活动在穗、深、港、澳四个主会场，以及 500 多个共读点顺利举行，用具有仪式感的共读行为，增进粤港澳三地居民的文化互动，参与人数近 6 万人，社会反响热烈。未来希望把这个活动品牌继续做大做强。

再次，探索建立大湾区各公共图书馆的地方文献和地方记忆共建共享平台。建立各地方图书馆间的地方历史文献交换机制，互通有无，交流相关工作的方法与经验，开展业务研讨，乃至实地探访。

最后，要加强图书馆员的馆际交流。习总书记说，人才是第一资源。人才的交流带来的观念更新、业务发展最为根本。希望湾区各公共图书馆在现有合作基础上，探索建立更为深入和稳定的人员交流机制。通过深度参与兄弟图书馆服务实践，学习先进的工作理念和服务举措，提升专业素养，为各地服务效能提升及馆际业务合作开辟更广阔空间。

魏沛娜：对于您个人来说，您希望在未来的深圳图书馆以及"图书馆之城"的进一步建设中，能够再实现哪些愿望？

张岩：现在国家对深圳给予了新的定位和期待，深圳公共图书馆事业也将紧密围绕深圳建设先行示范区的目标，奋发努力。我们进行了初步研究，希望配合市委市政府在公共图书馆领域打造"六个示范"。

一是体系化示范。打造示范性的总分馆体系，推进紧密型垂直总分馆建设；打造示范性的基层图书馆，深入推进"公共图书馆提升工程"，提升全市基层图书馆设施品质、服务效能与公众形象。

二是法制化示范。修订推行高标准的《深圳经济特区公共图书馆条例》，为公共图书馆事业高质量发展和未来先行示范提供有力的法治政策保障。

三是平台化示范。不断提升完善"图书馆之城"统一服务平台、自助图书馆系统和"深圳文献港"。

四是智慧化示范。打造智慧化的场馆示范项目、平台示范项目和网络示范项目。

五是融合发展示范。深化粤港澳大湾区图书馆共建共享深度融合；促进"图书馆之城"服务与其他城市公共服务的融合；促进与社会各界的跨界融合。

六是文化引领示范。推广经典阅读，弘扬优秀文化，打造示范性"深圳记忆"项目，加强城市文化资源的整合、保存、开发和宣传推广，提升城市文化内涵、形象与软实力。

张岩简介

张岩 河南鹤壁人，历史学博士，研究馆员；中国图书馆学会常务理事、阅读推广委员会副主任，广东图书馆学会副理事长、阅读指导委员会主任，深圳图书情报学会理事长，国务院政府特殊津贴专家。1994年3月至2002年7月，先后任武汉大学历史系助教、讲师、副教授；2002年7月至2012年3月，先后任深圳市文体旅游局新闻出版处、对外文化交流处主任科员、副调研员、副处长；2012年3月至2014年7月，先后任深圳图书馆党委书记、副馆长；2014年7月至今任深圳图书馆党委书记、馆长。主编刊物《公共图书馆》《行走南书房》等。主持文化部、省古籍保护中心等多个课题研究，出版著作2部，主编图书10余部，发表历史学、图书馆学学术论文30余篇。

"新的传统"与"活的文化"

——毛少莹访谈录

受访者：毛少莹
采访者：魏沛娜
时　间：2018 年 6 月 13 日
地　点：深圳市特区文化研究中心办公室

　　从 20 世纪 90 年代中期来深圳工作至今 20 余年，毛少莹一直深耕应用性文化研究领域，直接或间接参与过深圳市若干重大文化政策的研制工作，是深圳文化发展的重要参与者、推动者和见证者，曾主持或参与完成了多项文化部、财政部、国家社科基金以及广东省政府、香港特区政府等委托的研究工作。毛少莹和她的团队取得的学术成果，填补了公共文化服务等领域的学术空白，为我国公共文化政策学、文化管理学的学科建设做出了学界认可的贡献。

　　近年来，毛少莹聚焦文化治理及其国际经验、城市文化比较、公共文化与文化产业融合发展、博物馆（美术馆）管理与政策、文化统计与评估等问题继续深化研究，专业影响力不断扩大。近日，现任深圳市特区文化研究中心学术总监，兼任国家公共文化服务体系建设专家委员会委员、广东省公共文化服务体系建设专家委员会委员、广东省文化学会副会长、深圳大学教授的毛少莹接受笔者专访。

哲学、经济伦理学训练是学术生涯非常好的起步

魏沛娜： 您在中山大学读研究生时，读的是哲学专业。哲学最初如何引发您的兴趣？

毛少莹： 每个人最持久、最深层的兴趣其实都是从小养成的。受父母家人的影响，我从小就喜欢读书，好奇心很强，杂七杂八读了不少课外书，对文学艺术、哲学历史一直很感兴趣，也打下些理想主义的底色吧。记得那时最羡慕的职业是坐拥书城的图书管理员。高考时太年轻，不了解自己，也受时代风气影响，错误地选读了理工科，哪知刻板的精密机械实在不适合我，大学四年一直在折腾改专业，让父母很是操心。当时教育制度十分死板，没改成，不过我也没死心。好在大学时正值20世纪80年代，改革开放打开了禁锢人们多年的思想枷锁，"为中华崛起而读书""为实现四个现代化而读书"的社会氛围十分浓厚，尤其大量西方著作的引进、"走向未来"丛书等的出版，使得思想文化领域十分活跃，青春洋溢的大学里，更是几乎人人都是诗人、思想家。我在上海机械学院（现上海理工大学），虽因专业问题有些苦闷，虽在工科院校有些单调，但仍有机会参加各种诗社、学术讨论小组，也第一时间找到很多书来读。萨特、加缪、海德格尔、弗洛伊德、荣格、霍妮（一度对心理学非常感兴趣）、车尔尼雪夫斯基、别林斯基、昆德拉……记得我甚至手抄过丹纳的《艺术哲学》。一边读一边对那些自己关心的问题，如世界的本源、人生的意义、国家的发展、善与恶、公平与正义、快乐与痛苦等，进行了不着边际的思考……就个体精神生命的成长而言，那于我是很重要的一段时光，我们这辈人每个人心中都有一个自己的80年代啊！从这个角度看，我改学哲学也算得上是拜时代所赐吧，80年代的自由阅读无疑为我后来能考上中山大学西哲专业研究生打下了一定的基础。

进入中大后，我的研究方向是西方伦理思想史。在导师章海山教授的悉心指导下，我毕业论文选择了研究经济伦理学问题，论文题目是《"道德人"与"经济人"——亚当·斯密经济伦理思想述评》。你知道亚当·斯密

一直被看成现代经济学之父，多数人知道他是位经济学家，但其实他也是一位优秀的伦理学家，非常关心人类福祉。早在他著名的《国富论》出版之前，他已经出版有《道德情操论》一书，并获得了很高的评价。他也担任过格拉斯哥大学的道德哲学教授。我的论文选题将他的道德哲学思想与经济学思想，统领在"道德人"和"经济人"两个概念下进行系统研究，在当时也是没有人做过的好题目，所谓的"斯密问题"。这个选题尤其在我国刚刚开始社会主义市场经济实践探索的时代背景下，很有现实针对性，我也因此在论文写作过程中获得了并非我导师的张华夏、陈少明、张志林等多位老师的关注和指导。论文最后顺利完成答辩，获得了当年全系第二高分（当时毕业论文还打分），老师甚至还把我的论文直接推荐给了《哲学研究》（虽然很遗憾没被录用）。今天看来，虽然我已经没有再从事哲学研究工作，但是研究生阶段的哲学、经济伦理学训练是我学术生涯非常好的起步。我非常感谢中大哲学系的各位老师，也很怀念当年中大浓厚的学术氛围，正是这些难忘的时光，使我后来保持了持续的理论兴趣和较为开阔的学术视野。

魏沛娜：亚当·斯密率先开启了从哲学研究范式和从经济学研究范式两个向度研究社会经济中伦理道德问题的先河。跟您一样，许多学者都受过他的影响。而国内的经济伦理学研究大概从 20 世纪 90 年代开始，现在仍是一个热点议题。如今您怎样看待经济学中伦理判断的意义和价值？

毛少莹：经济学简单讲就是研究人类经济活动规律的科学或学科。就中国传统思想来看，经济的本意就是"经世济民"。换句话说，经济活动并不是为赚钱而赚钱，发展经济的根本目的，正是要满足广大人民群众的物质生活需求。所以，我国古代以经世致用为代表的价值观，以均贫富、损有余而补不足为代表的平等观，以交相利、义利统一为代表的生产关系观，以通功易事为代表的贸易观，以农为本、商为末等为代表的产业观等早期经济思想，背后都有着非常深厚的伦理价值关怀。因此，无论古今，价值观和伦理选择，提供的是经济发展的目的、方向和意义。显然，这种意义的重要性无论如何强调都不过分。无论经济发展到什么水平，也都是需要的。总之，价值观、伦理判断应该成为经济发展的灵魂、指导思想，并为经济目标的选择、经济制度的设计、经济方针的确立、经济发展成果的分配等提供最重要的依据。作为伟大的思想家，亚当·斯密对经济学与伦理学的关注和系统研究，正在于此，在于对人类福祉的深切关怀。

魏沛娜：亚当·斯密的《道德情操论》一书中用"同情"的基本原理来阐释正义、仁慈、克己等一切道德情操产生的根源，揭示了人类社会赖以维系、和谐发展的基础，这对于城市文化研究里面思考如何促进人类福利，促进社会的和谐发展，无疑具有十分重要的意义。对您来说，亚当·斯密的思想具体为您日后的研究工作提供了怎样的理论支撑？

毛少莹：任何学科的研究，到最后你都会发现所有的问题背后都有一个伦理学的问题，也即价值观问题、方向选择的问题。有什么样的价值观，就会有什么样的选择，而我们的人类社会也好，具体国家、城市也好，发展的目的、衡量发展好坏的尺度，不正是公平、正义、人民普遍的福祉？所以，其实不仅是亚当·斯密，所有过往的伦理学家们的思想、所有的伦理学素养都在塑造你的价值观，帮助你形成一个价值关怀的视野。比如现在备受关注的人工智能、虚拟现实、基因技术等问题，背后都有一个选择、一个价值观的问题。时至今日，人类是需要深刻反思的，比如经济学要解决的根本经世济民的问题，我们至今并没有解决好。按照《全球通史》的作者，美国著名历史学家斯塔夫里阿诺斯的说法，到20世纪90年代末，如果全球财富平均分配的话，我们已经可以拥有一个人民比较"肥胖"的世界。换句话说，人类的生产能力已经足够强大，财富是足够的，但为什么现在还有那么多人在挨饿、受穷，原因还是价值观的问题。我曾经写过一篇文章《文化发展与可持续发展》，我认为如果说"可持续发展"关注的是人与自然如何和谐相处的问题，那么"文化发展"关注的就应该是人（群）与人（群）之间如何和谐相处的问题，这是我们文化发展非常重要的目的。因此，曾经的伦理学训练可能形成了我研究的"底色"吧，比如我做文化产业研究时，不仅关注文化产业产生的经济价值，也会关注文化产业、文化产品所承载的文化内容、价值取向、精神影响等问题。我想，无论从事什么学科的研究，我们都要有这样的意识，我们要有价值观。无论发展什么领域，我们也同样要有这样的意识，要有价值观，只有如此，人类的发展才不会误入歧途，迷失方向。

逐渐建立对应用型文化研究的兴趣与认同

魏沛娜：1994 年研究生毕业后，您选择分配到刚创办不久的深圳市特区文化研究中心工作，当时做这个决定经过怎样的考虑？

毛少莹：选择来深圳主要是因为我先生已经在这边工作了。当时深圳并没有合适的机构可以从事哲学方面的研究，比如社科院没有哲学研究所，深圳大学没有哲学系。彼时深圳市特区文化研究中心刚成立，正需要人。需要说明一下，那时正值改革开放后文化市场的活跃期，率先改革开放的特区和沿海地区出现了很多新的文化现象和问题引起了国家文化部门的关注。我所在的深圳市特区文化研究中心就是在此背景下，由国家文化部政策法规司和深圳市文化局联合创办的。这个机构虽然名字挂着深圳，办公地点在深圳，但一开始的定位是面向全国第一批五个经济特区，即深圳、珠海、汕头、厦门、海南，而非仅仅是深圳。中心虽然 1993 年底拿到了批文，但我刚到特区文化研究中心时，中心还处于草创时期，唯一的工作人员是当时由市文化局调研处处长转任中心主任的杨宏海先生。应该说，1994年中后期第一批人员到位后，中心才比较正式地开始运作。我们的工作主要是应用性比较强的决策咨询研究，说实话，开始阶段我是有一点抗拒的。此前我做哲学研究，对理论问题比较感兴趣，加上传统的文史哲等领域对跨学科的应用性文化研究并不是很认同。但是随着研究的深入，我们面对的文化管理、文化政策等问题深深吸引了我，投身其间，至今也算是乐此不疲吧。

魏沛娜：此前您来过深圳吗？来之前与来之后对深圳的印象有何变化？

毛少莹：来过，1988 年曾到了宝安等地找工作。当时的感觉是城市很新，东西很贵，社会上什么人都有。转悠了几天，见了几家公司，感觉很不适应，我就赶紧打道回府了。某种意义上我是被深圳吓跑了才回去考研的，这里面说来还有故事呢……没想到后来居然成了深圳人。

魏沛娜：这20多年来，您主要从事文化政策、文化管理与城市文化研究，而这是非常具有现实需求的研究，或者说实用性很强的研究，您是如何融入其中并建立起对这个领域的学术认同的？

毛少莹：文化政策与管理问题的研究是一种新兴的综合性、跨学科应用型研究，是需要将文化研究与公共管理学、政策学、公共经济学、产业经济学、城市规划学等学科关联交叉进行的，这类研究构成了如今方兴未艾的文化政策学、文化管理学等学科的主要内容。当代文化研究主要有两个路向。一是源于英国伯明翰学派的"文化研究"（cultural studies）。这类"文化研究"也是跨学科的，以各种理论工具来分析文化问题、批判文化现象，比较倾向于解构性的，为加以区分，我称之为"理论型的文化研究"；二就是我们所从事的以文化决策咨询为主的"文化研究"，比如如何更好地进行文化资源的配置使用、文化空间的规划布局、文化产业的振兴发展等。这类我称之为"应用型文化研究"。与前者不同的是，这类文化研究更立足于建构的立场，更关心如何有效地解决文化发展问题。

我对应用型文化研究的兴趣与认同，很大程度上正是因为研究成果能直接地影响到文化发展的现实吧。比如我先后参与过市里"文化立市"战略、文化发展规划等的制定，参与过"文博会"等大型文化活动的策划，参与过文化专项资金管理等问题的研究，等等；后来也有机会多次参与与文化部、省文化厅等的一些重要的政策法规的制定工作等；也曾经撰写《中国文化政策30年》《公共文化服务概论》等，这些工作成果，很多已经付诸实践，获得了一定的社会效果。

应用型文化研究极大影响着文化发展实践

魏沛娜：1986年，广州、上海都曾经召开过关于本城的文化发展战略研讨会。进入20世纪90年代以后，文化的发展被提到了一个比较重要的位置，许多省市都开始研究和制定本地区的文化发展战略，可以说是形成了一股"文化发展战略热"。当年您初涉文化政策与管理研究时，也受到过这股研究潮流的影响吗？您如何看待这股热潮？

毛少莹： 20世纪90年代中期开始，我国确实出现过"文化发展战略热"。党的十一届三中全会后，我国工作的重点实现了由"以阶级斗争为纲"向"以经济建设为中心"的转变，这既是经济政策的调整，也为文化政策的转型、文化领域的相对独立开辟了广阔的空间。如果将现代社会划分为政治、经济、文化三大领域，当我们从计划经济社会转变为市场经济社会时，我国社会结构也产生了三大领域由"领域合一"向"领域分化"的转变。"文化发展战略热"正是这一深刻转变的必然表现，充分凸显了"文化领域"相对于"政治"和"经济"领域的相对独立性。"文化发展战略热"尝试系统思考文化发展的目标、内容，谁来发展，为谁发展，怎样发展，等等。"文化发展战略热"，标志着改革开放后，在新的历史条件下，我国文化政策发生的重要转型，是我国公共文化政策走向成熟的重要阶段。90年代的"文化发展战略热"和文化建设高潮的兴起，也是我国曲折的文化现代化进程一个新的起步。关于这个问题，我在《中国文化政策30年》一文中有过详细论述，这里就不展开了。

受这股热潮的影响，深圳于90年代中期开始思考城市文化发展战略问题，到2004年1月，制定出台了有史以来第一个"文化立市"战略，对深圳文化发展进行了总体思考与谋划。"文化立市"战略的提出，为深圳城市文化发展设计了一个前瞻性的文化图景，提供了一种总体性的政策框架。因此，这一战略的实施不仅从宏观政策上推动深圳文化事业和文化产业发展，而且也借助对"文化立市"的内在价值根基的反思，促进着深圳的文化自觉和文化认同，从而探索开创一条新型的城市文化发展道路，深刻地影响了深圳城市文化的发展。

魏沛娜： 为何文化政策与管理、文化战略和文化产业等研究领域在社会上扮演的角色越来越重要？这个专业领域研究需要怎样的学术素养？

毛少莹： 前面说过当代文化研究大致沿着两个路向展开。一是由英国伯明翰大学当代文化研究中心开创于 20 世纪 60 年代（90 年代中期影响中国），迅速成为当代学术研究显学并几乎渗透到一切人文学科和社会学科研究中的"文化研究"（cultural studies）。这种文化研究曾经是一个学派，发展到今天，更可视为一种综合、跨学科的问题意识、批评立场或研究方法。我把这种文化研究称为"理论型文化研究"。当代文化研究的另一个路向则可称为"应用型文化研究"——大约也是从 20 世纪 90 年代中后期开始，由于产能过剩、后工业社会、信息社会来临，国际软实力竞争加剧等的需求，推动产生了以服务政府、服务企业决策咨询为目的的文化研究，我将其称为"应用型文化研究"，即文化政策、文化管理、文化体制、文化产业等的研究。两种文化研究同样需要综合、跨学科的问题意识与研究方法，不同的是，前者多基于知识分子作为"社会良知"功能，多采取批判性的、解构的立场，后者则更基于发挥知识分子专业知识、专家功能，多采取建设性的、建构的立场。

总之，两种文化研究角度不同，方法不同，目的不同，因而也呈现出不同的特点。比较而言，前者更重理论，后者更重实践。前者可以凭借思想的锋芒与理论的武器，对文化现象进行外科手术式的、酣畅淋漓的解剖与分析。后者则会因为研究服务对象的现实需要，如某个城市的文化规划、某项文化经济政策的研制等，不得不在现实条件约束之下进行小心的构思、谋划、营建。换言之，应用型文化研究更需要面对文化发展的具体问题提出具体的解决办法。要求研究者更务实地考虑，所谓"接地气"，有可操作性。因而，这类文化研究也更多借助管理学、法学、经济学等社会科学的理论工具。由于这些特点，前一种文化研究常常被视为更"精英"，后者则更"世俗"。前者更"务虚"（形而上）、更有学术含量，后者更"务实"（形而下，出谋划策）、更重现实利益考量。也因此，很长时间以来，传统学界多少有些不屑于后一种文化研究，认为前一种才是"做学问"，后一种不过是"做项目"。

当然，近十余年来随着应用型文化研究需求的急剧增长，随着文化政策、文化经济、文化管理、文化产业等领域的成果迭出，这种看法发生了很大改变。事实上，应用型文化研究以其为公共部门决策提供的咨询研究，极大地影响着文化发展实践，在文化建设中扮演着日益重要的角色。更进一步，随着当今时代的飞速发展，我们所面对的世界日趋复杂，未来，理论型文化研究与应用型文化研究相结合，彻底打通文史哲、政、经、法等各学科，实现更高水平上的"新的综合"，将是当代文化研究的必由之路。随着我国经济社会的快速发展，文化政策、文化管理领域研究具有巨大而迫切的现实需求，我非常希望有更多受过良好学术训练的年轻人能投身到这个领域，使得我们飞速发展的火热现实能获得更好的理论指导与智力支持。好在近年来这些领域的学科建设取得了很好的进展，人才不断涌现。

促成"新的传统"，建设"活的文化"

魏沛娜：2019 年是深圳建市 40 周年，2020 年又将迎来深圳特区成立40 周年。几十年来，深圳的公共文化服务体系不断完善与提升，成果令人瞩目，这当中离不开良好的文化政策的支撑。您如何评价深圳 40 年来的文化政策与管理研究水平？与全国其他城市相比深圳处于怎样的地位？

毛少莹：首先，总体上要承认，深圳文化研究机构太少，文化研究机构及人员的总量、文化研究成果总量等与深圳庞大的城市体量、飞快的发展速度相比是非常不相称的，40 年了，这一状况没有根本改变。如果历史地看，好在文化政策与管理研究是一个新的研究领域，作为改革开放前沿阵地的深圳，其创新发展的大胆探索和实践，为深圳的文化研究者提供了富有时代先导性的问题、异常丰富的一手资料、大量的经验与教训、鲜活的思想观念。正因为如此，客观讲，深圳在文化政策和文化管理领域的研究水平曾经一度居于全国领先水平的，以公共文化服务体系的研究来说，深圳早在 2006 年就推出了全国第一本《公共文化服务体系研究》，召开了全国第一个公共文化服务体系研讨会，奠定了在这一领域无可争议的领先地位。此外，我们在文化权利、文化体制改革、文化治理问题、文化产业发展等领域也曾经一度发时代之先声……遗憾的是，由于与北京、上海等文化中心城市相比，我们的人才储备、研究团队建设跟不上，研究后劲不足，近年来，除个别领域保持领先外，很多领域还是落后了，需要尽快赶上。

魏沛娜：您在文章中写过："城市精神是城市历史发展的结果，是城市文化积淀升华的结果。""一个城市的精神风貌、精神境界、文化价值观，当然不是政府倡导或学者归纳就能得出的，城市精神是千千万万个市民以自己一日日的行为、奋斗、坚守，以油盐柴米的日常生活方式，以每个人在种种挑战面前的思考和选择最终凝聚而成的。"您在 2015 年完成的《深圳文化的精神指纹与观念内核》一文中，曾经借助文化统计等方法，描画了"深圳文化"肖像。如今这幅"深圳文化"肖像在您心中越来越清晰了吗？未来我们究竟需要怎样的"深圳文化"？

毛少莹：几年前，我曾经写过一篇文章《深圳的文化资源与文化资本》（发表在《中国文化产业评论》上），记得当时我提了几个观点，我觉得这些观点今天仍然是成立的，可以大体回答你这个问题。

1. 对改革开放中的文化问题研究不够，对城市的文化地位认识不足，严重影响深圳文化的发展。

应大力加强城市文化理论研究，促成"新的传统"，建设"活的文化"。最终，为促进中国传统文化的现代"创造性转化"（林毓生语）贡献深圳应有的力量，从而寻找到深圳在中国当代文化发展史上应有的地位。如前所述，深圳是中国改革开放的产物，深圳文化是中国从传统走向现代过程中，传统文化与现代文明激烈冲突的产物，以深圳观念为核心的深圳文化，其实标志着中国文化的一大转折，正如有学者早已指出的"深圳作为中国近代以来的一个寻求富强的缩影，它在文化上的位置和有可能做出的贡献应当是重拾'五四'的'科学'、'民主'的旗帜，继续中国思想文化的启蒙"。换言之，凝聚一代改革开放者心血的深圳，本来具有贡献于中国文化现代转型的潜在的重要地位和职责，遗憾的是，虽然这种影响也在以别的方式不同程度地发生，但是由于研究力量不足等多种原因，深圳对自己城市的精神成长历程的研究总结是不够的，与深圳经济等其他领域的研究相比更是十分落后，这是深圳不能推出自己有分量的关于深圳的经典文化理论著作或经典文艺作品的原因，以致今天深圳学术文化的落后已经成为深圳文化发展的"瓶颈"。毋庸讳言，这种状况一定程度上"浪费"了"改革开放排头兵"给予深圳的文化资源，也影响了深圳文化资本的积累与扩张。

深圳应进一步认识改革开放对于深圳的文化意义，充分挖掘、整理深圳改革开放史。以中国的现代化建设为主线，总结深圳历史，也就是更好地总结中国改革开放的历史，以促进中国传统文化的现代转型为根本目的，促进对"新的传统""活的文化"的深度认识、命名，乃至理论体系的建构。改革开放的历史，本身就是值得开发的文化资源。前几年有人提出的收集改革开放文物、建设"中国改革开放博物馆"的建议无疑是十分有见地的，但至今仅建成专题性的"深圳改革开放成就展"。此外，应全面反思学术理论、文化研究的资源不足、成果不丰的现状，大力加强城市文化理论研究，增设研究机构，加大投入，引进人才，组织雄厚的研究力量，重点开展中国现代化问题、文化启蒙问题、社会学、经济伦理学、政策学等领域的研究，全面反思深圳改革开放历程的文化意义，改变深圳学术研究的滞后状况，最终，为促进中国传统文化的现代"创造性转化"贡献深圳应有的力量，寻找并奠定深圳在中国当代文化发展史上应有的地位。

2. 对城市文化精神的融合提炼不够影响深圳人对城市身份的认同。

深圳是一个移民城市。移民使深圳文化的"养分"复杂，带有更多的不稳定性和不确定性。地域辽阔的中国，各地风习不同，城市人员流动快，文化整合难度大。移民也使得城市人与人之间缺少共同的历史，难以建立稳固的信任关系，加之建市时间短，原有的城市文化资源有限，暂住人口多，30年来，深圳虽然开始形成了一些共同的文化特性，做出了不少融合城市文化、提炼城市精神的努力，但总的来看，深圳人对自身的城市身份认同尚未完全建立，对"深圳精神"的理解也还存在争议，深圳依然不时被认为是一个"别人的城市""暂居的城市""欲望的城市"。现代城市文化研究表明，城市识别和身份认同是影响城市文化形成的核心要素。家园感、归属感的营造乃至特有方言的形成在很大程度上影响着深圳主流文化的形成。深圳如何在特殊的人口结构的基础上，促进文化认同和城市凝聚力的形成，是深圳发掘城市文化资源和提升城市文化资本不容忽视的问题。

深圳应通过总结改革开放历史，固化城市精神，形成城市传统。深圳还应进一步加强共同价值观教育、城市历史教育、爱国主义教育，促进对深圳精神的认同；建立社会公平预警机制，缩小贫富差距；完善公共文化服务体系，实现不同层次市民的文化权利；以社区为"抓手"，大力营造家园意识，促进城市身份认同早日形成。

3. 对城市形象的整体包装与推介不够。

城市形象是城市文化资本的外在显现，影响着城市文化资本价值的运营与发挥。如前所述，深圳作为中国改革开放的"排头兵""窗口"等城市形象固然深入人心，但是，这一形象因为缺乏明显的符号性标志物而显得抽象、不易把握。此外，这一形象强烈的政治、经济和社会历史色彩，也一定程度"模糊"着深圳的文化形象。此外，深圳固然有地王大厦、市民中心等堪称标志性的建筑，但作为城市标志的公认的建筑物、著名文化品牌、文化名人、名著等还比较缺乏，人们在选择深圳识别标志时，更多地还是倾向于用深南路上的邓小平画像。深圳虽一直十分重视城市的总体规划设计，但由于城市发展速度过快等原因，城市布局，特别是文化设施的布局、文化空间的营造等方面，还没有真正从城市形象的整体来进行全面的考虑。总的来看，深圳主动地对城市整体形象"包装"与"运营"的意识是不强的，在世界普遍城市化，城市纷纷开展形象、品牌营销的今天，深圳市城市识别系统不够明显，城市标志不够清晰，影响着城市文化资本的运营。

深圳应组织专门力量，专门规划城市文化空间，设计城市形象识别系统，打造城市品牌。以鲜明的城市标识、响亮的城市口号、专业的营销网络，推广城市形象，不断提高深圳的"国际能见度"。

4. 对传统文化资源的开发利用不够。

由于建市前，深圳长期仅为边城宝安县的一个小镇，处在大部分国人的视野之外（很多人很长时间不知"圳"字如何念），建立经济特区后，又被赋予了探索中国改革开放之路的"实验地"的使命，整个城市"望前看"多过"往后看"；向外接受香港等地的带有现代西方市场经济文明的文化影响多于向内接受地域传统的岭南文化影响，深圳经济特区由多达95%的外来移民组成城市人口，说普通话的深圳人，并不了解（也多少不屑于了解）

一个岭南的老深圳，遂形成了深圳"没有历史文化"的片面认识，也导致在深圳成立特区后长时间的文化建设过程中，更多发展现代文化，甚至以广泛的"拿来主义"态度，进行跨地域的文化资源整合和文化类型移植。这也正是深圳文化形成南北融合、中西杂糅之势，青春活泼、娱乐性强但也缺乏鲜明地方特色的重要原因。这种状况的客观存在，直至90年代，随着深圳考古发现的增多和历史研究的深入（研究这些的深圳学者本身也大多是移民），才引来了深圳很多历史研究者的呼吁，一再提醒广大市民重新认识深圳，甚至有提出要为深圳申报历史文化名城的建议。不难预料的是，建议一出，引来舆论哗然，反对声一片（这也反映出深圳人对深圳的文化认同，更多地建立在现代深圳，而非古代深圳上），最后不了了之。显然，深圳的历史文化与现代文化之间多多少少存在"文脉"不通的问题，如何打通文脉，所谓"接地气"，是深圳文化面临的一个重要问题。深圳学者中比较常见的观点是：虽然深圳文化尚在成长之中，但深圳是一块岭南文化的"飞地"，传统的岭南文化是（现代）深圳文化的组成部分，但持深圳文化不属于岭南文化观点的学者已不在少数。

深圳的现代文化与传统文化之间确实存在某种"隔阂"，但是，这并不说明传统文化资源对于深圳没有开发价值。尤其在全球化的今天，在深圳文化尚处于成长期的青春年代，深圳更应当重视地方传统文化资源的深度开发，并与深圳现代文化资源有机结合，"打通文脉"，促进有深圳个性和特色的城市文化的形成。

近年以粤港澳文化合作为切入口做一些研究

魏沛娜：20世纪90年代中期，您还比较早做起香港文化研究，写过《香港普及文化初探》《十九世纪香港文化一瞥》《香港文化政策演变与管理现状》等论文，但您这一方向的研究后来似乎中断了？

毛少莹：20世纪90年代受著名香港近代史研究专家刘蜀永先生等的影响，我确实很早开始研究香港文化，但后来忙于其他一度中断了，很遗憾。尽管如此，我一直保持了对香港问题的关注。近年来也以粤港澳文化合作为切入口做了一些研究，比如写了《珠三角文化合作的战略思考》《粤港澳文化创意产业合作政策及存在问题分析》等文章。

魏沛娜：在深圳经济特区建立 30 周年时，您写过《聆听特区文化的时代涛声》《关于 30 年深圳文化发展历程研究的几点思考》，最后提出一个建议：或可以以深圳价值观念的形成和演变为主线，开展深圳文化发展历程的系统深入研究。如今八年过去，不知这方面的构想有何进展？

毛少莹：你的建议很好，深圳价值观的形成和演变，正是当代中国价值观嬗变的最好分析样本，我也很有兴趣继续这一研究。可惜现阶段还是忙于其他课题，除了有《深圳文化的精神指纹与观念内核》等文章陆续推出，更系统的成果还需要未来进一步的努力。

毛少莹简介

毛少莹 研究员，教授，现任深圳市特区文化研究中心（加挂国家对外文化贸易理论研究基地、广东省地方特色文化研究基地）学术总监。兼任国家公共文化服务体系建设专家委员会委员、国家文化创新工程专家、国家文化信息资源共享工程专家委员会委员；文化产业协作体（中国）专家委员会委员、广东省公共文化服务体系建设专家委员会委员；广东省文化学会副会长；深圳大学教授、硕士生导师；深圳市宣传文化事业发展专项基金评审委员会委员；广东省公共文化服务体系建设专家委员会委员；《中国公共文化服务发展报告》、《国际文化产业发展报告》及《深圳文化蓝皮书》编委、《深圳文化研究》副主编等职。

入选广东省委宣传部"广东省宣传思想战线优秀人才'十百千人才'工程"。独著或合著：《深圳特区史》《公共文化政策的理论与实践》《公共文化服务体系研究》《公共文化服务概论》《中国文化产业发展战略研究》等8部，主编《香港、上海、台北、深圳：四城市文化交流会议（1998—2015）》等文集2部，发表《中国文化政策30年》《文化治理及其国际经验》等论文数十篇。多次参与国家、省、市文化决策咨询研究。

在深圳找到沉下心研究学术的感觉

——张晓红访谈录

受访者：张晓红
采访者：魏沛娜
时　间：2017 年 11 月 27 日
地　点：深圳大学办公室

1998 年赴哥本哈根大学附属的国际交流学院进修北欧文学，2000 年起在荷兰莱顿大学攻读比较文学博士学位，2004 年回国入职深圳大学，从中国当代女性诗歌和西方文学理论，到拉什迪和比较文学，多维度的研究方向丰富了张晓红的治学历程，也开拓了她多维度的学术人生。她的博士论文 *The Invention of a Discourse* 曾被海外汉学家称赞为研究当代中国文学的力作。除了专业研究，张晓红在翻译上也多有建树，出版过《精神与金钱时代的中国诗歌》《在欧洲：跨越二十世纪之旅》《达尔文的梦幻池塘》《阐释历史：欧洲语境中的荷兰文化》等 8 部译著或合译著作。近日，围绕自身的学术研究历程，张晓红接受了笔者专访。

大学专业都是在英语世界里徜徉

魏沛娜：迄今为止，您的学术研究方向涵盖外国语言学、诗歌研究和比较文学三个领域，这其中经历了怎样的转变过程？

张晓红：本科我在湖南师范大学读英语语言文学，专业方向上偏文学。

在考虑硕士专业方向时，我想做一些尝试和改变，故选择了湖南大学西语系外国语言学及应用语言学。我的硕士论文是从语用学角度比较《圣经》和《论语》，这个选题为我后来选择比较文学作为博士论文研究方向做了铺垫。骨子里我不是"很安分"的人，总是想求新、求变，所以我的专业方向一直在做调整，没有固守自己的"一亩三分地"。至于当年我为何选择英语专业，是因为我上高中时，中英双语能力比较突出，所以英语老师特别器重和栽培。老师的偏爱，促使我选择报读英语专业。这么多年走下来，一直都没有离开英语主线。不管是选择文学还是语言学，都是在英语世界里徜徉。

魏沛娜：您在赴哥本哈根大学附属的国际交流学院进修之前，曾经有四年时间在北京语言大学英语系教书，其间您已正式确定自己的学术追求了吗？

张晓红：我硕士毕业后，成为北京语言大学英语系讲师。在别人眼中，一个硕士生能够找到教育部直属语言学院的教职，简直是中了彩，但我自己却感觉到很迷惘。虽然工作不错，待遇也不错，但一直找不到学术方向，我之前的学术追求并不是很强烈、很专注。1998 年，在北京语言大学主办的一次国际会议上，我结识了国际比较文学学会荣誉主席、著名荷兰学者杜威·佛克马，他是中国比较文学界的老朋友。我陪同佛老出席北京高校的讲座和学术会议，并担任翻译。通过跟大师近距离的接触和交流，他发现我有慧根，鼓励我有更高的追求。后来，我被北语选派到丹麦进修北欧文学和欧洲艺术史。我完成了丹麦的进修学业后，突然就生出一种强烈的读博冲动，想从比较文学视角从事博士论文研究，这样就可以圆我少年时的梦想。我少年时就喜欢中国文学，尤其是中国现当代诗歌，时隔十几年终于可以重拾我的诗歌梦想，于是我就从丹麦申请到荷兰莱顿大学做博士，在世界上最诗情画意的大学城开始了又一次的逐梦之旅。

魏沛娜：在荷兰莱顿大学您接受了怎样的学术训练？

张晓红：我在汉学家柯雷教授、跨文化研究专家米尼克·斯希珀教授、文学理论大师杜威·佛克马教授三位导师的联合指导下完成博士论文。现在不管是指导研究生还是博士生，我都会把欧洲读博时的心得体会和学术经验，结合当下中国的学术语境，以及自己的人生体验倾囊相授。首先是治学的严谨性，我对博士和硕士生论文的要求近乎苛刻，小至标点符号和用词的准确性，大至论证的逻辑性和分析框架的坚实。相比从其他国家海归的博士而言，可能我的学术意识会更强一些，这得益于我在欧洲所接受的扎实深厚、跨学科、重思辨的学术训练。我就读的莱顿大学非西方研究院是一个独立的研究机构，不同领域的博士生，包括社会学、考古学、人类学、文学、语言学、艺术学等都聚集在院里，每隔两周会有博士沙龙，每个月会有博士大讲堂，邀请世界顶尖学者开坛布道。长期这样耳濡目染，打破学科壁垒，跨越学科界限，对我此后的学术人生产生了不可磨灭的影响。我自己很少有畏惧心理，对于尝试新的研究项目和研究领域不发怵，比较容易上手。

关注八十年代中后期以降的"女性诗歌"

魏沛娜：2008 年出版的《互文视野中的女性诗歌》是您的学术代表作之一，您在书中对女性诗歌的内涵和外延都做了哪些界定？

张晓红：这本书跟我的英文版博士论文有很多重叠，由于 2004 年做博士论文答辩时所收集的一些材料失去了时效性，于是我在 2008 年做中文增订版时，更新了内容，包括一些新的思考、视角和材料。我对"女性诗歌"有一个比较清晰的界定。在学术语境中，我所理解的"女性诗歌"，是带有鲜明女性主义意识的当代女性诗歌书写和表达。在这本书中，我的研究范围主要是 20 世纪 80 年代中后期以降的"女性诗歌"。1985 年之后，中国涌现了一批优秀的女性诗人，她们当中的佼佼者首推翟永明，因为她一直保持非常旺盛的创造力，而且从国内外影响力来讲，其当代诗坛"一姐"地位都是当之无愧的。除了翟永明，唐亚平、伊蕾、海男、王小妮都是闪亮的星星。

魏沛娜：具体来说，您是在怎样的契机下开始关注中国当代女性诗歌的创作实践与理论研究的？您的研究是否带有某种个人的生命体验，属于一种自觉地介入现实与反思历史的女性诗歌研究？

张晓红：20世纪80年代的时候，我开始热衷于阅读诗歌，无论是中文的还是外文的，传统的还是现代的，甚至是后现代的，从李商隐到李清照，再到徐志摩、舒婷、布朗宁等，我背诵了大量诗歌和散文作品，我的同学甚至给我取了一个外号，叫"录音机"，但那个时候对于诗歌的热爱属于青春期少女的感性抒发和直观体验。90年代，我第一次接触到女诗人翟永明的作品，她的诗集激发了我对于所谓的先锋诗歌的兴趣。2000年，我在莱顿大学攻读高级硕士时，开始在导师柯雷的引导下系统阅读和研究当代女性诗歌和中外诗论。通过采访和参加学术会议，我接触和结交了一批中国当代先锋诗人，例如西川、于坚、唐晓渡、臧棣、杨克、西渡、李森、黄礼孩、翟永明、王小妮、海男、虹影、安琪等，最初感性的、直觉式的热爱逐渐走向理性反思和学术研究。

魏沛娜：至今还有很多人对"女性诗歌"或说"女性写作"这些概念的理解存在先见、成见和偏见。您在书中也提道："女性诗歌不能也不应该仅仅以性别为参照点，使得道德标准凌驾于文学标准之上。"在您看来，20世纪以来的中国女性诗歌发生了哪些重要的变化？

张晓红：当代中国女性诗歌的变化主要表现在影响来源、诗歌意象和立场动机等。从20世纪80年代开始，以翟永明为代表的中国女诗人，通过接触、借鉴和认同来自西方的诗人楷模，如洛威尔、伯里曼、普拉斯、塞克斯顿等美国自白派诗人的作品，专注于内心私密的感受和体验，其自我表达与"正统""主流"大相径庭。在翟永明早期的创作中，我们可以发现浓重的"自白"痕迹，她也是在后来才开始有意识地摆脱普拉斯的影响，开始以清晰的叙述方式和戏剧化风格创造出个性化的诗歌语言。当然，女诗人们也无法回避源远流长的本土文学资源，女性诗歌大量指涉古典和现代中国诗歌，从传统中寻找原型，彰显当下语境中女性独特的生命感受和生活经验。但是，相对于婉约诗歌传统，当代"女性诗歌"倾向于表现深沉冷峻的意象、私人化的写作题材、私密化的情感体验、幽暗暧昧的心理世界、复杂多变的生活世界。一批优秀的诗作传递出的是传统文化中少有的鲜明的性别立场，这种性别化的自我表达是在有意颠覆中国女性原型形象，尤其是传统文学中顺从、善良、沉默和贞洁的女性形象。总的来说，当代中国的女性诗歌文本充满自信又不乏自我追问，声音澎湃有力、情绪复杂多变、语义枝蔓盘结，有力地反抗男性话语对女性身份的约束和扭曲，女性主体意识成为推动中国女性诗歌书写的驱动力。

把她们看成松散联系的诗歌群

魏沛娜：您的博士生导师、知名荷兰汉学家柯雷教授为《互文视野中的女性诗歌》这本书作序，并称赞您"以大量的、完整的研究文献为基础，在研究中大胆地引入新的研究方法，将中国当代女性诗歌与更为宽广的、超越时空局限的文学文本联系起来，表现了敏锐的理论意识和相当高的专业水平"。您在该书中引入了哪些新的研究方法，提供了哪些新的研究视角？

张晓红：我的研究视角与其说是把她们看成一个个个体诗人，不如说是把她们看成松散联系的诗歌群。徐敬亚主持"1986 中国现代诗群体大展"，并主编《中国现代主义诗群大观（1986—1988）》时，并没有对女性诗人进行划分和界定。我更倾向于把女性诗人看成若隐若无、若明若暗的松散联系的诗歌群体。我重点关注"女性诗歌"如何变成一种独特的具有女性身体特质和精神气质的文学话语，它的运作机制是什么，具有怎样的语义特征，又有怎样的句法特征，所以我研究的是女性诗歌话语，而不是单个诗人。

魏沛娜：您怎样评价当代女性诗歌在中国当代文学史上的价值与地位？

张晓红：我想，任何时代的文学史都首先是个人化的经验史、感受史和情感史的结晶，当代女性诗歌保存的就是这样一群具有高度敏感性的个体历史。不论是著名女诗人翟永明、唐亚平、王小妮、伊蕾、海男、唐丹鸿、尹丽川，还是近两年火热的余秀华、邬霞、郑小琼、汪雪英、翟美等，读者都可以透过她们的诗深入她们的内心世界，透过她们诗，感受她们内心最深处的刀锋、柔情、狂想和挣扎。

另一方面，个人的即政治的。当代个人化体验的暗道往往是通向新世纪以来狂飙突进的、现代化的工业景观和城市化场景。在维持个人化立场以及主体意识、女性立场、性别意识和时间体验感的基础上，新世纪以来中国女性诗歌的主流不是纯粹的自我张扬，不是面向神灵的道德忏悔，不是个体生命痛楚的放肆宣泄，而是直面人生、面向社会，打开她们观察世俗社会的第三只眼睛，表达的是新时代女性在男性社会中重新自我定位和自我赋能的诉求。

再者，应该在当代先锋诗歌的框架中理解女性诗歌的价值和地位。女性诗歌作为一种独具一格的文学话语，其独特性来自女诗人们，她们拥有真切的世界感悟、敏锐的疼痛体验、独特的诗性思维和优美的诗歌语言。当然，这些文本特征没有性别之分，属于世界上一切优秀的诗人。在诗歌创作中，女性诗人既表达了一种书写女性身体、女性经验和女性主体意识的渴望，又渴望突出性别身份和社会性别期待的重围，用诗意的方式追求和塑造诗意的存在，表现个体生命的困顿和大千世界的纷繁多变。这份矛盾纠结的渴望使得女性诗歌在"先锋诗歌"这一框架内与由男性作家主导的种种文学潮流协调发展、相依相离。

选择到深大工作是为了寻梦和寻根

魏沛娜：2004 年入职深圳大学后，您的研究方向又发生转变，至今主要专注于英美文学和比较文学。众所周知，深圳与中国比较文学之间有着悠久而深刻的联系，您选择来深与此有关吗？

张晓红：中国比较文学相对于欧美来说，起步比较晚，20 世纪二三十年代处于零星自发状态，距离成为一门独立学科还有很远的距离。欧洲从 19 世纪中叶到 19 世纪末，就已经发展成了一门比较独立的学科，有专门的杂志、教材和比较文学教授席，有本科、硕士、博士完整的人才培养体系。

可以说，从学科史角度来说，欧美比较文学要比中国早了将近百年。中国比较文学慢慢走上建制化发展，应该是在 20 世纪 80 年代初，这得益于钱锺书、季羡林、杨周翰这一批比较文学前辈的大力推动。由杨周翰和乐黛云先生牵头，1985 年在深圳大学成立了中国比较文学学会，这是中国比较文学学科发展的一个重要起点。我选择到深圳大学工作，是为了寻梦和寻根。虽说柯雷是我的大导师，但对我影响最深的是佛克马。佛克马是一位比较文学大师，是中国比较文学学会成立的见证人，生前一直和中国比较文学界保持密切的联系。佛克马于我是一位恩重如山的导师。在他的影响下，我怀有一个比较文学梦想，所以博士毕业后就回到中国比较文学的福地——深圳大学来寻找自己的梦想。回国后，我一直深度参与深圳大学比较文学的教学和科研工作，也有意识地主动转型，从原来比较单向度的中国现当代诗歌研究转向比较诗学和比较文学领域，发表了一系列中英文论文。

魏沛娜：在此之前您来过深圳吗？对深圳的印象如何？

张晓红：2003 年，我初到深圳，就发现这里人的关爱意识很强，孕妇在公交车和地铁里，一定会有人让座。很多人觉得深圳是文化沙漠，是底蕴单薄的"土豪"城市，可我倒觉得深圳是一座隐匿的文化绿洲。这里有文博会、读书月、市民大讲堂、博物馆、艺术馆，以及来自各国的艺术表演，深圳人的文化需求基本上可以得到满足。在我的研究领域里，深圳的先锋艺术走得很远，许多诗人、剧作家、书画家藏身于此，只要用心就能得到意外的惊喜。当然，在文化追求上，相比于北欧国家，当时的深圳还有很大的差距，这点我们必须承认。我留学荷兰时，认识了一位牙医诊所的女清洁工（希腊裔，嫁给了一位中国香港大厨），她画一手中国工笔画，还精于雕塑。我所住社区的看门人，每周两次去参加乐队活动，雷打不动。欧洲人对于文化的执着追求，使得他们保持着对生活的热爱。在当时的深圳，乃至今天的深圳，这种热爱仍然需要挖掘和培养。我们需要以更加简捷的手续让海内外一流学者来讲学论道，不要凡事考虑立竿见影或轰动效应。对于深圳来说，物质文明已经极大丰富了，但是人文建设的路还很长。

魏沛娜：在深圳从事比较文学研究有什么优势？

张晓红：非常有优势。我给你举一个例子，几代中国比较文学学人都有一个梦想——争取国际比较文学大会的主办权。从 20 世纪八九十年代开始，我们做过多次努力都失败了。可是，我们在 2016 年 7 月，终于拿到了 2019 年国际比较文学大会的主办权，当时确定由中国比较文学学会和深圳大学共同主办。这是在中国大陆首次召开国际比较文学领域的"奥运会"，三年一度，每次由国际比较文学学会执行委员来投出下一届主办国和主办方，这是第一次花落中国大陆，也跟我们深圳大学在比较文学领域的建树以及深圳大学作为中国比较文学的福地有关。今年暑假，7 月 25～29 日在深圳举行了国际比较文学学会执委会会议暨国际比较文学高峰论坛，7 月 29 日～8 月 2 日，在澳门召开了国际比较文学学会第 22 届大会，在深圳和澳门上演国际比较文学精彩的"双城记"，开创了粤港澳大湾区时代"一会两地"的新型办会模式。来自全球近 50 个国家和地区的 1500 位比较文学学者参加两地会议，共同书写国际比较文学华章，产生了全球性影响。

深圳与比较文学在精神气质上高度契合

魏沛娜：深圳大学在怎样的背景下与比较文学结下不解之缘，在这几十年间对中国比较文学发展做出哪些贡献？

张晓红：深圳大学与中国比较文学之间的联系在 20 世纪 80 年代就存在了，且二者之间是一路相随。1985 年，中国比较文学学会就是在创办不久的深圳大学成立的，1985 年，深圳大学举办中国比较文学学会成立大会暨首届学术讨论会，大会上选举出杨周翰为会长，产生由季羡林、杨周翰、乐黛云等人组成的第一届理事会，奠定了中国比较文学的学科基础。在 2005 年，中国比较文学学会第八届年会也是在深圳大学召开，2011 年，中国外国文论与比较诗学研究会再一次选择在深圳大学宣告成立，2015 年，中国比较文学学会成立 30 周年之际，深圳大学又主办了"中国比较文学三十年与国际比较文学新格局"学术研讨会。因此，我们说中国比较文学的事业与深圳大学是共同成长起来的，这一论断一点儿都不为过。

除了这种实实在在的贡献之外，深圳大学所处城市的城市气质与比较文学这门学科是相通的。比较文学鼓励平等、自由、开放的文化交流与学术对话，致力于世界文学的构建和世界主义的传播。深圳作为一座移民城市，正是"海纳百川有容乃大"的典范和标杆，事实上逐步形成了一种"一加一大于二"的效果。二者精神气质上的高度契合，使得我们很难分清到底是深圳大学和深圳在成就中国比较文学，还是比较文学间接或直接地促使深圳大学摸索出和找准自身的文化定位，明确自身的文化属性。二者之间可以说是彼此助益、相互成就的一种关系。

魏沛娜：2019 年 7 月 25～29 日，由中国比较文学学会与深圳大学共同主办的"国际比较文学学会执委会会议暨国际比较文学高峰论坛"在深圳五洲宾馆圆满举行。作为大会的秘书长，可否请您介绍一下这场高规格的国际比较文学盛事的筹备情况与取得的成果？它的成功举办对深圳大学，以及对深圳究竟有何意义？

张晓红：此次论坛经过我们的精心准备，吸引了来自全球 21 个国家和地区的 370 余位学者参会，其中包括 15 位欧洲科学院、美国艺术与科学院、拉美科学院院士，20 位长江学者和国务院学科评议组成员。来自全球的比较文学学者汇聚鹏城，中西思想、观点的争鸣和碰撞使得学术问题得到讨论和切磋。举例来说，我们举办了 9 场引领学术前沿的高端主旨发言，8 个议题 54 场精彩绝伦的平行分论坛，以及"文学与世界——高端学术圆桌会""SSCI 和 A&HCI 期刊主编圆桌论坛""王安忆和南翔的文学对话""苑贺斌个人画展"等特色活动。会上，国内外比较文学学者、作家、艺术家和教育家从中国文学在当下的生存状态问题出发，谈及当今世界文学的发展，更站在人类文化共同发展的高度，为中国文学和世界文学的协同发展献言献策和贡献智慧。

对于深圳和深圳大学而言，这是中国内地城市举办的最高规格国际比较文学盛会。我们知道，不论是深圳这座城市，还是深圳大学，它们都是我国城市发展和高等教育事业发展过程中的奇迹。深圳在科技创新和经济发展方面所取得的进步和成就令世界瞩目，而如何更好地激发深圳在思想、文化、文学领域所蕴藏的巨大潜力，创造、反思和提炼出符合这座城市、这所大学内在品格的思想、精神和文化，则是一项更加意义深远的事业。从这个角度来说，这次大会的召开可谓恰逢其时，大会开放、包容、对话和前沿的气质与我们的城市、我们的大学是同声相应、同气相求的。我希望，这次大会成为一粒种子，我们关于文化文学的梦想会在深圳这片创新创意的热土上开出更加绚丽的花朵、结出更加丰硕的果实。

通过文学实现有效的跨文化对话

魏沛娜： 在您的治学领域中，关于拉什迪的研究也是不容忽视的，《记忆的家园，历史的想象——解读拉什迪的〈午夜的孩子〉》《消费时代的童话性和互文性：解读拉什迪的〈她脚下的土地〉》《拉什迪的童话诗学和文本政治》《羊皮纸上的童话乌托邦》都是您在这方面的成果。您对拉什迪这类生活在西方的移民作家似乎很感兴趣，曾说过："国际图书市场上的当红作家们大多具有跨文化的生活或创作背景，如英国'移民三雄'奈保尔、拉什迪、石黑一雄，美国国家图书奖得主哈金，诺贝尔文学奖得主库切和高行健，等等。这些跨界的作家们突破种族、民族、性别、阶级、教育、语言等文化身份的限制，用开放的文化姿态观照异质文化之间的交流、对话、碰撞、冲突，并借助文学想象和重写策略书写出世界文学的瑰丽篇章。"您为何如此重视这种以文学作为载体的跨文化对话？通过文学有可能实现平等、自由、有效的跨文化对话吗？

张晓红： 跨文化对话的一大障碍是对异质文化的抵制，这是任何具有内部统一性和相对稳定性的文化对异质文化刺激所做出的下意识反应。在跨文化接受语境中，文学阅读可以弱化我们对文学文本所描述的陌生人、非常态成规和异样文化制度的抵制情绪。阅读来自或关于异质文化的小说和诗歌，能够使我们更好地领悟人性问题的不同文学呈现方式，以及它们的意味。文学阅读在跨文化交往行为中发挥着一定的道德劝诫和伦理教化功能，引导我们在意识到文化差异的前提条件下接受和尊重飘洋过海而来的异域文学文本，继而对母国文化传统中的某些元素进行更为深刻的反思。对异质文化的认识，促使我们重新考量自己十分熟悉的社会文化模式。跨文化交流有两层意味：文化之间的比较以及对自身文化系统的更新。东西方文化相互隔离和冲突的观念在文学重写（重读）的过程中遭到否弃。平等自由的跨文化对话不仅有可能发生，而且十分有益、值得尝试。因此，尽管语言和文化差异容易使人产生隔阂和偏见，但文学从来都是穿越国别民族界限、消弭误解、通向人类命运共同体的桥梁。

在我们的比较文学研究内部，通过文学实现有效跨文化对话既是我们的目标，也是我们的前辈学者已然在做的工作，包括乐黛云、张隆溪、王宁、曹顺庆和刘象愚等在内的学者，他们的研究和工作就是致力于解决多元文化、文学、诗学共存等诸多复杂问题。文化文学之间正在被比较，我们的自身文化系统正在被更新，东西方文化相互隔离和冲突的观念在遭到否弃，平等、自由和有效的跨文化对话有可能发生，且正在发生，它十分有益，值得我辈后学不断做出尝试和努力。

魏沛娜：在当今国际上单边主义和保护主义抬头的背景下，跨文化交流对话在本质上是否会遭受打击？我们今天谈论跨文化交流对话的意义是什么？

张晓红：跨文化肯定会遭受打击，这是毫无疑问的，实际上，我身边但凡涉及跨文化学术交流的学者和老师都已经很明显地感受到，单边主义和保护主义已经对包括文化交流在内的诸多领域造成了阻碍。但是，另一方面，一股反对单边主义的力量也在积聚之中，因此跨文化交流虽然遭受打击，但它绝对不会止步。我们知道，早在 1907 年，亚洲第一个诺贝尔文学奖得主泰戈尔就饱含深情地呼吁全人类像兄弟姐妹一样相亲相爱，这种诗意的人文主义呼告，在当今仍然具有很强的现实意义。

回顾 20 世纪末，虽然"铁幕"时代随着 1989 年柏林墙的倒塌和 1991 年苏联解体而终结，苏美两大阵营的政治冷战和军备竞赛退出了历史舞台，意识形态壁垒貌似完结，经济全球化和文化同质化的语境日益豁显，但是文化冲突依然还在以更加失控的方式在全球范围内上演，例如恐怖主义尘嚣日上，阿富汗、伊拉克、埃及、也门、叙利亚等国家地区烽火不息，极端民族主义和原教旨主义的毒瘤迅速扩散，近年某些大国出现了反全球化的现象。这些问题一天不得到有效解决，我们的跨文化交流对话就一天不能停止，这门学科的意义也正是在这个角度上凸显出来的。

如何理解和解释"后冷战"背景下出现的新问题，已成为当今人文工作者的当务之急。从汤因比的文明论、雅斯贝斯的"轴心时代"和斯宾格勒的"西方的没落"之说，到麦克卢汉的"地球村"之喻、亨廷顿的"文明冲突论"，以及努斯鲍姆关于"培育人性"的呼吁，种种学说相得益彰而又互竞互颉。努斯鲍姆的观点尤其发人深思。她认为，文学文本具有增进不同生活方式之间情感共鸣的可能，"文学能把我们从一种生活传送到另一种生活当中，同时又能使我们保持秉性"。换而言之，"叙事性想象为道德互动（moral interaction）提供绝对必要的准备"，从而使我们能够洞悉人类共有问题的多样化表现形式。在文化内部，文学文本的书写者不仅仅创造出虚构的世界和生活在其中的形形色色的人物，其实也在运用语言向读者施加一定的影响。语词能够激发情感反应，文学能使读者的道德观和信仰发生潜移默化的变化。

魏沛娜： 近年来，中国文学文化走出去成为众所关注的议题，您认为比较文学研究可以在其中发挥怎样的作用？

张晓红： 我想说明的是，我们已经超越了早期对西方理论的亦步亦趋和简单模仿的阶段。如果说现在还在谈比较文学，它一定是具有中国立场和中国视野的比较文学，一定是一个同时要观照东西方两大文明体系的比较文学，因为欧洲中心主义或说西方中心主义的比较文学已经被西方学者宣判死亡。在西方学者大呼比较文学作为一门学科已经死亡的情况下，其实东方学者，尤其是中国、印度、日本、韩国的比较文学研究学者挽救了比较文学，使比较文学获得了新生的力量。现在整个比较文学界有两大热门话题，一是世界文学的研究，二是世界主义的研究。中国迈入新时代，我们更加提倡中国文化走出去，都包含了比较文学的一些思想元素和思维火花，因为中国文化走出去，必然会涉及中外文学交往，这种交往就会产生互相认同、借鉴、交融、碰撞和冲突，这就是我们比较文学研究的课题。

外译作为文化交流和传播手段的重要性越发突显

魏沛娜：无论是中国文学"走出去"，还是外国文学"引进来"，都离不开翻译。有人说，这是一个翻译的时代，在这个时代，翻译备受瞩目。而您除了学术研究，也翻译了不少外国学术著作。您怎样看待翻译的价值？翻译在您的治学之中又居于怎样的位置？

张晓红：翻译的价值主要体现在翻译是一种文化交流的手段，它是必要且十分重要的连接不同文化的桥梁和情感纽带，它在异域文化间不断地传输着多元的文化信息和文化价值。推进"一带一路"国家倡议和中国文化走出去战略，急需用国际社会听得懂、愿意听的方式讲好中国故事、贡献中国智慧、提供中国方案，外译作为一种文化交流和传播手段的重要性越发突显。近些年，虽然国家层面斥巨资设立中华外译项目，但外译学术著作和文学作品参差不齐，出版社权威性不够，发行量小，接受效果普遍不佳。这些匆匆上马、草草收场的中华外译项目不仅未能提升中国文化影响力和显示度，反而给国际社会造成中国"有钱就任性"的负面印象。中华外译项目在华运作的弊端在于：缺乏科学的顶层设计，缺乏合理的统筹协调，缺乏有力的质量监管，缺乏长效的翻译人才培养体系，缺乏强大的运营团队。只有解决这"五缺乏"，才有可能真正把中华外译项目做成"一带一路"国家倡议的金字招牌。如何在文学研究领域促进中外交流，应该在教育部人文交流中心的宏观指导下，建立一个规范而又灵活的工作机制，组织遴选一批基础好、潜力大、特色强的示范基地，并着力营造百花齐放、百家争鸣、开放多元的中外学术交流环境。

魏沛娜：深圳的人文学科研究基础尚属薄弱，支撑您留在深圳从事学术研究的根本原因是什么？

　　张晓红： 深圳表明上看起来是比较开放的、诱惑很多的地方，但实际上反而能更让你沉下心来去从事喜欢的工作。我就是在深圳找到了这种沉下心来从事学术研究的感觉。很多人都误以为深圳是文化沙漠，没有人文土壤。我反倒认为，深圳是一块文化绿洲，因为有很多志同道合的人给你温暖的力量，让你能够心无旁骛地做自己喜欢的事情，不用太在意别人的眼光，因为每个人都很忙，有自己的生活轨迹，可以跟着自己的心声做事。所以，我一直认为，是深圳这块福地，是深圳这块绿洲，给了我坚持的理由，我觉得我心中的灯塔就在深圳。深圳有"无限的少数"和无数的"追风筝的人"。这座城市有梦想，有温度，有情怀。

张晓红简介

张晓红 荷兰莱顿大学比较文学博士，现任深圳大学外国语学院院长、教授、博士生导师，四川大学客座教授和兼职博导，中国社会科学院合作博士生导师，广东省"千百十"工程省级培养对象，广东省外国语言文学一级硕士重点学科带头人，深圳大学优秀学者。兼任国际比较文学学会执委、中国比较文学学会副秘书长。主要研究领域为欧美后现代小说、西方文学理论和中国当代女性诗歌，在 Comparative Literature Studies 和《文学评论》等 SSCI、A&HCI 及 CSSCI 索引等国内外权威期刊上发表中英文论文60多篇，出版 The Invention of a Discourse 和《英国跨文化小说中的身份错乱》等中英文专（合）著6部、学术译著8部。主持国家社科基金项目2项、省部级项目5项。

主要著作：

1. *The Invention of a Discours*：*Women's Poetry from Contemporary China*，CNWS，2004

2.《苍山夜话》（合著，排名第二），上海学林出版社，2006

3.《互文视野中的女性诗歌》，广西师范大学出版社，2008

4.《诗书画影》，吉林出版集团，2014

5.《英国跨文化小说中的身份错乱》（合著，排名第二），上海三联书店，2015

6.《拉什迪的童话诗学和文本政治研究》（待出），商务印书馆，2020

从报人到新闻学教授

——辜晓进访谈录

受访者：辜晓进
采访者：魏沛娜
时　　间：2018 年 5 月 18 日
地　　点：深圳大学办公室

"我骨子里还是一个热爱新闻的人，直到今天虽然在学院教书，但仍然热爱新闻，从事新闻行业的使命感、正义感是可以体现个人情怀的，这个工作比较适合我个人的性格，但是你若要把工作做好，就必须投入研究，用理论武装。"

从 1991 年 7 月来到深圳，辜晓进在新闻实践和研究的路上走得更远，主要研究领域包括新闻业务、国际新闻、新闻史等。2010 年，他受聘于深圳大学传播学院，完成个人的身份转型。站在教学一线，辜晓进将自己多年丰富的新闻工作经验和思考体会授予学生，更指导学生深度挖掘深圳题材，当学生完成一篇篇收获好评的毕业设计作品时，他颇感欣慰，仿佛看到新闻事业的灿烂薪传。近日，深圳大学传播学院特聘教授辜晓进接受了笔者专访。

只要留心，新闻是写不完的

魏沛娜：您自大学毕业就干了多年报纸，于 1988 年考入中国人民大学新闻学院攻读硕士研究生，研究生毕业后继续接触新闻编采工作，您的新闻志趣和情怀是如何培养起来的？

辜晓进：我从事新闻工作几十年了。我从 1984 年就已进入报社工作，后到中国人民大学读研，再到深圳从事二十几年的新闻工作，拥有长期的新闻工作实践。中国报业在改革开放以后进入产业化发展时期，跟之前几十年是完全不一样的面貌。因此，无论是老报人，还是年轻的报人，都要重新适应新的办报环境，都要展开新的探索。新的经验总结或者理论归纳是比较重要的，我很早对此感兴趣，故一直注意总结，在 20 世纪 80 年代就发表过相关文章，迄今仍在关注这个领域。

魏沛娜：听说您那届共 6 名研究生毕业，仅您一人离京南下来到深圳，其余都留在北京或新华社的地方分社。为何您最后决定南下深圳？当时经历了一个怎样的选择过程？

辜晓进：来深圳纯属偶然。当时有很多招聘邀请都被我婉拒了，例如中宣部以及人民大学留校读博（当时蓝鸿文教授刚刚获得教育部批准的中国第一个新闻实务博士招生授权，他曾力邀我读他的第一个博士）。当时我对中国刚进入产业改革的新闻业仍情有独钟。我上人大研究生之前是《江苏科技报》的编委兼采通部主任，并已有中级职称，这样的资历在当时人大的新闻研究生中绝无仅有，再加上学习期间较为刻苦，发表了很多文章，是在校三届研究生中唯一获得《人民日报》奖学金（全国共 10 名）的学生。

所以毕业前很多单位向我招手。例如我曾经当面采访过新华社社长穆青，老人家对我表示欣赏，希望我毕业后去新华社工作，并给我江苏分社和北京总部两个选项。《人民日报》教科文部主任樊明经也曾和我面谈过。我原工作单位的上级部门也表示希望我回去，并承诺立即提拔为副总编。我后来选择去人民日报社，该报人事局已经来调档。这时《深圳特区报》人事处两位女干部（一位副处长，一位科长）来到人大招人。1991 年该报只有一名校招名额，因此要求很高，只盯住人大、复旦这两所名校，最终落子人大。当时深圳特区也很热门，她们的到来引起很多学生的关注，研究生、本科生、干部进修生都去找她们毛遂自荐。但她们不为所动，找到新闻学院领导，讲明用人条件，即有丰富的业界经验和优秀的在校成绩。分管人事的副院长秦珪教授说，这么说的话只有一人符合要求，就是辜晓进。于是她们来做我的工作。

经她们描述，深圳显然是产新闻的热点城市，这对我这个新闻狂热者产生了吸引力。她们又许诺了一些物质条件，包括家属立即办理调动（人民日报人事局的人曾提醒我，家属进京指标可能要排队等 4 年）。她们又允诺人民日报社的工作她们去做，于是我才决定来了深圳。当然我来之后，她们承诺的物质条件无一兑现，包括妻子调入和"三室两厅"等。不过我也毫无怨言，且不后悔。当年我的其他 5 位同学分别去了新华社、人民日报社、中央电视台、经济日报社和中国商报社。

魏沛娜：到达深圳后，眼前的深圳与想象中的深圳有何不同？

辜晓进：来到深圳后，眼前的景象和我的想象差不多，即遍地是新闻。深圳果然是改革开放的一片热土，到处欣欣向荣，也总是百废待兴。只要留心，新闻是写不完的，深圳当时可以说是记者的天堂。但记者若想享受某些党报媒体的便利，则可能会失望，因为深圳已具规模的市场化经济格局，也导致官方媒体丧失了不少内地媒体那样的"特权"。以我个人情况为例，妻子是江苏省省级机关医院的骨干医生，报社承诺立即调来，副总编亲自找市卫生局领导做工作，居然迟迟解决不了。要放在内地城市，市委机关报的领导亲自出面协调合理调动事宜，当是易如反掌的。去企业采访也是这样，只要不是被邀请，记者自己主动找到新闻去采访，无论动机怎么良好，也不管你是哪家报纸，都不像内地那样受欢迎。

记得刚来报社不久，从市科技局获得线索，主动去因科技革新而由普通酱菜厂变身现代化饮料企业的"东方企业有限公司"采访。经约定，我分三个上午前往采访，每次都乘坐 7 站路的公共汽车，每次到中午赶回报社总是误了食堂饭点，弄得很辛苦。采访期间，接待我的那位黄经理总是不卑不亢，被动陪同采访。作为饮料生产公司，连杯饮料也没让喝。我后来在《深圳特区报》第二版发表较长篇的通讯《"东方"不再静悄悄》，感动了采访时在外国考察的董事长，专门来报社表示感谢，还送一箱"东鹏"饮料。我执意不收，他很着急。

同样是1991年，我无意中获得线索，专程去遥远的大鹏镇的大坑新村采访，不料处处碰壁，村委会领导出于保守和害怕露富等原因，根本不露面。好不容易采访到一些村民和一位较为开明的村属公司副董事长，才基本获得我想要的信息。回来后在特区报发表《这里有一个中国首富村》，后被境内外媒体广泛转载。

20世纪90年代中期，华为公司已经开始崛起，深圳电视台记者扛着摄像机前往采访，硬是进不了华为公司大门，无功而返。我的两次采访华为，也都是应邀采访的。这些情况都和内地很不一样。

主动寻找发掘并采写新闻

魏沛娜：20世纪90年代，您曾先后担任过《深圳特区报》专刊部编辑、总编室副主任、《鹏城今版》编辑部主任、经济部主任、总编助理等职，而那时深圳的新闻事业也正处于起步阶段。对于您来讲，当时在新闻事业追求上是否有"一拍即合"之感？能否请您具体回忆当年比较难忘的新闻经历？

辜晓进：我一直觉得，20世纪90年代是深圳新闻事业发展的一个黄金期。那时条件并不太好，我刚来那两年没有资格分房，被安排住在特区报招待所一间小客房改造的宿舍，屋内放一张90厘米宽的钢丝床和一个小写字台，就没什么空间了。隔出来的卫生间塞进了一个炉具，算是兼做厨房。有一次母亲访问德国从香港回国，顺道来看我，屋内只能放下两把折叠椅，聊天时我太太只好站着。刚来那两年，我这样资历的采编人员，连奖金月收入也就600多元，比同城的《深圳法制报》低很多。即便如此，我们在新闻事业上干劲冲天，永远忘我地加班加点工作。从领导到员工，都一直想做些与前人不同的事情，让特区新闻事业发展得更快一些。例如1993年第一个季度，我作为特区报的五人小组成员之一（我是当时小组中最年轻的，其余同事都早已退休，有一位现在已经去世），完成了富有创意并一直沿用至今的特区报业务考核评价的指标体系和操作条例。1993～1995 年，我还先后参与筹办特区报"下午版"、《深港经济时报》和《鹏城今版》等报纸。

《鹏城今版》作为每日出版的报纸，在特区报的历史上第一次真正实现了报纸全方位贴近民众、贴近社会、贴近生活，因而大受欢迎。当年因未申请到独立刊号而随特区报发行，因内容亲民和较强的可读性，大大增加了特区报的发行量，导致特区报当年底的个人订阅第一次超过公费订阅，实现历史性跨越。当年全国至少 16 家党报前来学习取经。而我们当年创刊时条件非常艰苦。在由周报试刊转为日报正式出版的 6 月下旬起，我率领一个团队搬到远离深南中路总部、尚未完全竣工的深圳特区报业大厦裙楼（现《晶报》办公的地方）工作。正值炎热的夏季，没有空调，电话也没安装好（全部对外通讯只靠我一部每天打得滚烫的"大哥大"），大家还要经受全程无纸化和编辑自己组版等技术挑战，每天超时工作，大汗淋漓，女员工连衣裙背后总是大片白色汗渍。但大家乐此不疲，毫无怨言。当时周边没有什么建筑，四处空旷，男员工业余时间就踢足球作为娱乐和休息。后来我们干脆成立了挂着特区报名义的足球队，当时踢败了广州日报队和羊城晚报队，打遍珠三角媒体圈无敌手。以《鹏城今版》员工为核心组成的特区报百人合唱团，在我的指挥下，以无伴奏四声部混声合唱，赢得全市合唱比赛的第二名。那是一个员工都不计得失、积极向上的年代，我非常怀念。特区报创刊 30 周年时约我写一篇文章，我用的题目就是《一段崇尚新闻专业精神的激情岁月》。

就是在那样的情况下，我们做出了当时深圳最好的报纸内容。我一直认为，如果《鹏城今版》当时获得刊号独立发行，《南方都市报》后来在深圳就没有那么大市场。事实上南都也是 1995 年创刊的，起初也没获得刊号，但说句不谦虚的话，当年比我们的报纸差远了。相信那时的深圳人都有记忆。南都是在 2001 年后才崛起成为一份优秀报纸的，那时《鹏城今版》仍未获得刊号而早已被拆分，一些骨干都去创办《晶报》了，我自己也于 1997 年底去经济部任职。

魏沛娜： 在报社工作期间，您从事的都是编辑或管理工作，虽然未做过一线记者，更无直接报道任务，但听说您利用业余时间发表了数百篇新闻，这种采写激情来源于哪里？当时具体写了哪些比较有影响的"业余"新闻？

辜晓进： 确实是这样。我到《深圳特区报》后，因为自己过去的从业经历，确实未再从一线记者做起。我一来就做编辑，1992 年底被任命为总编室副主任，此后整个 90 年代一直在重要采编部门负责人的岗位上工作，1999 年起作为总编助理参加总值班。但从广义上讲我还是一位记者，我虽然没有什么刚性的采访任务，但除了组织和率领记者采访写作以外，我自己总会被一些有意义或有趣的人和事吸引，遵循新闻传播的客观规律，依据新闻价值的大小，主动去写一些新闻。

我一直认为，别人邀请你去写的新闻，常常价值不大，自己去寻找发掘的新闻，才更有意义或更值得写。所以我一直主张记者应当是属鸡的而不是属猪的，要自己找米吃。但正如我前面说的，特区的市场经济环境有点像香港，记者主动去采访常常不受欢迎。不过即便如此，我对新闻的热情也从未有丝毫消减。整个 90 年代，我发表了近千篇稿件，可能是特区报所有部主任中发稿最多的。其中约半数属于有一定深度的报道，多数是具有较强可读性或有一定影响力的稿件。

我刚完成了一本新书，书名暂定《1990s：别样深圳》，年内应会出版。书中选择了 90 年代我采写的 25 篇较有影响的新闻作品，加上当时采访的社会背景以及作品发表后的社会影响及被采访者的近况。之所以用"别样深圳"，是因为入选的这些稿件是在当时党报宏大叙事之外的内容，甚至也有意回避要闻部记者争相报道的"主流"题材。例如同样是报道深圳活雷锋陈观玉，当时深圳所有媒体铺天盖地的报道，同质化非常严重，都是那些重复了很多遍的故事。我则通过到陈大姐家与她促膝深谈，了解到她一些真实的感受，回来写了《一位活雷锋的奉献与苦恼》。今年 3 月，我再次去陈大姐家访问，补齐了当年采访之后她和她的家庭的变化，以及她年届八旬仍坚持在义工服务第一线的感人事迹。我把这些照片发到朋友圈，受到很多朋友的点赞，一些媒体也转载发表了。年初我还去当年的大坑村采访，了解到很多引人入胜的变化。这些都令这本书大大超出普通作品集的格局和范畴，成为深圳 90 年代民间史的一个有趣的补充，也给新深圳人了解深圳历史留下一个读本。例如现在住在彩田新村的人恐怕很少知道，当年该小区所在的冬瓜岭因拆迁引发的风波曾惊动境内外媒体，相关的民告官官司一直打到 2005 年。我作为当时的亲历者和采访者，写过最权威的报道，今天读来也是颇有意思的。

曾经参与《深港经济时报》筹备工作

魏沛娜：您还曾经参与过《深圳特区报》与香港最大报业集团星岛集团合资创办的新中国第一份合资日报《深星时报》（原《深港经济时报》）的筹备工作，过程据说也是挺坎坷，该报没几个月就宣告计划流产。当时经历了一个怎样的过程？

辜晓进：这段时间虽然不长，却也是可以载入特区新闻发展史册的。1992 年，《深圳特区报》发表"猴年新春八评"和《东方风来满眼春》，详细报道邓小平视察南方的讲话精神，中国再次掀起改革开放的热潮。在此背景下，深圳市委考虑到特区作为改革开放的窗口，既有当好改革开放排头兵的使命，也有加强对外开放、迎接香港回归的责任，遂产生创办一份能进入香港地区及海外传媒市场的报纸的念头，并责令市委宣传部负责实施。

经综合考量，《星岛日报》以其明显的综合优势成为合作的备选对象。《星岛日报》创刊于 1938 年，是香港迄今历史最悠久的中文日报，当时在美、加、欧洲、澳洲等地出版有相对独立的 11 个海外版，在世界 100 个城市发行，其影响力和发行网络均居世界华文报纸之首。而星岛集团从创办人胡文虎到继任者胡仙，都有强烈的爱国热情，且十分重视与内地合作。时任国务院新闻办主任的曾建徽就曾向星岛集团总经理黄锦西先生表示欢迎星岛集团来内地合作办报。

深圳的意向得到对方积极响应，随即履行报批手续。1993 年，深圳依程序向广东省委宣传部、广东省新闻出版局、国务院新闻办、国家新闻出版署等部门提出与星岛集团合作办报的申请，并相继得到各级管理部门"同意"或"原则性同意"的批复。国务院新闻办还下达了"先试刊、后申报"的具体指示。看来一切都不成问题了。同年 11 月 25 日，市委办公厅根据市委决定下文批准深圳特区报社组建成立"深圳新闻出版中心"，与香港星岛集团共同筹办《深港经济时报》，并给了该报 150 个编制。刚由市委宣传部副部长调任深圳特区报社社长兼总编辑的吴松营兼任中心主任。翌日，吴与星岛集团董事局主席胡仙小姐在深圳富临大酒店正式签订合作办报协议，总投资额 2.5 亿港元，深圳和星岛分别占 51% 和 49% 股份。新闻出版署、新华社香港分社、深圳市委均有代表出席签约仪式。这些举动引起海内外媒体高度关注，港台报纸均以显著位置加以报道，报纸从此进入实质性筹备阶段。

我也是那时被从总编室抽调参与筹备工作的。报社领导班子的"四驾马车"都由双方最高领导担任：董事长由胡仙担任，社长由吴松营担任，总经理由星岛集团（中国）总经理黄锦西担任，总编辑则由《东方风来满眼春》而红遍全国的《深圳特区报》副总编辑陈锡添担任。报社按港报架构采用大部制，即只有编辑、采访、经济、副刊共四个部门，我被任命为采访部主任。当时在八卦岭租用一栋小楼装修一新，随即开始向全国招兵买马。陈锡添作为内地的具体负责人，让我帮他把招聘人员的第一道关。各地年富力强的新闻骨干陆续报到。

1994 年 3 月起，开始试刊。版面是竖排繁体字版，对开 20 – 24 版，由深圳和香港两个编辑部供稿，规模冠居全国，因为当时全国报纸版面最多的《广州日报》和《深圳特区报》，每天也只有 16 版。连续试了三期，按要求送国内同行和中央有关部门审阅，皆获好评。经长达近一年的等待，虽经深港两地多方努力，中央终未下决心批准刊号。少数骨干调入特区报，一部分人留下办改名后的《深星时报》（在香港注册，无内地刊号，但特许在珠三角发行），多数人做工作回到原单位。我则回来筹办《鹏城今版》。

魏沛娜：创刊于 1997 年 7 月 1 日的《深圳日报》是新中国经中央批准的第一份地方英文日报，也是华南地区唯一英文日报。2002 年，您被任命为《深圳日报》总编辑，执掌期间您的采编理念是怎样的？希望这份英文日报能发挥怎样的功能？

辜晓进： 20 世纪 90 年代后期，深圳市委组织部为培养"跨世纪领导干部"，开始从全市选拔处级干部出国深造，到 2000 年选拔第五批的时候，扩大到新闻界。《深圳特区报》一批中层干部参加了市外办组织的笔试和面试，我是正处级干部中唯一成绩为 A 的，便成为新闻界当年唯一公派出国访学的干部，于 2001 年 2 月至 2002 年 2 月在纽约市立大学做访问学者，其间我还争取到哥伦比亚大学新闻学院的进修机会。回来后发现，我出国前和我同一批担任总编助理的同事都被提拔为副总编（尽管组织部文件中明文规定，被选拔出国进修的干部，在同等条件中应优先提拔），而我原来所在的经济部已被拆分为若干较小的部门（原来经济部是人数最多的采编部门）。英文《深圳日报》从 2002 年 3 月开始由周三刊改为日报，我便被任命为该报总编辑。

《深圳日报》作为全国第一个地方英文日报（此前只有一个《中国日报》），在承担独特的外宣使命的同时，也担负为在深圳中长期居住的数十万外国人提供信息服务的重任。经过同事们的共同努力，报纸在外国人群里影响越来越大，当时广州的 37 个外国总领事馆基本都订阅了该报。报纸还每天送到香港发行，国务院新闻办主任赵启正在任时曾夸赞该报是"深圳特区的一条漂亮的领带"。后来的时任国务院新闻办主任兼中央外宣办主任蔡名照也曾到《深圳日报》编辑部视察。报纸在深圳的"高交会""文博会"等重大国际活动的信息传播方面发挥了难以替代的作用，很多报道被海外媒体转载，包括奥巴马同父异母弟弟马克在深圳工作和开展慈善活动的独家报道，以及"非典"期间关于深职院一位美籍教授染病在转院香港不久后去世的独家报道，都被外媒广泛转载，并澄清了一些谣言和猜测。

该报还积极实施数字转型。在我负责期间，未要集团和政府分文资助，在全国率先创建了英文日报的数字版（先于《中国日报》），率先创办了英文手机报，并开展面向外国人服务的大量线下活动，成为华南的英文信息枢纽，也是深圳市政府英文官方网站新闻信息的唯一来源。

注意学习借鉴中外先进办报理念和方法

魏沛娜：您似乎非常关注西方媒体动态，2001 年您作为美国纽约市立大学访问学者，于 2002 年回国不久就出版了《走进美国大报》，您在书中以中国传媒人的视角揭示美国报业的运作规律，也是您对美国报业现状的第一手实地考察研究专著。为何需要重视考察西方的报业管理经验？

辜晓进：中国现代化的报纸本身就是西方国家传入的，改革开放后进入产业化，在包括硬件和软件及经营管理方面也一直在借鉴西方发达国家的办报经验，很多经验我们拿来就直接用了。而我在访学期间发现，此前虽然学界和业界都有不少人出国访问、考察，但似乎对美国报业的最新发展知之不多，带回来的经验很少，这是我利用访学的寒暑假进行调研及后来写成这本书的主要原因。其实我访学并无调研任务。

事实上，综观中国的报业发展史，近代第一份中文报纸《察世俗每月统记传》，就是外国传教士创办的。我们的现代报业很多工作应当向先进者学习，学习现代化的理念和实操经验。为此，我常年关注国外的动态和研究，积累的发达国家媒体动态和研究文献不下一万篇，我把它们都放进了我的数据库，这么多年随时更新，与国际媒体的发展潮流基本保持了同步跟进。

魏沛娜：您出版了很多著作。如您 2018 年出版的《重走美国大报——美国报业转型：颠覆与重生》是您再次赴美调研的成果，体现美国报业转型的最新状况，这本书也是您"多年来针对以美国为首的西方报业实践的研究积累"，相比十几年前的调研，这次调研过程中最深的触动是什么？

辜晓进：我的确较早开始注意学习借鉴中外先进的办报理念和方法，也重视自己的经验总结，所以出版了一批和办报有关的专著和译著。如1991 年出版了被称为新中国引进的第一本西方报业管理的专著《报业管理艺术》（中国人民大学出版社），1994 年出版了被称为新中国第一本包含史论和实践的科技新闻专著《现代科技新闻概论》（中国科技出版社，被美国哥伦比亚大学东亚图书馆收藏），2002 年出版了引起全国学习借鉴西方先进办报理念热潮的《走进美国大报》（南方日报出版社，2004 年出版台湾版），2006 年出版了作为国家 211 项目成果的专著《美国传媒体制》（南方日报出版社），2012 年出版了《当代中外新闻传媒：现状与源头》（中国人民大学出版社），2018 年出版了《重走美国大报——美国报业转型：颠覆与重生》（南方日报出版社），等等。此外还主编或与他人合作出版各类专著近 10 种，包括 2019 年 1 月出版的"马工程"（马克思主义哲学与社会科学理论与教材建设工程）教材《新闻采访与写作》（我是专家组成员和编撰者之一）。

至于去年出版的《重走美国大报》，正是缘于传统报纸在数字时代面临危机，需要转型应对，而美国报业一直走在前面，所以前往调研后完成，其中包含与 30 位知名报纸高管的深度访谈。我觉得这对处于艰苦转型期的中国报业会有很好的借鉴作用。

学界跟业界是两个不同的江湖

魏沛娜：您 2010 年受邀到深圳大学传播学院教书，在成为被学生爱戴的老师的同时，也取得了丰硕的学术成果，您是如何适应从"报人"到"新闻学教授"的身份转变的？

辜晓进：我到深圳大学，是因学校的领导，特别是传播学院的创院院长吴予敏教授从 2005 年就开始邀请我。到了 2010 年，我感觉到自己在学校可能比在报社发挥的作用更大，就去了深大。这对我是一个比较艰难的决定，所以才从 2005 年拖延到 2010 年。我前面说过，虽然在业界时我写过文章，出版过专著，但到了学界还是不一样。我总是说，学界跟业界是两个不同的江湖，要穿越这个江湖并不容易，特别是学界这十几年，无论是科研水平还是师资力量，都有了突飞猛进的发展。我们这些缺乏学术训练的老报人，最大的挑战就是适应学术江湖的游戏规则。

所以进入学界，我也一直在努力学习。即便是教学，按理说，我的经验、故事几乎讲不完，但课堂教学跟我们偶然去做个讲座不一样。课堂教学要求系统化、体系化、理论化，必须把理论和实践结合起来成为一门学科，而且新闻学还要求与时俱进，当前媒体变化迅速，不努力学习研究，也当不了好老师，会误人子弟的。同时从事科研工作也需要重新学习。我一直在努力改变过去的非学术化思维，也读了不少过去从来不读的中外学术专著。到深大后，在新闻传播学的顶级学术期刊、三大权威期刊以及 C 刊上发表了近 20 篇论文，在其他核心期刊（如《新闻战线》《中国记者》）发表的文章更多。数月前，有多位朋友向我转发了公号"学术志"发布的《2018 年高校人文社科学者期刊论文写作勤奋榜》，我被排在新闻传播学类的并列第 16 名，是前 20 名中深大唯一上榜者。但我自己心里清楚，我的文章总体质量并不高。有的老师写一篇就能产生很大影响。

所以，我到高校既是学习的过程，又是融入学术江湖的过程。虽然数年前我被深大推荐评比为深圳优秀教师，但到今天我还在融入的路上。去年在浙江大学举行的全国新闻传播学集体学术年会上，我被推荐并评审通过为唯一的"卓越成就奖"获得者，我就非常忐忑。让我代表获奖者发言时，我也是这样表达的。前几年，《中国记者》的编辑约我写文章，介绍自己由媒体人"成功转型"为高校知名学者的经验，就被我婉拒了。我说我还没到总结经验的时候。

魏沛娜：近年来常常看到您参与带领的深大学生新闻毕业设计作品因题材接地气、视角新颖、深度挖掘而倍受好评。所以，您在教学中会特别结合以前的工作经验，特别强调学生的实践操作能力？

辜晓进：会的，教新闻实务最好是有新闻实战经验，比如在美国高校里教新闻学，如果没有深厚丰富的业界经历，是不能进入教学岗位的。据我所知，美国高校的新闻实务老师基本上都是在业界工作了至少十多年，而且担任过报社重要职务，这样的背景加上一定的科研能力，才能应聘任教。这些年我和传播学院其他老师带领学生做了一些深度的新闻调查作品，对学生来说是非常受益的。他们通过最后的实战检验，进一步知道了怎样找重要题材，怎样专业化地完成大型报道任务。深圳是一座特殊的城市，有改革的累累成果，有直接与国际对接的开放环境，有丰富的民间生活，是一座新闻的富矿，题材取之不尽，用之不竭。我们就是要让学生明白怎样从身边发现有重大新闻价值的好题材。

魏沛娜： 当您从新闻管理一线转到学院研究时，全球的传统媒体也在经历艰难的转型困境，那么您当时个人的"转型"心境跟传统媒体的"转型"是否有一些交叉影响？

辜晓进： 传统媒体在数字化时代经历了很大的挑战，其实全世界的报纸都在面临转型。我跟学生说，现在到报社工作已不像过去那样吸引人了，新闻的就业选择更加多元，但对各类新闻媒体而言，也包括新媒体，有一条是不变的——新闻的基因是不变的。不管是在数字平台，还是在传统平台，新闻的质量永远是第一位的。我也常跟业界的朋友讲两句话，第一句是你的内容在报纸上是垃圾信息，到了数字平台更是垃圾信息，不会因平台做得好、传播速度快而变成"黄金"。因为到了数字平台，内容面临更大的竞争，你的价值会进一步贬值，故要做得更加优秀。第二句是报纸有了优质内容，转型不一定成功；但若没有优质内容，转型一定不成功。所以，任何时候内容都要做好，因为新闻媒体是内容生产商，内容没有人看，无论做报纸还是网站、新闻客户端都是没有前途的。我们还可以发现，现在微博、微信、客户端上，篇幅长的优质文章比碎片化信息更受人欢迎。也因此，我们现在教学生，在教学上就要改革，要适应数字时代的传播要求，包括呈现方式有更多的可能性，要全方位地利用文字、图片、音频、视频、图表等。现在我们学生做的毕业设计作品都是多媒体传播的。

全球多数报纸还在转型的路上

魏沛娜： 您还会鼓励学生毕业后投身新闻行业吗？对于今天的"新闻学"需要怎样重新定义理解吗？

辜晓进： 我当然鼓励他们去做新闻。"新闻学"的核心概念改变不大，但是某些方面会改变，比如新闻学的概念过去长期沿用陆定一的"新闻是新近发生的事实的报道"，但这个概念在互联网普及之前，即20世纪80年代已经受到挑战。我记得1986年1月，美国航天飞机"挑战者"号从肯尼迪航天中心发射一分多钟后在1.5万米高空突然爆炸，7名机组人员全部遇难，造成了世界航天史上一大惨剧。CNN现场报道了这一事件，那是电视媒体第一次现场直播大型公共事件，谁都想不到下一秒会发生什么事情，而亿万观众正守住电视机前看着，跟记者同步看到这个事情的发生和发展，故有人就建议新闻的定义改为"新闻是正在发生的事实的报道"。到了互联网时代，尤其现在新媒介的发达，让人人都可以成为现场的观察者，很多事情都以更快的时效在传播。但我不认为一定要改新闻的定义，只要新闻还是新鲜的有时效的就好。整个新闻学理念也会随信息传播方式的变化而然变化，新闻的叙事方式都要迎合数字时代观众的需求，所以方法可能会做出一些改变，但核心理念并没有太大的改变。

另外，我们现在每人每天获取的新闻数量是远远大于以往任何一个时期的，这也证明新闻的受众比过去增加了。以前不看新闻的人会通过手机获知报纸上的新闻内容，并会追着看。所以，新闻的需求量是比过去大大增加了。

魏沛娜：在您看来，传统媒体转型成功的关键是什么？

辜晓进：转型过程是否成功要看新的盈利模式能否建立。建立新的盈利模式有一个前提，即受众规模。过去一份报纸发行20万就活得很好了，到了网络平台可能要200万受众才有可能产生收入。也就是说，不管是传统媒体，还是新媒体，实际上仍是一种注意力经济，目前全世界都还在探索之中。其实除了几家知名的门户网站，现在很多互联网公司的内容生产也并不赚钱，也没有形成成熟的赚钱模式，只是靠着一轮一轮的融资在支撑着。

就中国传统纸媒而言，困境可能还没有解决，还在转型的路上，中国纸媒的转型道路还是任重道远。就全球媒体来看，比如《纽约时报》的商业营利模式已经明确，转型前景一片光明，英国的《金融时报》也差不多。但全球多数报纸还在转型的路上。

魏沛娜：除了新闻研究，您还经常撰写乐评，古典音乐是您的另一个兴趣吗？

辜晓进：我从小就喜欢音乐，学过小提琴等乐器。我这个人就是这样，要是对任何一件事情感兴趣，就会在其理论研究上投入精力。研究古典音乐提升了我对音乐的欣赏水平，比如同一首曲子由不同的乐队演奏有何不同，这很有趣，我也愿意把这种乐趣跟大众分享，因此早在 1995 年我曾在《深圳特区报》开了一个"门外说乐"的专栏。后来《深圳商报》《深圳晚报》等媒体也约我开了类似的专栏。深圳有很好的音乐环境，我作为一个"资深乐迷"，还是觉得很幸福的。

辜晓进简介

辜晓进 深圳大学传播学院特聘教授,博士生导师,新闻学科带头人。毕业于中国人民大学新闻学院,曾任深圳报业集团系列报刊副总编、《深圳日报》总编辑等职。

兼任北大新闻与传播学院研究生导师、广东外语外贸大学新闻与传播学院教授、中国新闻史学会外新史委员会副会长等职。纽约城市大学访问学者(2001—2002)。"马工程"教材《新闻采访与写作》专家组成员。

主持国家社科基金、211工程(二级)、广东省高校人文社科重大项目等课题。出版《报业管理艺术》《现代科技新闻概论》《走进美国大报》《美国传媒体制》《当代中外新闻传媒:现状与源头》《重走美国大报——美国报业转型:颠覆与重生》等专著10余种,发表论文逾80篇(含顶级、权威、CSSCI期刊逾20篇)。获中国国际新闻奖、金枪奖、第四届"新闻传播学学会卓越学术奖"、广东省优秀硕士论文指导教师、深圳市优秀教师、深圳大学学术成果一等奖等奖项或称号。

深圳文化创新的四大优势

——张军访谈录

受访者：张军
采访者：魏沛娜
时　间：2017 年 6 月 21 日
地　点：深圳市社会科学院办公室

很多青少年爱好文学都是从诗歌起步的，张军也不例外。从中学时期开始，张军就喜欢读诗、写诗。到了部队，他又勤于学习写作。等到考上大学，文学创作研究热情又不断高涨。20 世纪 90 年代末，张军来到深圳继续他的"文学梦"。按他的话讲，随后他的写作开始由文学创作向文化研究转型，由形象思维转化为抽象思维，由文学联想转型为逻辑推理，由感情驰骋转型为学理沉思。简言之，他已从单纯的文学创作，转型为复合型的文化理论研究。

张军的主要研究领域为中国当代文学（诗歌），深圳和香港文化创意产业、深圳创新文化、文化产业发展规划、文化事业发展规划等。曾任深圳市社会科学院文化研究所所长、研究员。现担任深圳市华文文学学会会长、深圳市文学学会副会长等，系中国作家协会会员。近日，张军接受了笔者的专访。

文艺创作与文学批评相互促进

魏沛娜：您考入华中师范大学文学院（当时名为华中师范学院中文系）

读书后，经常发表文艺作品。20 世纪八九十年代正是文艺异常活跃的时期，可以请您谈谈当时比较深刻的一些记忆吗？

张军： 那时我在大学印象深的有以下这些。首先，是师生思想解放，学术环境宽松。在改革开放的大背景下，中西文化交流碰撞，师生视域洞开，当时大学的学术氛围非常好，经常有各地的专家学者、名人来学校演讲，作家丁玲、姚雪垠、徐迟等都来学院演讲，包括国外的专家学者也到学校做学术讲座。我觉得那时候大学里学术空气浓厚，我们也能与美国耶鲁大学校际交流的外籍青年教师零距离交流，持续地头脑风暴，思想观念得到了提升和洗礼。那时学生的思想和价值取向也比较单纯，爱好文学写作的同学很多，文学社也是雨后春笋。在教育的计划经济体制下，个人理想、个人奋斗的空间有限，好多同学都在做"文学梦"，拥挤在文学的独木桥上。不光是中文系，化学系、物理系、数学系、生物系、政治系、教育系的好多同学都喜欢文学写作。

其次，丰富文学理论知识，扎实进行写作训练。在大学里我们除了学习中国传统文学教程以外，大学老师还引进、介绍了许多西方的现、当代文学作品、文学理论、文学批评方法，这样对我们了解西方学术、文学，有很多借鉴与感悟。就是中西文化碰撞、交流、结合，使人受到很大的启发和教育，打下较好的文学基础。

再次，还有一点印象比较深刻的就是——植根于我内心的写作动力和源泉。美国著名作家厄内斯特·海明威的说法："我已经具备了从事写作的先决条件：一个不愉快的童年。"我的童年在特殊的历史环境中度过，我始终认为，我可以失去童年，但千万不可失去童心。于是我立志要好好珍惜来之不易的学习机会，暗自砥砺，做一名文学家，把自己的家世写出来，呈现给后人，总结历史发展中的经验教训。

个人奋斗，也可以成名成家。这种正统主流意识形态中的以民为本思想，体现为社会中的"功名"追求上。自从隋朝开始科举取士以来，读书人的愿望就是金榜题名、光宗耀祖；出仕为民、流芳百世。人都是处境中的人，没有超历史的人。代代相传的、无孔不入的这种"功名"思想不仅在当时人的头脑里留有深深的烙印，而且甚至转化为潜意识在起作用。

几千年来的伦理道德观念教育，"立德、立功、立言"三不朽的道德目标深入中国人尤其是知识分子的骨髓之中。建功立业，青史留名，是古代中国人尤其是经过传统道德教育的人的追求和梦想，是中国古代儒家礼乐文化的意识形态。孔子称"君子疾没世而名不称焉"。狭义理解就是"到死而名声不被人家称述，君子引以为恨"。这种观点也代表古往今来大多数学者的理解，也符合中国人的心理习惯。孔子这句话也就成了儒家积极入世、奋发进取的标志。

自古以来，中国人生存的艰难致使中国大众向来就首先关注生存的可能性和世俗性。生存是人生理想、追求功名富贵等的前提，当基本上解决了生存问题之后，在传统文化思想的紧箍之下，就开始为正统主流社会精神需求努力，希望日后能够通过或文或武讨个出身，博个封妻荫子以青史留名。我自然也受传统文化的熏陶，追求在精神上的自慰，以及功名美梦虚幻的兑现。

魏沛娜：后来您是在怎样的情况下开始介入文艺批评？

张军：在读大学的前期，我主要是搞文艺创作。先后在《人民日报》《长江文艺》《北京文学》，以及江苏《青春》《湖北日报》等文学主流刊物发表了一些诗歌、散文、小说。我想，这些文学创作实践，有了经验积累，更能掌握文艺自身的运行规律，对开展文学批评更能抵达艺术本质，文艺创作与文学批评是相互促进、相辅相成的。

真正开展文艺批评是考上研究生以后，我的研究专业是文艺学，专攻文学评论，课程围绕文学批评设置，中国古代文论、西方 20 世纪文论史、西方近现代的一些文学理论及批评方法，特别是当时细读到西方 20 世纪一些文学批评方法，在系统论的框架里，从作者系统、作品系统、读者系统到社会—文化系统，比如作者系统的表现主义、象征主义、文艺心理学派、原型批评等，作品系统的结构主义、英美新批评、文艺符号学等，读者系统有阅读现象学、接受美学、文艺阐释学等，社会—文化系统有文化分析、新马克思主义、法兰克福学派等，为我开展文学批评打下很好的理论基础。参加了深圳《学派的太空》编写。撰写了古代希腊哲学中的第一个哲学学

派 "米利都学派"、早期希腊哲学中最重要的哲学流派 "埃利亚学派"、早期希腊的 "毕达哥拉斯学派"、德国的 "马堡学派" "弗莱堡学派" 五个章节，为构建深圳学派的学术理想最先做了基础性的工作。我也写论文进行了一些批评实践，发表了一些文学批评文章，顺其自然地走上了文学批评的道路。

诗歌作为一种文学样式处在文化核心层

魏沛娜：我发现您与 "诗歌" 有着特别的缘分，从处女作诗集《飘香的晨雾》开始，随后又出版了诗集《空门》《叙事英雄》，而且第一批文学理论专著也是《基础诗学》《方言的故乡》，为何创作与评论都会聚焦于诗歌？

张军：我想这与我在大学学习经历有关。如果搞文艺创作，那就有各类文体创作，写诗歌、写散文、写小说、写报告文学等，写作方法各有不同。你若要搞文学批评的话，有中国古代文论批评，也有现代文论批评，还有当代文学批评。我于是选择了中国当代诗歌这个我最熟悉的领域切入，因为我从中学时期就喜欢读诗、写诗，这也是我感兴趣和专注的领域，诗歌作为一种文学样式，处在文化的核心层中。我觉得，一个人的精力和时间都是很有限的，所以我需要结合个人的专业和经历等方面的知识积累和兴趣，选择一个突破口。

魏沛娜：多年来您对深圳文学也予以了许多关注和支持，深圳既拥有王小妮等已在诗坛上颇具影响力的诗人，又有一批青年诗人正在成长，活跃于各大期刊杂志，您如何看待深圳诗歌在中国当代诗歌版图上的位置？

张军：2014 年我在深圳市民文化大讲堂上，曾经对深圳的文学做了一个专题的讲座，题目聚焦 "多元共生的深圳文学"。我觉得 "多元共生、多元共荣" 也是深圳文学的一个特点，在全国文学创作版图上，除了北京、上海以外，深圳位居第三，在文学创作上比较活跃，文学创作队伍也比较庞大，常年写作的就有五万多人，中国作家协会会员就有一百多人，在国内有影响力的诗人有王小妮、徐敬亚、吕贵品、王远洋、刘虹、金呼哨等。现在也有一批年轻的打工诗人成长起来，包括郭金牛、谢湘南、程鹏、邬霞等，有的已经走出国门，诗歌译介到欧洲。

从我国改革开放40年的时代大背景来看，进入文学新时代的深圳，打工文学日渐式微。深圳社区文学不断兴起，打工阶层逐渐融入各个生活社区，成为作家的写作平台和场景，社区文学正在取代打工文学，因为有"邻家社区"网看到这种文学的发展趋势，持续发力，倾情打造全民写作计划、深圳社区文学大赛、睦邻文学大奖，奖金丰厚，云集了深圳各个层级的诗人、作家登台打擂，已经连续举办了五年，有官方支持，也有像《特区文学》《深圳青年》等主流刊物的助力，已经成为深圳特区的文学主流。

从文学发展史的趋向来看，一个历史时期会有一个历史时期的文学写作。打工文学是改革开放初期历史环境下的真实写照。因为引进"三来一补"企业，很多打工者是"东西南北中，打工到广东"，蜂拥而入"三来一补"的企业打工。他们对底层的打工生活有自己独特的感受，不吐不快，有一定文化水平的打工者，把底层的呐喊变成了文学作品，是过去的那段历史时期的文学现象，给当代中国文学史会留下了一个深刻的印记。

现在中国进入新时代，经济发展需要转型升级、腾笼换鸟，需要高质量发展，深圳也从深圳数量转变为深圳质量。深圳全面的农村城市化，城市化需要城市文学和社区文学。文学写作的历史时期就发生了变化。过去的那种打工文学就寿终正寝了。一次文学座谈会上，深圳大学汤奇云教授接过我的话题说：打工文学过气了。现在兴起的就是农村城市化以后的社区文学，因为深圳在全国来说，容易提倡社区文学。因为深圳所有的村庄都变成居委会或社区了。所以一个没有村庄、没有农民的城市化需要反映城市生活进程的文学作品，虽然社区里也住着外来的农民工，但已经成为细微末节了。这是新的历史时期，必然有一种新的文学样式与历史的发展相适应、相对应。

社区是城市的基本单元，社区文学本质上就是城市文学。深圳社区写作是城市、居民的写作。社区的城市生活，使得社区文学应运而生，这样社区文学就取代了打工文学。我在《深圳职业信息技术学院学报》《特区文

学》先后发表了《深圳打工文学日渐式微》《社区文学正在取代打工文学》，
关注、研究深圳新时代文学的演进。

调入深圳市社科院经历了三个转型

魏沛娜： 您自 1998 年底来到深圳，随后调入深圳市社会科学院工作，
您如何看待这近 20 年的"深圳经历"？

张军： 我调入深圳市社科院经历了三个转型：一是从内地转到特区；
二是从行政工作转型为学术研究；三是文学专业转型为城市文化。这种转
型对我来说，跨度大，挑战性强。为适应这些转变，我付出了辛勤劳动与
代价，这都不算什么，我庆幸在体制内有了一个稳定的谋生手段，也因为
我喜欢、热爱这份工作，它是我理想的事业。在为之奋斗中，我感谢深圳
这片热土对我的摔打与锻炼：一是观念的更新与转变；二是责任担当与忧
患意识；三是做事、工作的专业精神；四是集体精神与团队意识。这是深
圳近 20 年人生经验的个人总结。

魏沛娜： 作为一个新移民和文化学者，您也关注并研究了深圳城市的
移民文化，请您与我们分享一下您的研究心得。

张军： 来到深圳后，我是这座新兴城市的一个新移民，作为一个文化
学者，自然也关注研究城市的移民文化。从某种意义上说，人类的文明史
就是一部移民史。无论是哥伦布发现"新大陆"后欧洲人涌向美洲，还是
中国历代的大迁徙，不管是闯关东，还是下南洋，人类总是在或被迫或主
动地辗转变化着自己的居住地。深圳是我国 20 世纪以来，继上海、香港
之后又一座新兴的移民城市。深圳人来自全国各地，还有一些是因工作关
系而长期在深圳生活的外国人、中国台港澳居民等。超过 95% 的常住人
口都是外来移民，并且这一过程还在不断延续；深圳是中国仅有的两个聚
集了全国 56 个民族的城市之一；深圳地属广东，却能听到全国各地的方
言，并且不以粤语而以普通话为公共语言。今天，深圳人的生活方式、价
值观念、文化特色与本土文化（即岭南文化、广府文化、客家文化等）

有着根本的不同，带有浓重的移民色彩。移民社会是一种特殊的社会实体，其主要特征是人口流动性大、社会开放、多元文化并存。而人口年龄构成的年轻化（深圳常住人口平均年龄过去只有 28.68 岁，外来人口的平均年龄只有 26.61 岁，现在平均年龄也只有 33 岁），使深圳社会的这些特征更加明显。

作为当代移民文化的典型范本，深圳的移民文化兼具同质化和异质化倾向。一方面，在移民们持续的文化互动过程中，深圳文化有了更多的共同成分，文化间的极端差异得以减少。建市 40 年来，外界眼中的"深圳人"形象逐渐鲜明，深圳人自己也逐渐对脚下这片土地产生归属感，迈出了身份认同的重要一步，深圳成为来深建设者的精神家园。在世人看来，"深圳人"代表鲜明的商业意识、勤劳务实的性格、重效率快节奏的作风和兼容并包的心态。从四面八方涌入的深圳移民们，则在创业安家的过程中，以追求个人成功、幸福生活为奋斗目标，独立进取、积极竞争，在强烈的个体观念和自我意识基础上形成了渐趋一致的价值取向——开拓创新、奋发有为的移民文化价值观。

移民文化从精神上讲是以理想主义为指向的，是对生活在别处和未来的向往，是对新的生活和梦想的追求和创造。来到深圳的每个人，都有对过去的不满和对未来的梦想，满怀创业激情和创新欲望。在这里，移民也惟有开拓拼搏、不断创新才能闯出自己的成功之路。许多个体汇聚起来，就会形成巨大的创新力量。

另一方面，移民文化也在不断孕育差别的增生，强化深圳人身份认同过程中的差异意识，营造具有多样性、包容性和开放性的文化氛围。移民使深圳文化的"养分"复杂，带有许多的不稳定性和不确定性。移民们风习不同，流动速度快，文化整合难度大，也正因为此，经常性地置身文化差异之中，深圳人养成了对与自己不同的人和事物相对宽容、兼容并包的心态。从个人到政府乃至全社会，都对新生事物持开放支持的心态，都习惯于对无损社会、企业和公众利益的行为不加干涉，从而为创新和改革提供了最宽松的社会环境。40 年来持续不断的移民过程为深圳带来了多元、兼容、开放的移民文化，使之成为一片开拓创新的沃土。

深圳独特的城市人口结构形成了其文化的特点。在这座移民城市中，来自四面八方的人群为整个城市带来了巨大的创造力和包容性。这与多伦多大学曾经做过的一项城市指数研究很契合，其中有一项指标简称为3T，即人才、技术和包容。"移民文化"成为创新最重要的动力和支撑，也造就了深圳移民文化先天性的优良"基因"。

深圳建市40年来持续不断的移民过程，为深圳带来了多元、混杂的移民文化。西方文化的影响、港台文化的流入、中原文化的浸润、岭南文化的承传，精英文化的成长、大众文化的繁荣、主流文化的演绎、边缘文化的生成，在深圳建构起多元共存的文化格局、具有丰富多样性的深圳移民文化。

在新的发展节点上，深圳移民文化的结构应是多元文化并存的：既继承和发扬民族优秀文化传统，又充分体现时代精神；既立足本国，又大胆吸收世界一切优秀文化成果；既反对民族虚无主义和全盘西化，又反对民族主义和僵化保守；兼顾意识形态属性和商品属性，协调社会效益与经济效益，构筑起古今中外多种文化相育并生的平台。

深圳大胆学习借鉴发达国家经验。美国是一个文化资源少、建国历史短的后发移民国家。相对于世界文明古国，美国文化显得非常单薄。这一特点，与深圳颇为相似。但是，正因如此，美国的包袱也少。它不仅以古老的欧洲文明作为自己的文化源泉，而且积极吸纳世界各地文明成果，并在多元态势中形成独具特色的美国文明与美国文化。虽然谁也说不清楚美国文明与文化到底是什么，却没有人否认美国文明与文化的存在，没有人否认美国文明与文化在美国整体价值体系中的基础性作用。

不仅如此，美国文化与文明，还在多元吸收与发展的态势中强烈地影响着世界，干预着世界。这一点，只要想一想好莱坞、迪斯尼，等等，就不言而喻了。研究美国经验，以全球做资源，以本地做根本，以现实做平台，以多元促原创，以原创占先机，以先机占市场，最终达到推销自身文化产品与价值观的目的，如此才能构筑自主文化创新的新形态与新样式。

五千年的中国传统文化为深圳文化发展提供了极为丰富的资源。将具有五千年文明传统的中华文化，通过深圳这个"窗口"传播到世界上去，是历史赋予深圳的神圣使命。

鲜明体现时代特色，既要坚持和弘扬民族文化的传统，又要不断使历史的传统富于新的时代气息，满足现代人的审美情趣。在表现形式上，应该创作出今天的观众喜闻乐见的文化产品形式。除了传统，还应创造反映当代社会的新的移民文化形式和品牌产品。

以社会主义核心价值作统领，处理好多元文化构件的相互关系。西方文化、港台文化、中原传统文化、岭南文化、各宗教文化在深圳交汇碰撞融合，需要对文化发展方向予以引导。大胆吸收借鉴发达国家经验，不是目的，而是过程与手段。我们的目的，在于创造中国特色的社会主义深圳移民文化。丰富内涵、突出特色、凸显个性，移民文化才能形成强势与优势。不因袭传统文化，不照搬域外文化，不套用已有成果，而是综合创新，实现富有民族特色和时代精神的个性化转换，移民文化的内涵与特色才能得以丰富。政府应始终把凸显和追求具有原创性、创意性和中国特色社会主义新型移民文化，作为文化创新的基本方向和主要目标。

深圳逐步形成了自己的创新文化

魏沛娜： 文化创意产业研究也是您过去重要的研究部分，在您看来，深圳孕育创意创新文化的优势是什么？接下来可以如何进一步升级？

张军： 深圳是改革开放的一片热土，在岭南文化的大背景下，逐步形成了自己的创新文化，我与同仁们在社会科学研究中，侧重应用对策研究，要有问题意识，关注特区问题，注意总结城市文化发展中的经验教训。

深圳的快速发展经历了"四创"阶段：创业、创新、创意、创客。深圳文化插上了创意的翅膀，文化创意产业就快速发展。文化创意产业是我们深圳市社科院文化研究所的一个主要研究领域。连续13届的深圳文博会我一直跟踪、调查，连续3年，我负责每年文博会期间，撰写形成一个评估报告。我们文化研究所还受当时深圳市文体局和文化产业办公室的委托，撰写、形成了深圳国际文博会中长期发展规划，为深圳文博会的发展提供智力支持，也贡献了我们的一份智慧。

至于说到深圳创意创新文化的优势，第一，有政府有形之手的助推；第二，民间蕴藏着巨大的创新力量；第三，具有毗邻港澳的区位优势；第四，拥有创意阶层和大批创新人才。在深圳，这些就是创意创新文化的优势。

魏沛娜：深圳拥有华为、腾讯、大疆等高新技术产业，"科技创新"已经成为深圳一个显著的标签。数据显示，2018 年深圳一般公共预算支出中科技支出是 2012 年的 7.01 倍，年均增长 38.4%；全社会 R&D 投入强度居全国前列。目前，全市已有 8 家诺奖实验室挂牌，鹏城实验室、深圳湾实验室 2 个广东省实验室已落户，全市基础研究机构达到 13 家，已建成各类创新载体 2190 家，2019 年以内还计划新增国家及省级等各类创新载体超过 100 家。在您看来，科技创新为深圳文化研究带来了哪些刺激？

张军：深圳科技插上了创新的翅膀，高科技产业就快速发展。高新技术是深圳的四大支柱型产业之一，这块热土滋生了一大批高新技术企业，像华为、中兴、腾讯、比亚迪、大族激光等许多企业逐步走向了世界，而且它们基本上都是民营企业。深圳的创新可以用六个"90%"现象来概括：90% 以上研发机构在企业，90% 以上研发人员在企业，90% 以上研发资金来源于企业，90% 的专利生产于企业，90% 的创新型企业是本土企业，90% 以上重大科技项目专利发明出自企业。这说明了深圳的自主创新意识之浓、科技应用本领之强。

深圳的自主创新能力引人注目，是有一种创新文化支撑。深圳有相对自由的社会人文空间给予个性选择的宽松度、基于平等交换原则的都市经济市场所包孕的人格平等意识、与市场契约关系相维系的现代法制观念以及市场竞争原则对于一种守成型的农业文明心态的大胆超越。

前几年，深圳没有世界一流的大学，综合性的大学只有一所，国有科研院所几乎没有，专职科研人员因为没有平台而没有条件开展科学研究，本土没有产生一名院士。大多是民营企业内部的研发中心，用高薪聘请了国内著名大学毕业和海归的中青年专业技术骨干，在积极投入研发。

2007 年，外省一位省委书记带队到深圳考察时，注意到深圳高新技术产业发展在全国领先，自主创新成果引人注目。深圳取得这些成绩的深层原因是什么？深圳只有短短30多年的历史，文化积淀、传承不够，深圳也缺乏大师。而深圳的高等院校很少，比起北京、上海、武汉真是凤毛麟角，科研实力也比不上内地许多城市。在两地调研座谈中，他提出了这个问题，深圳方面因为当时没有意识到这个问题，没有从理论上认真梳理。外省方面认为，深圳高新自主创新成果引人注目的深层原因，一定是有一种创新文化理论的支撑，希望深圳能认真总结，向全国推广。

外省方面敏锐地为深圳学派建设提出了一个崭新的领域和课题。为此，我们成立了课题组联合中国社科院开展了"深圳创新文化研究"，通过与北京、上海等大城市对比，以及对深圳民营高新技术企业的样本分析，形成了研究报告，对深圳创新文化的基本要素、深圳创新文化的的生成基础、深圳创新文化的典型特点和深圳创新文化内部循环规律、形成原则、拓宽深圳创新文化的路径等问题进行了深入研究。

这一文化现象引起了社会的广泛关注和思考。按常理来讲，高新技术的发展和培育应该是在科研院所和高等院校聚集的大城市，像北京、上海、武汉、天津、西安等，每个城市都集聚了几百家高等院校和科研院所，科研院所云集是科技创新中心的重要特征。美国硅谷、波士顿等地的创新实践经验显示，高校和科研机构在国际科技创新中心形成过程中发挥了不可或缺的积极作用。例如，硅谷周边聚集了斯坦福大学、加州大学伯克利分校等全球顶级高校，以及斯坦福直线加速器中心（SLAC）、帕洛阿托研究中心（PARC）等全球知名研究机构，为硅谷产业界源源不断地输送着领先技术。斯坦福大学在硅谷的发展过程中起过非常重要的作用，师生和校友创办的企业产值占硅谷产值的50%—60%。波士顿地区拥有超过100所大学，比如哈佛大学、麻省理工学院、塔夫茨大学、波士顿学院、波士顿大学等，其中全美高校排名前50的有7所，是名副其实的美国高等教育核心区。麻省理工学院在本地的关联企业超过1000家，全球销售额为530亿美元，直接创造当地就业12.5万个，还间接带动就业12.5万个。正是在这些强大科研机构的支撑下，波士顿自20世纪90年代起成功转型成为全球最重要的创新中心之一。

我与同仁们敏锐地认识到，这种创新现象的背后，有一种创新文化的支撑，这种文化现象值得研究和总结，对全国乃至其他城市创新能力的发展和培育，皆有深远的历史意义和现实指导意义。

深圳作为国家公认的一所创新型城市和努力推进建设国家知识产权示范城市，着眼于市场经济发展的规律，民间滋生着一种强烈的创新欲望，这种欲望形成了一种强大的创新能力。企业家精神非常活跃。我们在研究中发现，国际科技创新中心普遍都是企业家精神极为活跃的社会。著名经济学家熊彼特（Joseph A. Schumpeter）指出，创新是经济发展最重要的驱动力，而创新的推手就是企业家和企业家精神。"硅谷人"勇于冒险、热爱挑战，创业已经成为一种习惯或是生活方式，宽容失败甚至是背叛的文化特质使得人们对创业失败的容忍度很高，硅谷文化把失败作为宝贵的财富，激发了人们大胆尝试、勇于探索的创新热情，因此也成为科技创业公司的栖息地，企业家精神所特有的英雄主义情结在这里体现得淋漓尽致。硅谷科技创业公司发展的主体是大批复合型的企业家群体和创业团队。很多企业家都有连续创业经历，这就提高了创业公司的成活率和成功率。

我们课题组联合中国社科院形成了"深圳创新文化研究"研究报告，研究成果文章《发展创新文化，再创观念领先的新优势》在 2008 年《人民日报》理论版，《深圳创新文化基本要素与内部循环分析》在《马克思主义哲学》等刊物发表，初步奠定了理论基础。我撰写的《营造创新文化　增强文化活力》的研究文章，2010 年 7 月 20 日在《光明日报》理论版发表，为创新文化支撑深圳高新技术的发展寻找理论基础，引起学界的关注。在 2010 广东社会科学学术年会大会上，我的论文《深圳创新文化与文化强省建设》获得本次学术年会优秀论文二等奖。

创新精神越足，发展动力越强

魏沛娜：在您看来，什么是深圳的城市基因？深圳要如何在创新发展道路上走得更远？

张军：深圳今非昔比，创新是深圳的城市基因，深圳是创新引领发展的一面旗帜。深圳市市场监督管理局发布的《深圳市 2018 年知识产权发展状况白皮书》显示，2018 年深圳 PCT 国际专利申请量达 18081 件，约占全国申请总量的 34.8%，连续 15 年居全国大中城市第一名。另外，深圳市获得的国家专利金奖和国家专利优秀奖均创下历年之最。数据显示，2018 年深圳全社会研发投入超过 1000 亿元，占 GDP 比重达 4.2%。今年深圳科技研发资金预算规模 123 亿元，其中基础研究安排 45.36 亿元，占科技研发资金比重三成以上。

深圳企业在实施关键核心技术攻关工程中亦扮演重要角色。深圳已形成梯次创新企业链，科技型企业超过 3 万家，国家级高新技术企业由 2010 年的 2867 家增加到超过 14415 家，其中中小企业占比超过 80%，去年我市专利授权量增长 48.8%，其中中小企业授权专利占全市总数的 68.4%，位居广东第一、全国第二，涌现华为、腾讯、迈瑞等一大批重视基础研究的科企龙头。

目前，还组建了 9 家诺贝尔奖科学家实验室，市级以上各类创新载体达 2214 家。在基因组学、超材料、大数据、石墨烯等前沿领域，深圳也布局了一批集科学发现、技术发明、产业发展"三发"一体化的新型研发机构。

粤港澳大湾区建设加速，深圳的"科研版图"逐渐清晰。最能代表深圳科研实力的三个区域，第一个是西丽湖国际科教城，第二个是深港科技创新合作区，第三个是光明科学城。这三大科创基地将代表深圳，在粤港澳大湾区发挥核心引擎作用。

深圳的成就早已证明，创新精神越足，发展动力越强，创新发展越有质量。如今，深圳肩负着建设中国特色社会主义先行示范区、粤港澳大湾区国际科技创新中心和争创综合性国家科学中心的重任。继续当好创新发展道路上领跑人，就要激发更强烈的创新精神。

张军简介

张军 笔名金呼哨，湖北襄阳人，华中师范大学文学院研究生毕业，主要研究领域为中国当代文学（诗歌）、深圳和香港文化创意产业、深圳创新文化、文化产业发展规划、文化事业发展规划等。曾任深圳市社会科学院文化研究所所长、研究员。现担任深圳市华文文学学会会长、深圳市文学学会副会长等。主笔、参与了多项国家、省、市、院级重点研究课题，发表文化（文学）论文百余篇；国家级出版社出版诗集三种：《飘香的晨雾》（1988年）、《空门》（1993年）、《叙事英雄》（1997年）；著有诗歌理论专著《基础诗学》（1998年）、《中国当代诗潮：写作群体论》（2009年）；2013年出版诗、论合集《方言的故乡》；先后在《人民日报》《光明日报》《中国文化报》《马克思主义研究》《中国社会报》《中国社会导刊》《文艺报》《北京文学》《广州文艺》《长江文艺》《青春》等发表文化（文学）作品，在《诗刊》、《星星》诗刊、《绿风》、《大河》诗刊，在香港《文学报》、《诗网络》等刊物发表诗歌。

图书在版编目（CIP）数据

深圳学人访谈录. 第二期／吴定海主编. -- 北京：
社会科学文献出版社，2020.11
（深圳学人文库）
ISBN 978 - 7 - 5201 - 6869 - 4

Ⅰ.①深… Ⅱ.①吴… Ⅲ.①科学工作者 - 访问记 -
深圳 - 现代　Ⅳ.①K826.1

中国版本图书馆 CIP 数据核字（2020）第 121893 号

深圳学人文库
深圳学人访谈录（第二期）

主　　编／吴定海

出 版 人／谢寿光
责任编辑／崔晓璇

出　　版／社会科学文献出版社·政法传媒分社（010）59367156
　　　　　地址：北京市北三环中路甲 29 号院华龙大厦　邮编：100029
　　　　　网址：www. ssap. com. cn
发　　行／市场营销中心（010）59367081　59367083
印　　装／三河市尚艺印装有限公司

规　　格／开 本：787mm × 1092mm　1/16
　　　　　印 张：17.5　字 数：266 千字
版　　次／2020 年 11 月第 1 版　2020 年 11 月第 1 次印刷
书　　号／ISBN 978 - 7 - 5201 - 6869 - 4
定　　价／98.00 元